AF639698

Martin Schleske

Herztöne

Martin Schleske : Geigenbauer

Herztöne

Lauschen auf den Klang des Lebens

adeo

Wenn ich mich zu Bette lege
so denke ich an dich
Wenn ich wach liege
sinne ich über dich nach
Denn du bist mein Gott
den ich suche

Psalm 63

INHALT

Vor lauter Lauschen und Staunen sei still

Vor lauter Lauschen und Staunen sei still,
du mein tieftiefes Leben;
dass du weißt, was der Wind dir will,
eh noch die Birken beben.

Und wenn dir einmal das Schweigen sprach,
lass deine Sinne besiegen.
Jedem Hauche gib dich, gib nach,
er wird dich lieben und wiegen.

Und dann, meine Seele, sei weit, sei weit,
dass dir das Leben gelinge,
breite dich wie ein Feierkleid
über die sinnenden Dinge.

Rainer Maria Rilke
19. Januar 1898, Berlin-Grunewald

Schleske 8/2010

Lorenz und die Eichen
11,7 × 16,1 cm, 2010

VORWORT

: Zulassen und Gestalten

Die Fichtenplatten, die ich für die Holzschnitte dieses Buches verwendet habe, sind allesamt Reststücke aus dem Holz meiner Geigendecken. Anfangs habe ich dazu noch das alte Lindenholz benutzt, das eigentlich den Zargenkränzen meiner Instrumente vorbehalten ist. Dass ich später für die Holzstöcke der Drucke Fichtenholz verwendet habe, kam durch eine Ausstellung der Holzschnitte Schmidt-Rottluffs zustande. Die Kuratorin des Buchheim-Museums hatte mich gebeten, am Ausstellungsende einen Vortrag über den Klang des Holzes zu halten. So konnte ich die Holzstöcke intensiv untersuchen und „belauschen". Das Fichtenholz nimmt sich, wenn man es für Holzschnitte verwendet, durch seinen schroffen Wechsel zwischen den harten Spätsommerjahren und dem weichen Frühholz ein Mitspracherecht, das die Sache erschwert. Aber genau das ist gewollt. Schmidt-Rottluff hat durch den Schwartenschnitt, bei dem der unvorhersehbare Einfluss der Jahresringe noch stärker ist, nicht nur das denkbar schwierigste Fichtenholz verwendet, sondern er hat heimlich dem eigenwilligen Recht des Holzes sogar noch etwas nachgeholfen.

Dass gerade beim Holzschnitt nicht alles möglich ist, macht den Reiz erst aus. Das Holz behält sein selbstverständliches Mitspracherecht. *Mit* der Faser lassen sich lange, ungebrochene Stiche stechen; die Linie behält ihren Zug. *Gegen* die Faser muss man das Eisen in Querrichtung beständig ausdrehen. Die Faser reißt sonst ein.

Holzdrucke sind Antipoden jeder modernen Bildverarbeitung. Es kann nichts nachgebessert werden und das Material macht es einem nicht leicht. Gerade dieser Reiz aber, dass das Holz sich dem Gewollten ständig auf seine eigene Weise widersetzt, ruft ein zweifaches Gesetz ins Leben: Zulassen und Gestalten! Beides geschieht in seiner ganz eigenen Autorität: Das eine: Die Hand gestaltet, was das Auge sieht. Das andere: Das Holz bringt ein, was die Faser erlaubt. Weil die Werkzeugführung das Holz zulassen muss, haben die Bilder nicht die Kälte des unerbittlich Gewollten. Da aber doch zugleich mit dem Eisen in der Hand ein Ausdruck des Bildes durchgearbeitet werden muss, hat es auch nichts von der Willkür des bloß Zufälligen.

Bis zum Schluss weiß man nicht, wie es geworden ist, und selbst das Drucken gibt noch seine Meinung dazu. Dann zieht man das Blatt vom Holzstock ab, und erst in diesem Augenblick wird klar, ob man glücklich, wütend oder sogar erschrocken ist, weil die Wirkung noch stärker war als gedacht.

Die meisten Holzschnitte sind mit dem V-förmigen Hohleisen geschnitzt. Einige wenige aber – wie etwa der betende Rabbi an der Klagemauer – habe ich mit dem großen Stemmeisen mit wenigen Schlägen aus dem Holz herausgearbeitet.

So sind über die Jahre die Drucke entstanden, die dem Text gegenüberstehen. Denn auch die Texte selbst sind keine Konstrukte des Durchdachten. Auch beim Schreiben nimmt die Intuition ihren eigenen Faserverlauf. Die Dinge können wahrgenommen, aufgenommen, angenommen werden, aber man hat keinen Zugriff darauf. Man kann die inneren Worte und geistlichen Bilder nicht konstruieren, es gibt kein Kalkül.

Das Hören und Schreiben ist für mich eine Form des Betens. Als Geigenbauer kämpfe ich mit dem Holz und seinen

Begrenzungen, kämpfe mit meinen handwerklichen Mängeln, meinen eigenen Begrenzungen, kämpfe mit dem Klang und all den Überraschungen. Aber Worte sind anders. Ich kämpfe mit der Wahrheit; ihr Worte zu schenken, geht über das hinaus, was man sich ausdenken kann. Worte sind reine Freiheit, sie sind Träger geistiger Schönheit und Manifestationen dessen, was sich in uns bildet, weil Inspiration und Intuition ihr selbstverständliches Mitspracherecht haben. Und doch sind es zugleich Erfahrungen, die durch die eigene Seele gegangen sind, Gedanken, die durchlebt sind.

Auch hier geht es um beides: Zulassen und Gestalten. Meine Texte sind Übungen des hörenden Herzens.

KAPITEL 1

: Metanoia

Das geschärfte Eisen

Es gibt viele wunderbare Arbeitsgänge im Geigenbau. Sie alle wahren ihr eigenes Geheimnis. Eine dieser Arbeiten möchte ich beschreiben, denn sie hat mir eine Wahrheit der Seele nähergebracht.

Vor vielen Jahren, an einem kalten Wintertag, stach ich aus einem tief geflammten bosnischen Ahornholz die Bodenwölbung für ein neu entstehendes Cello heraus. Das Abstecheisen hatte ich mir vor Jahren im Stubaital schmieden lassen. Den langen Holzgriff hat ein alter Meister gedrechselt. Diese Griffe mit ihrem kugelförmigen Ende haben eine lange Tradition. Die Kugel berührt die Bauchmuskulatur; so führt man das Eisen mit den Händen, aber der Bauch gibt dem Werkzeug die nötige Kraft und schiebt es mit jedem Stich durch das harte Holz. Das Ausstechen und Abstechen eines Cellobodens ist mit der bloßen Muskelkraft der Arme kaum zu bewältigen. Sie würden zu schnell ermüden.

An diesem Tag war es anstrengender als sonst. Ich hatte wohl drei Stunden gearbeitet. Der Schweiß lief mir von der Stirn und ich dachte: „Es ist diesmal ein ganz besonders hartes Holz. So anstrengend war es selten!" Aber dann kam mir ein zweiter Gedanke: „Vielleicht liegt es gar nicht am Holz. Die Schneide wird nicht mehr ganz scharf sein."

Ein Eisen zu schärfen, ist eine eigene Kunst. Es erfordert Sorgfalt und Geduld. Zuerst wird mit der Sichtschleifmaschine die Fase grob angeschliffen. Das ist die Kante der Schneide. Dann kommen der Abziehstein und das fließende Wasser ins Spiel. Man spürt am Widerstand und am Geräusch, ob man die

Schneide richtig gepackt hat. So wird der Schleifgrat entfernt und beide Seiten bekommen einen feinen Schliff.

Ich prüfte die Schneide und merkte, dass sie stumpfer war, als ich gedacht hatte. Dennoch machte ich weiter. Es wäre richtig gewesen, das Eisen zu schärfen, aber ich wollte die Arbeit nicht unterbrechen. Es dauert lange, ein Eisen gut zu schärfen, und diese Unterbrechung stört den Arbeitsfluss. So redete ich mir ein: „Es reicht schon noch."

Dieser Moment war wie ein innerer Blitzeinschlag. Es war, als würde Gott mir unmittelbar ins Herz sprechen, und die einfache Frage stellen: „Was hast du da gerade gesagt?"

Ich war erschrocken und wiederholte halblaut den Satz: „Es reicht schon noch."

Was ich dann spürte, war eine unermessliche Traurigkeit – als würde der ganze Himmel sagen: „Wie oft höre ich diesen Satz von euch! Ich möchte euch schärfen, aber ihr sagt: ‚Es reicht schon noch!'"

Das alles war mehr als nur ein inneres Hören. Es war, als ob Gott mich auf eine erschütternde Weise etwas von seinem Innersten spüren ließ. Die Botschaft schien direkt aus seinem Herzen zu kommen. Der Satz *Es reicht schon noch* ist ein Herzensgedanke des Menschen. Wir spüren unsere Abgestumpftheit, aber anstatt uns schärfen zu lassen, sprechen wir uns diesen fatalen Satz ins Herz.

In den Tagen danach las ich intensiv in der Heiligen Schrift und war erstaunt festzustellen, dass Jahrtausende zuvor jemand offenbar das Gleiche erlebt haben musste – den gleichen prophetischen Moment. Denn ich entdeckte, dass im Buch Kohelet* ganz ähnliche Worte geschrieben stehen. Im

* Das Buch Kohelet, was so viel wie „Sammler" heißt, ist eine Sammlung von Weisheitstexten. Bisweilen wird es auch das Buch Prediger genannt.

zehnten Kapitel sagt dieses nüchterne alttestamentliche Weisheitsbuch: „Wenn ein Eisen stumpf wird und an der Schneide ungeschliffen bleibt, muss man mit ganzer Kraft arbeiten. Aber die Weisheit bringt die Dinge in Ordnung.“ *

Der Epheserbrief des Neuen Testamentes sagt etwas Ähnliches: Da heißt es von Menschen, sie haben sich ihrem Leben entfremdet und sind durch den verwahrlosten Zustand ihres Herzens „abgestumpft“ **.

Ich habe, als dies damals geschah und all die Jahre danach, viel darüber nachgedacht. Es war wie ein sonderbares Anteilnehmen an einem Schmerz Gottes. Aus ihm heraus entstand das folgende Gleichnis vom geschärften Eisen.

Wenn ich sage, dass Gott in jenem Augenblick zu mir „gesprochen“ habe, möchte ich einem möglichen Missverständnis entgegenwirken. Dass es uns möglich ist, die Stimme Gottes zu hören, ist kein exklusives Recht einzelner Menschen, sondern es ist eine jedem Menschen innewohnende Fähigkeit des Herzens, die wir entdecken und zulassen können und die durch Übung und Liebe in uns reifen kann. Was Gott sagt, entspricht der Liebe, deshalb wird nur das liebende Herz die Wahrhaftigkeit haben, etwas von der Wahrheit Gottes zu vernehmen. Darum wäre es gewiss sinnvoll, nicht nur vom „Priestertum aller Getauften“, sondern ebenso vom „Prophetentum aller Liebenden“ zu sprechen. Es ist, wie eine mütterliche Freundin mir einmal sagte: „Wenn du in der Liebe bist, wird alles zu dir sprechen.“

* Das Buch Kohelet 10,10
** Epheserbrief 4,19

: DAS STUMPFE HERZ

Wenn ich dieses Erlebnis aus der Werkstatt mit den Augen des Herzens sehe, werden mir mehrere Dinge des inneren Lebens deutlich. Das eine: Es kostet ungeheure Kraft und ermüdet unsere Seele, wenn wir mit einem abgestumpften Herzen leben – einem Herzen, das durch Enttäuschungen, Resignation, Bitterkeit oder Sorgen stumpf geworden ist. Wir sagen dann: „Die Beziehungen, die Arbeit, die Pflichten – es ist alles so schwer und anstrengend geworden!" In Wahrheit ist das Herz stumpf geworden – wie das Buch Kohelet sagt: „Wenn ein Eisen stumpf wird und an der Schneide ungeschliffen bleibt, muss man mit ganzer Kraft arbeiten." Die Anstrengung kommt aus der Verwahrlosung des Herzens, sie kommt aus der Stumpfheit des Werkzeugs, mit dem wir diese Welt berühren.

Aber es geschieht noch etwas Zweites, etwas Tragisches, wenn man mit einem stumpfen Werkzeug arbeitet: Man verliert das Gefühl für das Holz. Jedes Holz hat seinen eigenen Faserverlauf, seine Markstrahlen, seinen Drehwuchs, seine Abhölzigkeiten, seine Eigenheiten und Möglichkeiten, seine Verheißungen und Besonderheiten.

Die Markstrahlen sind die radial zwischen der Markröhre des Stammes und dem lebendigen Kambium verlaufenden Zellen. Man nennt sie auch den „Spiegel". Sie geben der Geigenwölbung in Querrichtung ihre Festigkeit und verleihen der Faser unter der Lackierung eine leuchtende Schönheit. Unter Abhölzigkeit versteht man einen ungünstig verdrehten Faserverlauf.

Auf all dies einzugehen, ist die eigentliche Kunst des Geigenbaus. Mit einem stumpfen Eisen verliere ich mehr und mehr das Gefühl für das Holz. Es entsteht dann keine stimmige Wölbung, nichts, was dem Holz entspricht. Solch ein Instrument wird am Ende nicht klingen. Nur mit einem scharfen Werkzeug beginnt das Holz schon während der Arbeit, sich mir mit jedem Stich in seinen Eigenschaften zu erkennen zu geben. Es entsteht – je nach Faserverlauf – ein zischender oder rauer Ton. Diesen muss ich hören und entsprechend in der Ausarbeitung und der Wölbung beherzigen. Das Holz hat sein Mitspracherecht, doch nur mit einem scharfen Werkzeug kann ich es hören.

Auch diese Erfahrung gleicht einem inneren Gesetz des Lebens. Mit einem stumpfen Herzen verlieren wir das Gefühl für das, was mit uns und um uns geschieht. Unser Herz ist ein Empfangsorgan, mit dem wir deuten, was uns gesagt werden soll, und gestalten, was durch uns geschehen soll. Mit einem stumpfen Herzen empfangen wir nichts. So, wie ein Geigenbauer mit einem stumpfen Werkzeug das Gefühl für das Holz verliert, verlieren wir das Gefühl dafür, ob das, was wir tun, eigentlich stimmig ist. Wir vernachlässigen die Dinge, denen wir uns zuwenden sollen, und übertreiben, was wir in Ruhe lassen sollen. Vor allem aber verlieren wir das Gefühl für die Verheißung des Augenblicks, sind nicht geistesgegenwärtig, nicht präsent, und so arbeiten wir, ohne es zu merken, gegen die Fasern des Lebens an. Solch ein Leben kann nicht klingen.

Es ist nicht zu vermeiden, dass wir die Härten dieser Welt zu spüren bekommen und daran stumpf werden. Wir stoßen uns an Misserfolgen und Enttäuschungen. Wir erleben, dass Menschen und Umstände uns verletzen. An manchen Widrigkeiten und Problemen arbeiten wir uns auf. Durch manche Erfahrungen zieht sich eigene und fremde Schuld. Unsere Arbeit, unsere Aufgaben, unsere Beziehungen – vieles, was uns sonst Freude macht, wird auf einmal zur Mühe und Last. Denn die vielen kleinen Enttäuschungen haben uns stumpf gemacht.

Abgestumpft zu sein, bedeutet: die Seelenkraft ist verletzt, die Hoffnung getrübt, die Berufung entfremdet, das innere Leben seiner Freude beraubt. Wie das Eisen, das sich am Holz aufarbeitet und dadurch immer stumpfer wird, so arbeiten wir uns auf und stumpfen ab. Wir machen angestrengt weiter, aber wir spüren immer weniger Erfüllung und immer mehr Erschöpfung. Und doch muss man sagen: Wenn wir nicht stumpf werden, haben wir auch nicht gearbeitet. Wenn Sünde uns nicht berührt, haben wir auch nicht gelebt.

Noch ein Drittes wird an diesem Gleichnis deutlich: Es ist nicht die Schuld des Eisens, dass es stumpf wird. Das ist nicht zu vermeiden; es liegt in der Natur der Sache. Mit jedem Stich spürt auch das schärfste Eisen das harte Ahornholz. Mit uns ist es nicht anders: Es liegt im Wesen des Menschen, sich gegenseitig zu verletzen. Wir spüren, was die Lebenswelt uns zumutet, und die Enttäuschungen hinterlassen ihre Spuren. Das Buch Kohelet sagt dazu: „Wer Steine bricht, der kann sich dabei wehtun; und wer Holz spaltet, der kann dabei verletzt werden."* Was damit ganz lapidar gesagt wird: Das Leben mutet sich uns zu und diese Zumutung verändert unser Herz.

Nur ein unbenutztes Werkzeug bleibt scharf. Es ist sich zu fein, an dieser Welt stumpf zu werden. Aber unsere Stumpfheit zeigt doch: Wir haben die Härte unserer Berufung erlebt.

Es ist nicht schlimm, dass wir stumpf werden. Aber fatal ist es, wenn wir uns nicht wieder schärfen lassen. Darum habe ich damals diese atemberaubende Traurigkeit über dem Satz *Es reicht schon noch* gespürt.

* Buch Kohelet 10,9

: HEILSAME SELBSTUNTERBRECHUNGEN

Man muss die Arbeit unterbrechen, um das Eisen zu schärfen. Auch wir müssen uns unterbrechen, um geschärft zu werden. Manchmal muss das Eisen neu angeschliffen werden, dann dauert es länger. Das sind in unserem Leben die Auszeiten und Exerzitien, die ein gesunder Jahresablauf von uns fordert. Aber manchmal muss das Eisen nur abgezogen werden. Dann sind es nur wenige Minuten, die nötig sind. Das sind die kurzen und doch unendlich heilsamen Minuten im Alltag, in denen wir uns unterbrechen und die liebende Stille suchen. Geschärft zu werden, bedeutet, sich zu unterbrechen, damit Gott uns immer wieder für sich allein haben kann.

Wenn ich unruhig und stumpf werde, zieht es mich immer wieder in den kleinen Nebenraum meiner Werkstatt; er ist das „Kämmerchen", von dem Jesus spricht: „Wenn du betest, geh in dein Kämmerlein und schließ die Tür zu und bete zu deinem Vater, der im Verborgenen ist."* Dort wird Gott mit uns über die Gedanken unseres Herzens sprechen, und wir werden lernen, was es heißt, aus einem hörenden Glauben zu leben.

Ich liebe die betende Stille, das gemeinsame Schweigen mit Gott. Wir sind verantwortlich dafür, uns ein fragendes Herz zu bewahren und uns zeigen zu lassen, wie wir geschärft werden können. Wer sich schärfen lässt, der begreift die Würde, die darin liegt, verantwortlich zu sein – verantwortlich für den eigenen Zustand. Jesus sagt: „Selig sind, die reinen Herzens sind, denn sie werden Gott schauen."** Diese Reinheit kann entstehen.

In der Stille werden uns Ohren des Herzens gegeben. Da spricht die Weisheit: „Nun hör auf. Unterbrich dich und suche

* Matthäusevangelium 6,6
** Matthäusevangelium 5,8

Schleske 1/2010

Der Hörende
11,6 × 12,7 cm, 2010

meine Nähe. Wenn du in deinem Tun die Einheit mit dir selbst verloren hast, lass dich schärfen."

Wenn ein Instrument verstimmt ist, nützt es nichts, noch inbrünstiger zu spielen. Das Verkehrte kann nicht durch ein noch höheres Maß an Einsatz wettgemacht werden. Man muss das Instrument vor dem Spielen stimmen.

Der Himmel sucht unsere Stimmigkeit. Wenn das Werkzeug stumpf ist, nützt es nichts, mehr Kraft aufzuwenden oder um himmlischen Segen zu bitten. Man muss es schärfen. Nicht ein Mehr an Kraft, sondern gestimmt zu werden, geschärft zu werden – das bedeutet Segen.

Die Wahrheit gießt sich nicht in ein verwahrlostes Herz. Es wäre ein Akt der Selbstentwürdigung, sich mit Blick auf ein verwahrlostes Herz zu beschwichtigen und zu sagen: „Es reicht schon noch." Alle großen spirituellen Kulturen und alle bedeutenden Schulen der Seelenführung, von der Antike bis zum heutigen Tag, sprechen von der Reinigung des menschlichen Herzens. Still werden, leer werden, sich stimmen lassen, sich schärfen lassen – es meint alles dasselbe. Es ist die Zeit, in der alles Hören zur liebenden Stille wird.

: DIE SCHARTEN DER GEWOHNHEIT

Nun hat das Gleichnis noch etwas Dramatisches. Denn es weist auf etwas hin, was nicht nur anstrengend, sondern zerstörerisch ist: Wenn das Eisen nicht geschärft wird, entstehen in seiner Schneide feine Scharten. Anfangs sind diese Scharten mikroskopisch klein, aber das harte Holz hakt sich an ihnen ein, und so brechen diese Scharten weiter aus. Und durch die Scharte reißt die Holzfaser aus. Was nun geschieht, verursacht tatsächlich einen Schaden. Jeder Stich fügt dem Holz die Zeichnung der Scharte zu. Jeder Stich macht sichtbar, dass das Eisen diese Scharte trägt. So wird das entstehende Werk mit jedem Stich auf eine hässliche Weise gezeichnet.

So ist es auch mit uns. Die Scharten, die wir in uns tragen, werden alles zeichnen, was wir berühren. Jeder Gedanke, jede Begegnung – was immer ich berühre, es wird die Zeichnung meiner Scharte tragen: die Scharte der Rechthaberei, die Scharte des Geizes, die Scharte der Sorgen, die Scharte der Eitelkeit, vor allem aber die Scharte der Unversöhnlichkeit und Bitterkeit – diese gehegten und gepflegten Enttäuschungen, die wir nicht loslassen. Wie die Scharte in der Schneide mit jedem Stich das Holz zeichnet, so zeichnen unsere Scharten jede Begegnung und jede Beziehung und verletzen die Welt des Lebens.

Eine dieser hässlichen Scharten, die alles zeichnet und verdirbt, was sie berührt, ist die Scharte der Undankbarkeit.

Dankbarkeit erzeugt ein Empfinden der Fülle. Undankbarkeit erzeugt – egal, wie gut es uns geht – ein Empfinden des Mangels. Wir entscheiden, in welcher Welt wir leben wollen – in einer Welt der Fülle oder einer Welt des Mangels. Beziehungen, die nicht von gegenseitiger Dankbarkeit bestimmt sind, werden unweigerlich hässlich und mühsam werden. Wir zeichnen einander durch die Scharten, die wir haben.

Der Unterschied besteht nicht darin, dass die einen stumpf werden und die anderen nicht, sondern darin, dass die einen sich schärfen lassen und die anderen nicht. Im Babylonischen Talmud, dem grundlegenden Werk des Judentums, steht ein wunderbares Wort geschrieben, das genau davon spricht. Es heißt dort: *An dem Ort, an dem die Bußfertigen stehen, können nicht einmal die vollkommen Gerechten stehen.* [1]

Das heißt: Vollkommen zu sein, bedeutet nicht, dass du nicht stumpf wirst, sondern, dass du dich schärfen lässt.

: DAS BLAU GESCHLIFFENE EISEN

Noch einen letzten Aspekt birgt das Gleichnis. Dabei geht es um die Weisheit im Umgang mit uns selbst. Um etwas von dieser Wahrheit der Seele zu begreifen, ist es wichtig, das Werkzeugschärfen zu verstehen: Es braucht einen bestimmten Druck, wenn man ein Eisen schärfen will. Das Eisen muss die Schleifscheibe und den Abziehstein berühren. Doch es gibt auch ein Zuviel. Durch zu viel Druck wird das Eisen nicht schneller scharf, sondern es verglüht an seiner Schneide. Wer ein Eisen schärfen will, braucht darum vor allem Geduld. Ungeduld ist immer ein Angriff auf den Frieden der eigenen oder fremden Seele.

Wird das Eisen unter zu großem Druck geschliffen, dann verglüht der Stahl und wird weich. Er läuft blau an und ist in diesen Bereichen – wie man sagt – „verbrannt". Man kann das Eisen zwar dann noch immer abziehen, doch der verbrannte Bereich wird unter dem Arbeiten sofort wieder stumpf. Die Ungeduld und der zu starke Druck haben das Eisen unbrauchbar gemacht.

Das blau geschliffene Eisen, das an der Schneide verglüht, ist ein Sinnbild für die Selbstentwertung. Wir überwinden Stumpfheit durch Schärfen, Verbohrtheit durch Einsicht, Fehler durch Reue, Sünde durch Umkehr. Aber wir dürfen Reue nicht mit Selbstentwertung verwechseln. Fluch und Segen liegen oft nahe beieinander.

Gute Pilze haben häufig einen giftigen Zwilling. Der gedrungene Wurstling sieht dem giftigen Pantherpilz sehr ähnlich. Der schmackhafte Maipilz und der ungenießbare ziegelrote Rißpilz, die Spitzmorcheln und die giftigen Lorcheln – sie sind einander täuschend ähnlich. Wir kommen buchstäblich in „Teufels Küche", wenn wir den Unterschied nicht sehen.

Selbstentwertung nimmt uns die Würde. Sie ist ein Seelengift. Aber es gibt eine „Reue der Liebe", die etwas anderes ist und gegen die wir uns nicht auflehnen sollten, denn sie ist eine Gotteskraft, die uns verändert. Sie schärft das stumpfe Werkzeug, sie stimmt das verstimmte Instrument, sie leitet uns zur Umkehr, wo wir es nötig haben.

Im griechischen Urtext der Bibel wird für das deutsche Wort Umkehr (oder das altdeutsche Wort Buße) das klangvolle Wort „metanoia" verwendet. Es setzt sich zusammen aus „noein" („denken") und der Vorsilbe „meta" („um" oder „nach"). Metanoia bedeutet also Umdenken. Es ist die Sinnesänderung des inneren Menschen. Durch metanoia werden wir an die Quellorte der Gnade geführt, an denen die verletzte Seele heilen und das abgestumpfte Herz geschärft werden kann. In der orthodoxen Kirche ist der Begriff metanoia mit einer Verneigung des Körpers zur Erde verbunden. Wir beugen die Knie, um uns auf das zu besinnen, was wichtig ist.

Metanoia ist die hohe Kunst des Glaubens, die darin besteht, Zukunft zu schaffen. In ihr ist die Kraft der Hoffnung, die den gegenwärtigen Ängsten und Sorgen trotzt. Doch auch die Vergangenheit greift unsere Gegenwart an. Haben wir es verstanden, uns eine heilige Vergangenheit zu schaffen? Was der Zukunft die Hoffnung ist, das ist der Vergangenheit die Vergebung. Nur die Reue schafft wirklich Bereinigung, nur die Umkehr schafft eine heilige Ruhe, nur das Vertrauen besiegt die Sorge, und nur die Liebe triumphiert über die Angst. Weil uns Reue und Umkehr, Vertrauen und Liebe fehlen, zerrinnt uns die Gegenwart zwischen den Fingern, und wir sind nicht wirklich da. Wer etwas von der Heilung der Menschenseele versteht, der weiß, mit Reue und Umkehr, Vertrauen und Liebe zu leben, denn nur so bezwingt er das Unheil der Vergangenheit und die Heillosigkeit der Zukunft. Nur so wird er der Gegenwart geschenkt und in ihr Gott. So wird die Heillosigkeit einen Vasallen des Unglaubens verlieren.

So, wie es lebenswichtig ist, dass man zwischen einem nahrhaften und einem ungenießbaren Pilz zu unterscheiden vermag, ist es ebenso wichtig, auch seelische Vorgänge zu unterscheiden. Dass das Eisen stumpf geworden ist, entwertet das Eisen nicht, sondern es zeigt die Härte, die es erfuhr, und es zeigt die Notwendigkeit, geschärft zu werden. Wenn die Heiligen Schriften von Sünde sprechen und den Menschen zur Umkehr führen, geht es ihnen nicht darum, ihn als Sünder zu entwerten, sondern ihn als Liebenden zu stärken. Das eine entwertet, das andere stärkt. Das eine macht nieder, das andere richtet auf. Das eine stößt in einen Abgrund, das andere zeigt einen Weg.

Wie eine vorsichtige und dann doch herzliche Versöhnung nach einem anstrengenden Streit, wie eine Genesung nach einer schlimmen Krankheit, so ist die Umkehr des Herzens. Metanoia ist die stärkste Verheißung, die der Mensch je hören kann, denn sie sagt: Deine gebrochene, geknickte, erloschene, abgestumpfte Liebe kann geheilt und aufgerichtet werden.

Das allein ist der Grund, warum der Glaube von Sünde spricht. Das stumpfe Eisen wird nicht verworfen, es wird geschärft. Dass du wieder scharf wirst, bedeutet, dass du wieder neu fähig wirst, die dir anvertrauten Menschen zu lieben; es bedeutet, dass du neu fähig wirst, dich deiner Welt zuzuwenden und ein Werkzeug des Segens zu sein. Dass du wieder fähig wirst, zu lieben, ist der größte Gottesbeweis, den dein Leben je erfahren kann.

Darum ist Umkehr – metanoia – ein heiliger Trotz angesichts der Fehlbarkeit des Lebens. Es ist ein Trotz, den die angeschlagene Seele braucht.

Am Ende einer der schönsten Geschichten des Neuen Testaments steht ein wundervoller Satz geschrieben: „Ihre vielen Sünden sind vergeben, denn sie hat viel Liebe gezeigt; wem aber wenig vergeben wird, der liebt wenig." * Unsere Welt und unsere Beziehungen würden wahre Wunder erleben, wenn wir anfingen, diesen Zusammenhang zwischen Vergebung und Liebesfähigkeit zu sehen, von dem Jesus hier spricht.

: DIE ÜBERFEINE SEELE

Es wäre ein Irrtum, zu glauben, metanoia sei nur eine innere Angelegenheit, etwas, das man mit sich selbst ausmachen kann. Wer sagt denn, dass ein Mensch geeignet ist, über sich zu urteilen? Wer sagt, dass er nicht zu weich oder zu hart mit sich ist? Das Auge kann alles erkennen, nur nicht sich selbst.

So gibt es Menschen, die ständig nur nach innen sehen, als könnten sie sich so erkennen. Sie sind wie Werkzeuge, die sich unentwegt nur schärfen, obgleich sie gar nicht stumpf geworden sind. Sie wenden sich nicht der Welt zu, der sie gegeben sind, sondern nur sich selbst. In andauernder Innenschau haben sie ständig nur ihre Schuld und ihre Verletzungen im Sinn – als könnten sie über sich selbst zu Gericht sitzen oder sich selbst heilen. Nicht das Grübeln, sondern das Arbeiten wird uns zeigen, wie es um unsere Schärfe steht. Der Grübler beschäftigt sich in einem Übermaß mit sich selbst. Ihn wird die Weisheit fragen: „Wer hat dir befohlen, dich zu quälen? Gib die Eitelkeit auf, die darin besteht, dich selbst zu verneinen, und die dich dazu verleitet, deine Selbstkritik zur Schau zu stellen! Was ergötzt du dich daran, wie streng du mit dir bist?"

* Lukasevangelium 7,47

Martin Buber erzählt in einer der chassidischen Geschichten von solch einem Menschen, der einem blau geschliffenen Eisen gleicht:

„Als Rabbi Chajim von Zans seinen Sohn der Tochter des Rabbi Elieser vermählt hatte, trat er am Tag nach der Hochzeit beim Brautvater ein und sagte: „Schwäher, Ihr seid mir nahe gekommen, und ich darf Euch sagen, was mein Herz peinigt. Seht, Haupt- und Barthaar sind mir weiß geworden, und noch habe ich nicht Buße getan!" „Ach, Schwäher", erwiderte ihm Rabbi Elieser, „Ihr habt nur Euch im Sinn. Vergesst Euch und habt die Welt im Sinn!"[2]

Rabbi Chajim war in einem Übermaß damit befasst, sich selbst zu prüfen („Wie scharf ist die Schneide?"). Da war das Werkzeug wichtiger als das entstehende Werk.

Was wäre ein Werkzeug, wenn es sich mir entzieht, nur weil es stumpf geworden ist? Soll es die Stumpfheit denn wirklich als Entwertung begreifen? Im Buch Genesis heißt es am Anfang: „Gott sah an alles, was er gemacht hatte, und siehe, es war sehr gut."* Wie soll Gott uns ansehen, wenn wir uns im Versteck unserer Schuldgefühle verbergen? Man kann auf eine selbstgefällige Weise sein vermeintliches Kaputtsein zelebrieren. Das ist kitschig. Es ist eine subtile Form der Arroganz, sich selbst nicht genug zu sein – wenn es auch verständlich sein mag, denn in der Ablehnung seiner selbst hat man eine abgründige Form der Selbstsicherheit gefunden. Es ist ein verhängnisvolles „ergo sum": „Ich bin schlecht, also bin ich. Ich bin etwas Besonderes, denn ich lehne mich ab."

Die Selbstentwertung ist gewiss das, was Martin Buber „die dämonische Versuchung" nennt. Es ist diese Abgründigkeit des Menschen, der sich selbst im Stich lässt. Sie formuliert sich in dem Lügenwort: *„Von da heraus, wo du hineingeraten bist, führt kein Weg mehr!"*

* 1. Buch Mose (Genesis) 1,31

Buber fasst es in der Deutung einer chassidischen Erzählung so zusammen: *„Es gibt eine verkehrte Selbstbesinnung, die den Menschen nicht zur Umkehr bewegt und auf den Weg bringt, sondern ihm die Umkehr als hoffnungslos darstellt und ihn damit dorthin treibt, wo sie anscheinend vollends unmöglich geworden ist und der Mensch nur noch kraft des dämonischen Hochmuts, des Hochmuts der Verkehrtheit, weiterzuleben vermag."*[3]

Es gibt jenen selbstbetrügerischen Hochmut, dem es immer um das Große geht: Wenn nicht *alles* gut ist, ist es nicht gut; wenn nicht *alles* klar ist, habe ich es nicht verstanden. Darin liegt eine Form der Drückebergerei. Solch eine Art von „großem" Denken ist nicht radikal genug. Denn die großen Veränderungen nimmt man sich meist nur vor; die kleinen finden tatsächlich statt.

Gott hat uns die Fähigkeit gegeben, unsere Stumpfheit zu erkennen, aber er hat uns nicht das Recht gegeben, uns durch Selbstentwertung blau zu schleifen.

Mein Werkzeug ist ein wunderbarer Stahl aus dem Stubaital. Es hat seinen Wert nie verloren, es ist nur stumpf geworden.

Ignatius von Loyola (1491–1556), der Begründer der Jesuiten, sagte im 16. Jahrhundert etwas Wesentliches über die dämonische Versuchung der Selbstentwertung. In seinem epochalen Werk „Geistliche Übungen" erklärt er: Wenn es dem Feind nicht gelingt, eine Seele zu vergröbern, dann setzt er alles dran, sie in einem Übermaß zu verfeinern. Solch eine überfeine Seele hält ständig Dinge für Sünde, *„wo gar keine Sünde ist"**, und darum klagt sie sich an.

* Ignatius von Loyola: „Geistliche Übungen" (Exercitia Spiritualia), Würzburg 2008, Seiten 137–139. Diese Übungen der Seelenführung aus dem 16. Jh. enthalten sechs Bemerkungen, „um Skrupel und Überredungskünste unseres Feindes zu verspüren und zu verstehen" (Abschnitte 345 bis 351). 349: „Der Feind schaut sehr, ob eine Seele grob oder fein ist. Und wenn sie fein ist, bemüht er sich, sie noch mehr zum Extrem zu verfeinern, um sie mehr zu verwirren und durcheinanderzubringen. […] 350: „Die Seele, die im geistlichen Leben Nutzen ziehen will, muss immer in entgegengesetzter Weise vorangehen, als der Feind vorangeht. Wenn nämlich der Feind die Seele gröber machen will, bemühe sie sich, sich zu verfeinern. Und ebenso, wenn der Feind sie zarter machen will, um sie zum Extrem zu bringen, so bemühe sich die Seele, sich in der Mitte zu festigen, um in allem ruhig zu werden."

Die grobe Seele ist anders. Ignatius sagt: *„Sie macht sich nichts aus Sünden"* – in der Sprache des Gleichnisses: Sie arbeitet fröhlich mit all ihren Scharten weiter und zerstört das Holz. Anders ist die überfeine Seele. Sie leidet unter dem Druck der Skrupel und verbrennt an ihren heiligen Ansprüchen. Dort, wo die Schneide dünn und empfindlich ist und die Hitze darum nicht abgeleitet werden kann, wird sie blau geschliffen und verbrennt – das heißt in der heutigen Sprache: Burn-out.

Die überfeine Seele ist maßlos in ihrer Vorstellung, wie glücklich oder heilig das Leben sein soll. Sie schleift sich durch Ungeduld und Selbstverurteilung blau. Das Neue Testament sagt: Bring dein Herz, wenn es dich anklagt, vor Gott zum Schweigen.[*] Denn „er erkennt alle Dinge"[**]. Das ist das Ansehen, aus dem du leben sollst. Es ist die Flucht nach vorn, die Flucht in die Arme Gottes, der dich erkennt. Wenn du aufhörst zu glauben, Gott sei dein Feind, wird seine Barmherzigkeit dein Herz heilen, und du wirst barmherziger und behutsamer mit dir selbst umgehen. Und du wirst aufhören, dir Dinge zu Herzen zu nehmen, die dich nichts angehen. Der Geist Gottes wird der überfeinen Seele sagen: Nicht du, sondern das Lamm Gottes trägt die Sünde der Welt.[***]

Es gibt eine heilige Ruhe. Es ist die Ruhe, die gelernt hat, das Gute anzusehen. Wir nehmen dem Guten unseres Lebens das Ansehen, wenn wir nicht lernen innezuhalten. Der Glaube hat diesem Ansehen einen Namen gegeben: Es ist der Lobpreis. Solch ein Lobpreis ist wie ein Geburtshelfer des Guten, das in unserer Mitte zur Welt kommen soll.

* 1. Johannesbrief 3,19
** 1. Johannesbrief 3,20
*** Johannesevangelium 1,29

Wenn gewissenhafte Menschen („feine Seelen") ein geistliches Leben führen, entsteht in ihnen häufig eine wahnhafte Vorstellung davon, was „Heiligung" bedeutet. Dahinter steht der Irrglaube, unser Leben zu heiligen würde bedeuten, dass wir ständig an uns arbeiten. Wie kommen wir eigentlich auf diese Überheblichkeit, dass man „an sich selbst arbeiten" kann – als könne man Werkstück und Werkmeister in einem sein?

Johannes vom Kreuz (1542–1591) schreibt über jene Menschen, die gar so viel an sich arbeiten: *„Es gibt andere, die – bar jeder Demut, dafür aber voll Ungeduld mit sich – in Zorn geraten, wenn sie sich unvollkommen erleben. In dieser Hinsicht sind sie so ungeduldig, dass sie an einem Tage heilig werden möchten. Von diesen, die sich viel vornehmen und große Vorsätze machen, gibt es viele. Da sie aber nicht demütig sind und sich zu viel zutrauen, fallen sie umso öfter und werden umso ungehaltener, je mehr Vorsätze sie machen."*[4]

Es gibt ein Geheimnis des Lebens, das besagt: Wir werden dem ähnlich, was wir lieben. Der Zugang zu dieser Erfahrung der Angleichung an den Geliebten aber ist die Freude. Das Bild Christi nimmt in uns Gestalt an, weil wir ihn lieben. So wird unser Suchen und Sehnen, unser Ringen und Fragen als ein Ausdruck unserer Liebe geheiligt sein – nicht, weil wir es müssen oder sollen, sondern, weil die Kraft dessen, was wir lieben, nicht anders kann. Die Frage des Lebens ist, was du liebst. Du formst und veränderst dich nicht einfach, sondern du liebst – und so wirst du durch die Liebe unmerklich verändert.

Eine Ursache für diesen Vollkommenheitswahn, von dem Johannes vom Kreuz spricht, ist der maßlos übersteigerte Glaube an die eigene Willenskraft. Der menschliche Wille ist ein wunderbares Werkzeug, wenn es um das geht, was wir tun – wie das Judentum sagt: *„Der Ort des Menschen ist die Tat."* Aber der Wille ist ein ganz und gar unbrauchbares Werkzeug, wenn es darum geht, die eigene Seele zu verändern – als sei unser Wille ein Zauberstab, mit dem wir uns zu dem Menschen machen könnten, der wir gern wären. Unsere maßlosen Forderungen haben keine schöpferische Kraft.

Als Geigenbauer weiß ich: Jedes Holz hat seinen Faserverlauf, seine Geschichte, seine Eigenheiten und Verletzungen. Das muss ich spüren, um das Holz zum Klingen zu bringen. Doch dazu braucht es Barmherzigkeit mit dem Gegebenen. Sie ist die eigentliche Schöpfungskraft, die alles heiligt, was sie berührt: unsere krummen Fasern, unsern Drehwuchs, das Reaktionsholz, das sich durch schwierige Umstände gebildet hat, die Abhölzigkeit – all das, was nicht perfekt ist. Ich weiß als Geigenbauer ein Lied davon zu singen.

Ein Mensch, der sein Vertrauen auf die Weisheit Gottes setzt, hat keine besseren Holzfasern als andere, aber er weiß, er hat einen Meister, der sie zum Klingen bringt. Es ist das Geheimnis des Geigenbaus: Nicht das Holz wird dem Meister gerecht, sondern der Meister wird dem Holz gerecht. Das Holz überlässt sich der Gestaltungskraft des Meisters. Nur durch Barmherzigkeit lassen wir die Weisheit Gottes an uns heran. Wenn wir unbarmherzig mit uns selbst sind, verbieten wir uns diesen Werdegang. Es ist in der Tat reichlich einfallslos und trivial, alles besser haben zu wollen, als es ist – den Faserverlauf des eigenen Lebens anzuschauen, den Drehwuchs, der sich unter dem alltäglichen Druck der Belastungen gebildet hat, und zu fordern: „Alles an mir und in meinem Leben sollte besser sein!"

Was schaust du deine krummen Fasern an, aber bist ohne jeden Glauben an den Klang, der dir verheißen ist? Du willst glänzen und etwas Heiliges sein? Auch das blau geschliffene

Eisen glänzt, wenn man es abzieht. Die blaue Färbung verschwindet dann auf dem Abziehstein. Aber das heißt nichts! Im Innern ist das Eisen zerstört, denn es wurde mit zu viel Druck geschliffen. Warum schleifst du dich und deine Mitmenschen an deinen Ansprüchen blau?

Es ist gut, sich darauf zu besinnen, dass es beim Propheten Nehemia nicht etwa heißt: „Unsere Erwartungen sind unsere Kraft", sondern: „Die Freude am Herrn ist unsere Kraft."* Ohne Freude kann nichts heilig sein. Die Bibel redet viel von der „Heiligung des Lebens". Aber Heiligung bedeutet nicht, dass wir an uns arbeiten, sondern, dass wir aus den Quellen unserer Freude leben.

Einzig die Freude hat die göttliche Kraft, der es gelingt, uns in der Tiefe unserer Seele zu verändern – und wir werden es oft nicht einmal merken, denn es ist keine gewollte, sondern eine gewachsene Veränderung. Die Freude ist der Werkmeister des Lebens. Darum ist es so wichtig, dass wir uns von Gott die Quellen unserer Freude zeigen lassen, aus denen wir leben können.

VOLLKOMMENHEIT. Die Mahnung des blau geschliffenen Eisens sagt: Es ist wichtig, zwischen Vollkommenheit und Perfektion zu unterscheiden. Der Perfektionist ist ständig bemüht, die Gnade Gottes mit seiner eigenen Großartigkeit anzureichern, denn was ihn treibt, ist die Angst, dass es nicht reicht. Der Vollkommene ist, weiß Gott, nicht perfekt, aber er lässt sich von Christus die Füße waschen, und er widersteht dem Impuls, dass er dessen nicht würdig sei. Darum ruht er in seiner Würde. Das ist seine Vollkommenheit: dass die unendlich demütige Gnade Gottes seine Seele berührt.

Alles bittet uns um unsere Liebe. Selbst die Bäume, aus denen ich Geigen mache, bitten mich, Gott zu lieben. Und

* Das Buch Nehemia 8,10

diese Liebe findet an der Werkbank ihren Ausdruck. Genau das aber bedeutet es, geschärft zu werden. Es ist eine Qualität der Liebe, die Gott in uns sucht. Der fragende Glaube, der forschende Glaube, der hörende Glaube – das alles ist Ausdruck einer liebenden Suche, wie die Suche nach Klang. Das, was uns schärfen kann, ist kein Patentrezept, sondern eine Qualität des Herzens. Es ist ein Herz, dessen Glaube wieder angefangen hat, eine suchende Liebe zu sein.

Ich habe über diesen einen Vers aus dem Buch Kohelet geschrieben, der am Ende sagt: „Die Weisheit Gottes bringt die Dinge in Ordnung." Der Zugang zur Weisheit ist nicht das, was wir wissen, sondern das, was wir von Herzen lieben.

: DER VERBRANNTE GLAUBE

Das Gleichnis vom geschärften Eisen spricht über die Weisheit im Umgang mit uns selbst. Aber nicht nur die Seele, auch der Glaube kann durch zu viel Druck überhitzt und durch Ungeduld und falsches Denken blau geschliffen werden. Die Vorstellung, unser Glaube müsse frei von Zweifeln, unsere Liebe frei von Krisen, unsere Zuversicht frei von Niedergeschlagenheit, unsere Hoffnung frei von Rückschlägen sein … all dies schleift die Seele blau. Denn was den Glauben bedrängt, ist nicht der Zweifel, sondern die Erwartung, er müsse frei von Zweifeln sein.

Manchmal können wir nur auf eine schmerzhafte Weise gesegnet werden. Da entziehen sich uns die gewohnten Antworten, damit wir Fragende bleiben, es entzieht sich das vertraute Wissen, damit wir Erkennende bleiben, es entzieht sich uns, was wir über uns dachten, damit wir neu und tiefer begreifen, wer wir sind. Darum gibt es eine Art des Zweifels, der nicht weniger heilig als der Glaube ist, denn er macht uns ehrlich und wach. Nur die Dumpfheit, die weder Zweifel noch Glauben kennt – und die durch einen Mangel an Zweifel so selbstgefällig und durch einen Mangel an Glauben so einfallslos ist –, ist Feindschaft gegenüber dem Leben. Ihr sind die Dinge schlicht egal.

Ich finde Zweifel anstrengend, aber noch anstrengender finde ich Menschen, die nie Zweifel haben. Das kommt fast einer Behinderung gleich. Es ist ein für die Umwelt äußerst unangenehmer Mangel an Intelligenz, wenn ein Mensch ohne Selbstzweifel ist. Da ist keine souveräne Kraft, die uns in Anspruch nimmt, keine Suche, die uns an die Hand nimmt, keine Krise, die uns in die Tiefe führt, keine Wahrheit, die uns verunsichert.

Durch manche Krisen hindurch habe ich gelernt, dass uns Verunsicherungen zugemutet werden müssen, damit wir erkennen, was uns gesagt werden soll. Darum wird jeder lebendige Glaube uns nicht nur zur Gewissheit werden, er muss auch zur rechten Zeit eine Verunsicherung sein, eine kreative Verunsicherung, etwas, das uns wach und wahrhaftig macht.

Jener Art Zweifel ist eine heilige Autorität gegeben, die uns sagt: Gott darf sich deinem Glauben entziehen. Wenn die guten Rituale deiner Liebe zur lieblosen Routine geworden sind und religiöse Gewohnheit sich in deine Gottesliebe eingeschlichen hat, wenn du aufgehört hast, durch den Weg zu lernen, den du gehst, und du dich stattdessen in einem Gedankengebäude eingenistet hast, wenn du Gott durch deinen Glauben gezähmt hast (und nennst das Ergebnis Religion), dann wird der Zweifel diese Autorität in Anspruch nehmen – denn ohne ihn, der dich unruhig macht, würdest du unmerklich Gott verlieren.

In diesen Phasen hat der Zweifel eine Stimme, durch die Gott zu uns spricht: „Verwechsle mich nicht mit deinem Glauben." In den abgründigen Phasen wird manch ein Zweifel ein Bote Gottes sein, dem das Recht gegeben ist, uns auf eine schmerzhafte Weise zu segnen. Nicht der Glaube, sondern der Zweifel wird uns dann zurückwerfen in das Raue, Echte und Ursprüngliche einer angreifbaren Gottesbeziehung.

Wenn der Zweifel ein Bote Gottes ist, wird er uns helfen, Gewissheiten zu verlieren, damit Raum für das entstehen kann, was uns gesagt werden soll. Er wird Abschied nehmen, wenn seine Zeit gekommen ist; er wird gehen, wenn er sieht, dass wir seiner nicht mehr bedürfen. Denn wir haben uns aufgemacht zu tun, was wir begriffen haben. Das heißt, wir haben Wahrhaftigkeit erlernt.

Der Verlust von Gewissheiten, an die wir uns gewöhnt hatten, ist ein typisches Symptom der Postmoderne. Dass wir Gewissheiten verlieren, weil etwas nicht stimmig ist, kann auf eine verstörende Weise heilsam sein. Wenn eine Gesellschaft aber ihre Sehnsucht nach der verloren gegangenen Gewissheit verliert, ist sie verloren.

Wir müssen das, was uns trägt, nicht tragen. Solange wir unsere Liebe bewahren, wird der Zweifel nie etwas Bedrohliches oder Böses sein; er wird die unruhige Gestalt einer Liebe sein, die um des Geliebten willen niemals in die Gewöhnung hineinschlafen mag, in der jeder Schmerz betäubt und jede Liebe erloschen ist. Es gibt eine innere Liebe des Zweifels, die den Menschen in diesen anstrengenden Phasen das Wesentliche sagen lässt: „Zeig mir, was ich erkennen soll, ich will es hören. Denn ich weiß, dass nicht der Wissende, sondern nur der Hörende deiner Stimme folgt und dass nur der Suchende sich finden lässt. Ich weiß, dass nur der Liebende deine Liebe begreift. Wenn dich etwas bedrängen darf, mein Gott, dann soll es meine Stille sein."

Das Lebendige des Glaubens ist für mich nichts anderes als das Erforschen Gottes durch die Liebe. Nicht durch unsere Erfahrung, sondern durch unsere Liebe geben wir Gott das Recht, sich in unser Beten einzugießen. Darum wird mir gesagt: Lass jedes Gebet wie dein erstes sein. Erzwinge nichts, sondern lass es liebende Stille sein.

Wie könnte der „wahre" Glaube je etwas anderes sein als die liebende Bereitschaft zur Unsicherheit? Es ist das Vertrauen, dass man sich seiner selbst nicht sicher sein muss, um gehalten zu sein. Was also ist der Zweifel anderes als der Aufschrei einer Wahrheit, die dir sagt: Verliere in den Wüstenzeiten, in denen Gott dich auf diese schmerzhafte Weise segnen muss, deinen Glauben, damit Gott ihn dir schenken kann. Du ängstlicher Mensch, hast du deinen Glauben denn nicht lange genug durch ebendeine Angst verletzt, du könnest ihn verlieren? Du wirst womöglich deinen Glauben, aber niemals Gott verlieren. Darum sagt der Zweifel: Lass dich in Ruhe. Schleife deinen Glauben nicht durch die verbissene Suche nach Gewissheit blau, überhitze ihn nicht. Nur in der Ruhe vor dir selbst kann Gott dir nahen.

KAPITEL 2

: Musik

Die Stimme der Seele

Musiker sind anders als normale Menschen, und ich habe viele Jahre gebraucht, diese anstrengende Andersartigkeit meiner Kunden zu akzeptieren. Normalerweise haben Menschen, wenn sie über eine Sache urteilen, eine innere Skala von mindestens fünf Stufen. Bei Musikern ist es anders. Wenn sie über den Klang oder die Spielbarkeit ihres Instruments reden, ist es „überwältigend gut" oder „unsagbar schlecht", „ein Traum" oder „eine absolute Zumutung", aber eine Abstufung dazwischen scheint nicht zu existieren. Entsprechend wird man als Geigenbauer zu einem Erlöser verklärt, wenn einem eine Klangeinstellung gut gelungen ist, an einem anderen Tag aber wie ein unfähiger Knecht behandelt.

Völlig unvermittelt kann es vom einen ins andere kippen: „Nein, so geht es überhaupt nicht! Jetzt ist mir die A-Saite ganz fremd. Was machen Sie nur? So kann es nicht bleiben."

Man korrigiert den Stimmstock der Geige um wenige zehntel Millimeter und setzt dadurch gewollt oder zufällig eine Resonanz frei. „Ja, das ist es! Überwältigend! So gut war es noch nie. Sie sind ein wahrer Zauberer!"

Diesen Beruf kann man nur überleben, wenn man sich Freude und Leid, Lob und Kritik nicht allzu sehr zu Herzen nimmt. Ich kenne Kollegen, die haben vor ihrer Zeit aufgehört, weil sie es nicht mehr ausgehalten haben. Ein Geigenbauer muss sich nicht nur in die Holzfasern, sondern auch in die innersten Fasern der Musikerseele einfühlen können; er muss nicht nur ein guter Handwerker, sondern auch ein Meister der seelischen Welten sein.

Es gibt Tage, an denen muss ich Klangeinstellungen absagen, weil ich nicht die Kraft dafür habe. Dann lasse ich das Stimmhämmerchen, den Stimmspiegel und all die Maßlehren am Werkzeugbrett hängen, gehe in den Maschinenraum und schneide an der Bandsäge Fichtendecken auf. Man braucht erwartungsfreie Räume, um sich zu erholen.

Ich habe gut zehn Jahre benötigt, um Frieden damit zu schließen, dass ich ganz offensichtlich so viel mit Musikern und so wenig mit normalen Menschen zu tun habe. Ständig die Extreme. Nichts dazwischen. Aber dann bin ich selbst zum Musiker geworden. Natürlich spiele ich nicht so virtuos wie meine Kunden, aber dank einiger außergewöhnlich guter Instrumente, die in meine Werkstatt kamen, habe ich angefangen zu begreifen, warum Musiker diese Extreme durchleben, wenn es um den Klang ihres Instruments geht.

Es liegt nicht nur daran, dass Musiker auf der Bühne gewöhnlich unter einem großen Druck stehen und der Ton, wenn er das Instrument erst einmal verlassen hat, nicht mehr zurückgerufen werden kann – alles geschieht unmittelbar und ungeschützt. Das Wechselbad der Gefühle kommt vor allem daher, dass gute Musiker ein feines Gespür für Stimmigkeit haben. Sie wissen, was es heißt, mit ihrem Instrument in den besonderen Augenblicken ganz eins zu sein, von jeder Irritation befreit. Umso mehr leiden sie, wenn das auf einmal nicht mehr möglich ist.

: LIEBENDE EINHEIT

Wenn diese vollkommene Einheit mit dem Instrument entsteht, geschieht etwas Erstaunliches: Es ist, als würde man selbst zu einem Instrument gemacht. Oft sind es nur wenige

Momente, in denen wir das wahre Wesen der Musik erfahren: Es geschieht durch uns, aber wir machen es nicht. Obgleich ich das Instrument spiele, ist mein Eindruck: Ich werde gespielt. Ich werde selbst zu einem Instrument. Das heißt es, Musiker zu sein.

Eine gute Geige nimmt den Musiker an die Hand und zeigt ihm, was es heißt, mit Resonanzen zu kommunizieren und mit Klangfarben zu spielen.

Das erste Mal habe ich diese Erfahrung mit einer Stradivari aus dem Jahr 1712 gemacht. Der Musiker überließ sie mir für einige Tage zur Klangeinstellung. Bis dahin hatte ich sehr kraftvolle, durchsetzungsstarke Instrumente gebaut, doch als ich dies Instrument in der intimen Akustik meiner Werkstatt spielte, war ich schockiert: Da war nicht nur jene starke Kraft, die ich von meinen Instrumenten kannte, sondern zugleich eine atemberaubende Sanftheit. Es spannt sich ein angstfreier Raum auf. Man steht in einer Klangwolke aus Sanftheit und Kraft. Das Geheimnis dieser besonderen Instrumente ist nicht, dass sie besser klingen, sondern dass sie einen anders spielen lassen. Der *Mensch* klingt anders – so, wie ein angstfreies und vertrauendes Leben einen ganz eigenen Klang hat. Es hat etwas Lösendes, Befreiendes, wenn alles stimmig ist. Tatsächlich hat dann der Mensch auf seinem Instrument eine andere Stimme.

In diesen Momenten der Einheit wird das Instrument zu einem Teil des eigenen Körpers. Durch den Körper, die Finger, die Arme – beim Blasinstrument die Lippen – formt sich ein hörbarer Lebensausdruck der liebenden Seele: der Klang! Ob dies alles auf einer Geige, einer Flöte, einer Orgel, einem Cello oder einer Oboe geschieht, ist nicht wichtig, denn es passiert stets das Gleiche: Man beginnt, auf dem Instrument zu singen.

Diese Augenblicke vollkommener Selbstvergessenheit sind das Schönste, was man erleben kann. Es ist die Erfahrung völliger Einheit. Es ist, als sei die Kontaktstelle zwischen der schwingenden Saite und den Bogenhaaren kein physikalischer Vorgang, sondern eine körperliche Erfahrung. Die Töne saugen den Bogen förmlich in sich hinein.

Der Klang einer guten Geige ist erst dann richtig eingestellt, wenn sie einen beim Spielen süchtig macht. Man taucht in die Töne ein und formt eine Klangskulptur. Man fühlt die Schwingung unter den Fingern der linken Hand. Die Anziehungskraft des Klangs ist wie die des Betens; es ist eine Sehnsucht, die uns entzünden kann.

Wenn eine Geige gelungen ist, kann ich kaum konzentriert weiterarbeiten, denn immer wieder zieht mir die körperliche Erinnerung an den vollen, dichten, satten Ton das Werkzeug aus der Hand, und ich muss zur jüngsten Geige greifen und ihren Klang erforschen. Auf einer resonanzstarken Geige lassen die Töne sich formen und kneten. Es ist wie frisch gefallener Schnee, den man mit jedem Schritt unter den Füßen komprimiert; dieses satte, verdichtende Knirschen, das man spürt. So sind die Töne einer guten G-Saite in ihrem Klang: dicht, dunkel und komprimierbar.

Besonders die Geigen von Guarneri del Gesù (1698–1744) haben unten einen rötlichen Klang und auf der E-Saite ein silbriges Schillern. Sie können fast archaisch werden, wild, knirschend, fauchend und groß im Ton. Ihr Klang ist so dicht und präsent, dass jede Ablenkung undenkbar ist.

Die vollkommene Gleichzeitigkeit von Sanftheit und Kraft, die man in solch einem Klang erleben kann, ist für mich das sinnlichste Gleichnis für die Erfahrung des Heiligen Geistes. Was wir in den besonders dichten und innigen Momenten der Gottesnähe erfahren, geschieht nie ohne Sanftheit und doch mit einer großen Kraft. Eine sonderbare Gleichzeitigkeit, die sich eigentlich widerspricht. Es ist das Geheimnis einer Kraft, die nie bedrohlich ist. In ihr ist ein behutsames Werben, das „anklopft" und unser Vertrauen sucht. Diese Gleichzeitigkeit von Sanftheit und Kraft, die jedes gute Instrument in sich trägt, ist ein in Klang gegossenes Gleichnis für das Wesen der Gnade, die alle Macht hat und doch das, was sie sucht, nie unterwirft. Einzig durch ihre Schönheit wirkt sie in unserer Seele und wirbt darum, dass wir ihr nachgeben. Das heißt „Vertrauen".

Das Heilige unterwirft uns nicht, es sucht uns in seiner unergründlichen Demut auf und fragt, was es vorfindet. Wir suchen nicht, wir werden aufgesucht. Wir begrüßen mit wachsamen Augen, was uns anblickt. Wir erforschen, was geduldig um unser Vertrauen und unser Verstehen wirbt. Wir finden nicht, wir werden gefunden. Das ist das Wesen der Sanftheit.

Das Miteinander von Kraft und Sanftheit gehorcht dem inneren Gesetz der harmonischen Gegensätze. Der Klang einer guten Geige kann leidenschaftlich werden, aber er wird nie scharf; er kann sich verdunkeln, aber er wird nicht matt; er kann fauchen, aber er wird dabei nicht ordinär. In den hohen Lagen entsteht eine Feinheit, aber nie etwas Dünnes; eine Süße, ohne je kitschig zu werden. Eine starke Geige setzt dem Spiel einen starken Widerstand entgegen, aber dieser Widerstand bedeutet nicht, dass sie sich widersetzt. Sie unterwirft sich nicht, sondern sie gibt sich hin. Diese Hingabe ist etwas unendlich Feines und Kostbares, vor allem im *piano*.

Der Klang einer guten Geige ist ein durch starke Resonanzen wachgerufenes, lebendiges Geschehen. Sie entblößt sich nicht, sie wahrt ihr Geheimnis; sie stellt sich zur Verfügung, ohne sich zu unterwerfen. Man muss ihr Charisma beherzigen und respektieren.

Ein schwaches Instrument ist pure Unterwürfigkeit. Da ist nichts gefährlich, aber es geschieht auch nichts. Bei einer guten Geige reicht ein einziges Bogenhaar aus, und der Ton entfaltet eine tröstende Kraft – vor allem in den hohen Lagen der tiefen Saiten. Eine starke Geige entwickelt im *fortissimo* einen befriedigenden Widerstand. Der Ton rutscht nicht weg, sondern lässt sich mit einem unendlich langsamen Bogenstrich unmittelbar am Steg fast festhalten. Es ist, als schneide man mit der Gewichtskraft einer bloßen Daunenfeder durch einen zentnerschweren Block aus reinem Stahl: mühelos und konzentriert. Der Bogen wird nicht mehr durch die Mechanik der Hand, sondern durch die Dichte und Richtigkeit des Tons wie auf Schienen geführt. Er wird vom Widerstand der Resonanzen mit einer großen Kraft gebremst – und in ihr erlebt man die Autorität des Instruments. Mit einer starken Geige auf Augenhöhe zu spielen, ist ein charismatischer Kampf. Jeder Ton ist ein Universum an Ansprache, Klangfarbe und Formbarkeit.

Eine Geigerin sagte mir einmal, nachdem sie für einige Stunden ein gerade fertig gewordenes Instrument ausprobiert hatte: „Man merkt, wie die Töne der D-Saite allmählich lebendig werden und sich öffnen, wenn man mit ihnen zu sprechen beginnt." Wenn die Einheit aber irritiert wird und zerbricht, kann man nur noch sagen: „Willkommen in dieser Welt. Eben noch warst du in eine andere Welt eingetaucht."

Als meine Frau mich vor vielen Jahren das erste Mal auf einer Stradivari spielen hörte, die wegen einer Klangeinstellung in die Werkstatt kam, sagte sie: „Wenn man diesen Klang hört, kommt man sofort ins Träumen."

Das ist wohl die schönste Beschreibung für einen Klang, der die Vollmacht hat, die Seele zu berühren. In solch einem Klang entfaltet sich das eigentliche Charisma der Musik: Sie führt unsere Seele an ihre innere Quelle. Es ist der Ort, an dem man nichts verstehen, nichts leugnen und nichts fragen muss, denn man ist verstanden. Wenn das geschieht, weiß man, was Musik bedeutet. Es gibt einen Klang, der heilsam ist – einen Klang, der die Kraft und das Recht hat, Dinge in uns zu trösten, zu beleben und zu verändern. Ich glaube, Musik ist uns vom Himmel gegeben, damit wir diese Welt, die uns in vielen Dingen so zusetzt, ertragen können. Ich bin überzeugt: Musik ist letztlich in Klang gegossenes Gebet.

Umso schmerzhafter ist die Enttäuschung, wenn all dies auf einmal nicht mehr möglich ist, weil irgendetwas mit dem Instrument nicht stimmt. Man fällt in einen Zustand zurück, den man längst überwunden zu haben glaubte. Auf einmal ist man wieder Instrumentalist, aber nicht mehr Musiker. Man arbeitet sich an den spieltechnischen Begrenzungen und der klanglichen Fremdheit des Instrumentes ab. Man gibt sein Bestes, versucht, die Musik zu bewältigen und den Klang künstlich zu beleben, aber es ist mühselig und durch die Enttäuschung beladen, dass man doch eigentlich etwas ganz anderes kennt.

Eine schlecht gebaute oder falsch eingestellte Geige hat etwas unsäglich Träges. Der Ton ist tot. Die Trägheit tut ja nichts Böses. Aber sie verhindert all das Gute, von dem man weiß, dass es geschehen kann. Trägheit ist eine Todsünde. Man spürt die Einschränkung und hört auf zu singen. Alles wird mühsam. Mit dieser Erschütterung melden Musiker sich bei mir zur Klangeinstellung an. Die Werkstatt schwappt dann bisweilen bis oben hin mit dem Schmerz einer leidenden Seele voll, sodass man Angst hat, in der Enttäuschung und den Erwartungen zu ersaufen.

Für einen Musiker ist das Spiel auf einem klanglich entstellten Instrument so, als habe man das Fliegen verlernt, und erst in der Enttäuschung darüber ist man erstaunt, dass man es je konnte. Da gibt es keine Abstufungen mehr, nur zwei Extreme: Klang oder Trägheit. Gesang oder Angst. Einheit oder Enttäuschung. Du fliegst oder du fliegst nicht. Die Geige ist deine Stimme oder sie ist es nicht. Sie ist ein Teil deines Körpers oder sie ist es nicht. Du bist Musiker oder Instrumentalist. Du bist vereint oder getrennt. Du wirst gespielt oder du arbeitest dich mühsam ab.

Darum verstehe ich mittlerweile die Seelenlage der Musiker, die in meine Werkstatt kommen. Sie sind erschüttert, wenn die über Jahre vertraut gewordene Einheit mit ihrem Instrument auf einmal gestört ist. Vor allem durch die Erfahrung, wie Musiker ihre Instrumente lieben und wie sie an ihnen leiden, habe ich gelernt, was es heißt, ein wirklicher Musiker zu sein. Offensichtlich kann man die wesentlichen Dinge in unserer Welt nur durch Lieben und durch Leiden lernen.

Was manchmal wie Arroganz erscheint, ist in Wirklichkeit Hilflosigkeit. Nicht selten kommt es vor, dass Musiker nur wenige Stunden vor einem großen Konzert oder vor einer wichtigen Aufnahme nervös oder verzweifelt in die Werkstatt kommen und sagen, so, wie das Instrument im Moment klinge, sei es unmöglich, darauf zu spielen.

Ein bekannter Geiger suchte mich einmal vier Stunden vor Beginn seiner Konzertreise in der Werkstatt auf und sagte aufgewühlt, er müsse den Flug nach Asien wohl verschieben, denn seine Stradivari sperre sich mit jedem Ton. Letztlich war nur der Steg ganz leicht verspannt und mit einer minimalinvasiven

Einrenkung waren sowohl Geige als auch Geiger wieder im Einklang miteinander.

Manche Kollegen sind durch die unstillbaren Erwartungen der Musiker zynisch geworden, andere haben resigniert. Es ist erschütternd, wie bisweilen auf Geigenbauertagungen hinter vorgehaltener Hand über Musiker geredet wird. Ich kann den Zynismus verstehen. Er hat seine Wurzel in jenen Werkstatterfahrungen, die einen so häufig die eigene Ohnmacht spüren lassen.

Aber gerade diese Ohnmacht ist nötig, um empfänglich zu sein. Man kann sich der Aufgabe nur stellen, wenn man das Nichtwissen bejaht. „Wenn ich nur wüsste, was zu tun ist… Was braucht das Instrument?“ Es gibt keine Routine, wenig Abrufbares, nur ein hörendes – das heißt angstfreies – Eintauchen in den Klang. Ich muss in diesen Augenblicken mich selbst als ein Werkzeug verstehen, dessen Hand geführt ist. Man kann es nur empfangen.

Diese Situationen, in denen es nicht um Wissen und Können, sondern um Wahrnehmen und Empfangen geht, machen einen machtlos. Aber man muss diese Machtlosigkeit nicht fürchten; sie zu bejahen, bedeutet, sich empfänglich zu machen. Empfänglichkeit für das, was geschehen soll, ist ein Zustand heilsamer Ohnmacht, es ist ein ästhetisch herbeigeführter Kontrollverlust des Denkens. Wenn mir der Mut zum Nichtwissen fehlt, kann ich die Verheißung des Augenblicks nicht spüren und bin unfähig zur guten Klangeinstellung.

Der Zustand des künstlerischen Erkennens hat überall dort seinen Ort, wo der Verstand nicht über den Dingen steht und sie sich darum auch nicht untertan machen kann. Diese Demütigung nimmt man als Ohnmacht wahr. Aber eben sie ist das Tor zur Inspirierbarkeit.* Die Kunst besteht darin, sich empfänglich zu machen. Solange ich glaube, dass ich etwas habe, das ich ohne Weiteres geben oder machen kann, bin ich noch nicht so weit.

Nach manchen Klangeinstellungen bin ich so erschöpft, dass ich für zwei, drei Tage einfache Arbeiten machen muss.

: DIE URSPRÜNGE

Die Erfahrung, mit dem Klang eines Instrumentes ganz eins zu sein, berührt eine ursprüngliche Liebe, und auch auf diese möchte ich nun zu sprechen kommen. Ich glaube in der Tat, dass nichts tiefer an die Ursprünge des Lebens greifen kann als die Erfahrung von Klang. Es ist eine Urerfahrung der Schöpfung selbst, die – wäre der Begriff nicht so beliebig – „Liebe" genannt werden müsste. Die Einheit zwischen dem Musiker und dem Instrument ist wie eine Kontaktaufnahme mit dem Ursprung, aus dem wir kommen, dem Schöpfungsakt des Lebens selbst.

Das Buch Genesis legt uns in seinem ersten Schöpfungsbericht eine Ahnung davon ins Herz, dass diese Welt förmlich ins Leben gesungen wurde. Alles im Universum – im Größten wie im Kleinsten – existiert durch Schwingungen. Wie der Klang der gestrichenen Saiten, so hat alles seine unterschiedlichen Wellenlängen, sein Spektrum, seine Schwingungsformen, seine Bahn.

„Am Anfang war es wüst und leer, und Finsternis war über der Tiefe; und Gotteshauch wehte auf dem Wasser." Das sind die ersten Verse der Bibel. Das Wort, das hier mit „wehen" wiedergegeben ist, lautet im Hebräischen „rachaph", was man

* Darauf werde ich im 3. Kapitel ausführlich eingehen.

auch mit „schwingen" übersetzen kann. Schwingungen sind in unserem Kosmos Träger jener Kräfte, die alle Strukturen ordnen und als Materie zusammenhalten. Die Quantenphysik hat den geistlosen Materialismus des ausgehenden 19. Jahrhunderts in seinen Grundfesten erschüttert, denn sie legt nahe, dass Materie im Kleinsten nicht aus Materie besteht, sondern als eine geistige, schwingende Struktur geschieht.

Der griechische Text der Septuaginta (3. – 1. Jh. v. Chr.) übersetzte diese Anfangsworte des Schöpfungsberichtes nicht mit „wüst und leer", wie die meisten deutschen Übersetzungen es tun, sondern treffender mit „unsichtbar und ungestaltet". Dies ist der Erkenntnis der Quantenphysik sehr nahe, dass das Sichtbare nicht als etwas Materielles „existiert", sondern als etwas Geistiges „passiert".

Für Hans-Peter Dürr, den Heisenberg-Schüler und ehemaligen Direktor des Münchner Max-Planck-Instituts für Physik, sind die kleinsten Teilchen des Universums die „Passierchen".[5]

Mit den ersten Versen der Bibel könnte man sagen: Es ist die Musik des Gottesgesangs, die sich als sichtbare Schöpfung manifestiert. Die Welt wurde durch den Gesang des Heiligen Geistes erschaffen. Im „Wahren Buch vom südlichen Blütenland"* heißt es: „*Die Musik des Himmels umfängt das All*"[6]. Auch die „Bhagavad Gita"**, die gewaltige Urschrift Indiens, die ich sehr liebe, heißt übersetzt „Gottesgesang", „Gesang des Erhabenen"

* „Das wahre Buch vom südlichen Blütenland" (4. Jh. v. Chr.) gehört gewiss zu den literarisch schönsten, schwierigsten und auf eine heilsame Weise verstörendsten Werken der chinesischen Geistesgeschichte. Der Philosoph Zhuāngzǐ (Dschuang Dsi), auf den es zurückgeht, gehört geistig in die Schule des Lao-Tse.

** Der Text der Bhagavad Gita ist auf 18 Gesänge bzw. Kapitel verteilt und ist vermutlich zwischen dem 5. und 2. Jh. v. Chr. entstanden. Ich gebe keine allgemeinen oder dogmatischen Empfehlungen, mit welchen Religionen, Traditionen und Urschriften man sich zu beschäftigen hat, vielmehr frage ich in allen Begegnungen und Erfahrungen, ob es mir hilft, Christus wahrhaftiger zu lieben und tiefer zu erkennen. Wir prüfen alle Dinge einzig durch die Liebe.

oder „Gesang des Geistes“. Sind Bäume, Pflanzen, Steine, Menschen nicht Musik, die eine sichtbare Form angenommen hat? Es ist die Musik der Gottesliebe, und wir haben nicht nur die Erlaubnis, sondern sogar die heilige Pflicht, diese Musik des Lebens zu erforschen, zu erlernen und durch den Gesang und den Klang unseres eigenen Daseins zu interpretieren.

Ich bin überzeugt, dass ein Mensch, der musiziert, in einem ursprünglichsten Sinn das Schöpfungsgeheimnis der Liebe erforscht und ergründet. Er hat Zugang zu einem Geheimnis der Schöpfung, das ein Mensch, der nicht in der Musik lebt, möglicherweise nicht hat. Zu musizieren hat mit der Bewusstwerdung des Menschengeistes zu tun.

Es ist bemerkenswert, dass in der siebten Generation des „Adam“ (das heißt des Menschen) im Buch Genesis von einem Mann mit Namen Jubal die Rede ist. Dort heißt es: „Von ihm sind hergekommen alle Zither- und Flötenspieler.“* Von seinem Bruder Tubal-Kain, heißt es im darauffolgenden Vers, „sind hergekommen alle Erz- und Eisenschmiede“.

Abgesehen von den jedem Menschen in der Frühzeit allgemein zugemuteten Lebensaufgaben wie Jagen und Ackerbau ist der Musiker damit die erste Berufsbezeichnung in der Bibel! Er hat sich seine Instrumente gebaut und damit buchstäblich einen neuen Klang des Menschendaseins eingeläutet.

Möglicherweise war der erste Musiker ein besonders verträumter Jäger, der beim Abschießen eines Pfeiles versehentlich mit dem Finger an der Sehne des Bogens hängen geblieben ist und erstaunt über den wundervollen Klang war, der aus ihr entsprang. Am Abend hat er angefangen, den gespannten Jagdbogen an einen mit Fell bespannten Schildkrötenpanzer

* 1. Buch Mose (Genesis) 4,21

zu zurren. Und so machte er nach der Entdeckung der harmonischen Obertonreihe, die eine gespannte Saite dem Ohr schenkt, auch noch die Entdeckung der Resonanz, die den Sehnen (Saiten) ihre Klangfarbe gibt.

Wenn es so war, werden seine Stammesgenossen am Lagerfeuer zunächst über ihn gelacht und ihn für einen Träumer erklärt haben. Wie sollte man auch mit einem membranartig bespannten Schildkrötenpanzer eine Antilope erlegen? Doch dann waren sie still und sie verstummten. Sie lauschten einem Klang, den sie nicht kannten, denn es war etwas Wesentliches geschehen. Mit dem Erklingen des ersten Musikinstrumentes hatten sie an diesem Abend erstmals über das nützliche Jagen hinaus das nutzlos Schöne entdeckt.

Schall war erstmals nicht das Brüllen eines angreifenden Tieres oder der Angstschrei des bedrohten Lebens, sondern es war Gesang. In ihren Gehirnen feuerte nach wie vor der auditive Cortex mit seinen 100 Millionen Nervenzellen – alle sind sie einzig dafür reserviert, dass wir hören –, aber es war kein Alarm. Es war gut. Kein Grund zur Flucht! Und so erhoben sie sich und folgten dem Klang mit ihren Bewegungen, die nun nicht mehr die Flucht des Gejagten oder der Angriff des Jägers waren, sondern Ausdruckstanz.

Wir wissen aus der Archäologie, dass die ersten Musikinstrumente vor etwa 50 000 Jahren gebaut wurden. Die Theorien über die frühesten Formen des Musizierens decken sich mit denen zum ersten Auftreten der Sprache. Indem der Mensch begann, kraft seiner Stimme und seiner Instrumente Tiergeräusche nachzuahmen, begann er auch damit, sich selbst zu reflektieren. Mit den Klängen beginnt die Bewusstwerdung des Menschen. Vermutlich haben wir mehr mit anderen Primaten gemein, als uns recht ist. Aber was uns vom Affen unterscheidet, ist, dass wir Musik machen.

Dass das Buch Genesis den Musiker als den ersten unter allen Berufen nennt, hat gewiss damit zu tun, dass sich in der Erfahrung der Musik, der Erfahrung von Klang, Tanz, Rhythmus und Gesang das lächelnde Angesicht des Schöpfers auf den Menschen legte. Denn der Zugang zum Heiligen ist nur durch die Befreiung vom Zweckdienlichen möglich. Und eben dafür ist die Musik das erste Zeugnis. Sie braucht keine Worte, um eine Antwort auf das hin zu sein, was wir in dieser Welt durchleben.

: DER SPIEGEL DES HERZENS

Eine gute Geige ist für einen Musiker so lebendig wie ein Lebewesen, das er liebt und kennt.

Ich erinnere mich an die Anfänge meiner Selbstständigkeit. Es war noch in meiner ersten Werkstatt im Münchner Lehel. Ein junger Geiger kam mit einer atemberaubend schönen Geige des Venezianer Großmeisters Domenico Montagnana aus dem Jahr 1729 in meine Werkstatt. Er spielte und liebte diese Geige seit vielen Jahren. Nun aber hatte er mit ihr ein Problem, das ihm bereits Schmerzen in der Hand bereitete. Er war auf Konzerttournee mit dem Brahms-Violinkonzert, die Geige aber hatte ihre Belastbarkeit im *fortissimo* und ihre Ansprache* verloren. Gerade dann, wenn die Geige sich gegen das ganze Orchester durchzusetzen hatte, brach sie im Klang immer wieder ein. So war es nötig, für diese Geige einen neuen Steg zu schneiden und einen neuen Stimmstock zu setzen.

So etwas geht dem Instrument ans Eingemachte. Der Steg ist ein dünnes, ornamental ausgeschnittenes Ahornplättchen,

* „Ansprache“ ist ein Fachbegriff im Geigenbau, der beschreibt, wie mühelos der Musiker den Ton anregen kann. Die Ansprache ist von Ton zu Ton unterschiedlich.

Schlecke 2/2010

Die Tänzerin
10,6 × 11,2 cm, 2010

das als Übertragungselement zwischen der harmonischen Obertonreihe der gestrichenen Saiten und dem Resonanzprofil des Geigenkorpus vermittelt. Mit seinen feinen Ausschnitten – den seitlichen Ohren, den Fußfesseln und dem Herz – wirkt der Steg als ein hochempfindlicher Klangfilter. Bereits ein halber Millimeter Änderung seiner zierlichen Taille reicht aus, seine erste Eigenfrequenz um einige Hundert Hertz zu verschieben. Dadurch hat er einen wesentlichen Einfluss auf den Brillanzbereich und die Ansprache der Geige.

Der Stimmstock wiederum ist ein geniales Kopplungselement, das mittels Zahnarztspiegel und Stimmhämmerchen im Inneren des Korpus zwischen Boden und Decke eingepasst wird. Die kleinste Verschiebung und Veränderung der Spannung oder der Neigung verändert das Zusammenspiel der Resonanzen des Instrumentes. Im italienischen Geigenbau wird der Stimmstock zu Recht „anima" (die Seele) genannt. Ein neuer Stimmstock verleiht der Geige einen anderen Charakter. Je besser das Instrument, desto mehr Möglichkeiten hat man, die klangliche Größe, Modulierbarkeit und Klangfarben richtig einzustellen – oder empfindlich zu verderben. Ein schlechtes Instrument ist sehr viel toleranter.

Während jener aufregenden Tage hatte ich diese Geige durch und durch erforscht und Feuer für ihre Schönheit gefangen. So wurde sie mir während der folgenden Jahre zu meinem ersten großen Lehrmeister.

Ich merkte: Viel schwerer, als das Richtige zu lernen, ist es, das Falsche zu verlernen. Durch diese Geige verlernte ich die stilistische Enge und schablonenhafte Vorstellung, die ich aus meiner akkuraten Ausbildung mitgebracht hatte. So eigenwillig, wie ihre Wölbungsformen gearbeitet und ihre f-Löcher gestellt waren, hätte diese Geige eigentlich gar nicht klingen dürfen. Sie war mutig gearbeitet und strahlte nicht die Borniertheit und Ängstlichkeit meiner Ausbildungsjahre aus. Sie lehrte mich, was es heißt, die tiefroten Klangfarben zu formen, die besonders auf der G-Saite die Wärme, Tiefe und Erhabenheit einer guten Geige ausmachen.

Ich möchte erzählen, was es heißt, eine Geige zum Klingen zu bringen. Es ist nicht schlimm, im Werdegang des Instrumentes, ohne es zu merken, klangliche Fehler zu machen. Schlimm ist, das Falsche nicht zu erkennen. Denn dann erlebt man keine Entwicklung und das nächste Instrument wird nicht besser. Auch habe ich gelernt, nicht ständig große Sprünge zu machen, sondern mir treu zu bleiben. Anders kann die Arbeit sich nicht entwickeln.

Ich arbeite nun schon die letzten zwölf Jahre nach ein und demselben Umrissmodell, das ich damals über viele Wochen entworfen habe. Seither sind gut 140 Geigen nach diesem Modell entstanden, und ich beginne allmählich zu verstehen, welche Möglichkeiten an Wölbungsformen und Ausarbeitungsvariationen es mir erlaubt. Jede Geige war eine neue, leicht veränderte Variante des einen Grundgedankens.

Würde ich jedes Mal ein neues Modell verwenden und dadurch zu viele Dinge auf einmal anders machen, hätte ich nichts gelernt, denn die Möglichkeiten wären zu vielfältig. Ohne die Bereitschaft zur konzentrierten Selbstbegrenzung gibt es kein wirkliches Lernen; die Arbeit ist dann kein disziplinierter Weg, sondern flatterhafte Willkür, die auf Zufall, aber nicht auf Erfahrung baut. Die klangliche Handschrift meiner Geigen entstand nicht durch große Sprünge, sondern weil ich viele kleine Schritte ging. So haben mich die kleinen Dinge in der Summe das Wesentliche gelehrt.

Eine Geige zu bauen, ist eine Lebensschule des inneren Hörens. Das Hören begleitet den ganzen Werdegang. Ich höre den Klang vor meinem inneren Ohr, lange bevor das Instrument fertig ist. Das Wesentliche ist, dass die Beziehung zum jeweiligen Holz während des wochenlangen Werdegangs unwillkürlich an Intensität gewinnt. Mit dem ersten Stich des Abstecheisens, mit jeder Bahn des Wölbungshobels und selbst durch das Geräusch der Ziehklinge spüre ich, womit ich es diesmal zu tun habe. Selbst innerhalb von Stücken ein und desselben Stammes variieren Schallgeschwindigkeit, Dichte und Dämpfung so stark, dass man nicht mit Schablonen und starren Maßtabellen arbeiten kann. Das Holz muss zeigen, was es braucht, es gibt sich im Werdegang durch seinen Klang zu erkennen.

Es sind die Eigentöne des Holzes, durch die es sich zu erkennen gibt. Auf diese Herztöne des entstehenden Instrumentes kommt es an, denn durch sie zeigt es mir, welche Ausarbeitung es braucht. Die Herztöne lassen sich hörbar machen, wenn man die Geigendecke und den Geigenboden an den Knotenlinien hält und an den Schwingungsbäuchen anklopft. (Die Knotenlinien sind die Ruhebereiche einer jeden Schwingung; die Schwingungsbäuche sind die aktiven Bereiche der Auslenkung.) So lässt sich an den Intervallen erkennen, ob in der Ausarbeitung das Endmaß schon erreicht ist oder ob man noch weitergehen muss.

Es sind viele Jahre nötig, um zu lernen, wie durch Veränderung der Holzstärken und der Wölbungsformen die Herztöne in die rechte Ordnung gebracht werden. Wölbungshobel und Ziehklingen tragen oft nur wenige Zehntelmillimeter des Holzes ab – und die musikalischen Intervalle zwischen den Herztönen verändern sich. Ist der fünfte Eigenton zu tief, wird der Klang am Ende keinen Glanz mehr haben. Ist der zweite Eigenton zu hoch, büßt die Geige ihr tiefes und freies Atmen ein, und ihr Klang wird am Ende wenig Wärme haben.

Übertreibt man die Möglichkeiten und geht in der Ausarbeitung zu weit, dann erntet man, was fehlende Achtung hervorbringt: Der Ton wird hohl, ordinär und topfig. Aber nicht nur Ehrgeiz, auch Ängstlichkeit kann den Klang verderben. Der Ehrgeizige geht zu weit, der Ängstliche geht nicht weit genug. Wer sich aus Angst vor Übertreibung zu früh zufriedengibt und mit der Ausarbeitung an einigen Stellen nicht an die Grenzen geht, der wird klanglich etwas Kleines, Scharfes und Enges schaffen.

Darum ist es wichtig, nicht nur auf den äußeren, sondern auch auf den inneren Klang zu hören. Man muss als Geigenbauer frei von falschem Ehrgeiz und falscher Ängstlichkeit sein. Das eine ist so schädlich wie das andere. Eine gute Geige entsteht nur dann, wenn nicht nur die äußeren, sondern auch die inneren Dinge stimmig sind, wenn die Sache also weder übertrieben noch untertrieben wird.

Wenn ich die hohen Lagen vergesse und mich über die Maßen auf die Tiefen konzentriere, wird das Instrument am Ende nicht singen. Sein Klang wird muffig und matt, kraftlos und ohne Leuchten sein. Wenn ich umgekehrt die Tiefen vergesse, büßt das Instrument am Ende seine Wärme ein, es wird scharf und auf eine hässliche Weise aufdringlich klingen. Ich muss die G-Saite und die E-Saite immer gleichermaßen beherzigen. Die Schönheit der Klangfarben, aus denen man schöpfen kann, kommt aus der Ausgewogenheit der Herztöne (Resonanzen) der Geige, auf die man zu hören hat. Oft kann ich mich erst in den Abend- und Nachtstunden, wenn es still wird, in den Klang des Holzes vertiefen.

Die Wahrheit ist also eine Frage der rechten Verhältnisse: Die Stärke der Ausarbeitung, bei der es um feinste Unterschiede geht, muss im rechten Verhältnis zur Schallgeschwindigkeit des verwendeten Holzes stehen. Die Herztöne des Bodens müssen im rechten Verhältnis zu den Herztönen der Decke stehen. Die Zugkräfte müssen im rechten Verhältnis zu den Druckkräften stehen. Das Instrument ist in alldem eine Klangskulptur der stimmigen Verhältnisse. Am Ende rufen Hunderte von Einflussgrößen die charakteristischen Resonanzen und damit den Klang hervor. Nichts darf übertrieben und nichts darf untertrieben werden, es muss alles im rechten Verhältnis zueinander stehen.

Das Wichtigste beim Bau einer Geige ist die Stille. Denn tatsächlich besteht die Kunst darin, das Holz „zu erhören". Während der kleine Wölbungshobel zwischen Daumen und Zeigefinger Span für Span die Deckenstärken ausarbeitet und die Decke dabei ihre Eigentöne von sich gibt; während die Flachfeile und die Vogelzungenfeile den Rand verrunden und die Decke laut zu rauschen beginnt; während das Schnitzeisen den Bassbalken verschneidet – unablässig gibt sich das Holz in alldem zu erkennen. Besonders beim Verschneiden des Bassbalkens ist deutlich hörbar, wie sich das Rauschen der Geigendecke verändert. Es ändert seine Klangfarbe, bis der Wölbungshobel die Höhen langsam auf ihr Endmaß bringt.

Es gibt einen Moment, da klingt das Hobelgeräusch gut, und man hat den Eindruck, als befreie man das Holz von Schlacken. In diesem Moment höre ich den Klang des Instrumentes vor meinen inneren Ohren. Es ist kein hölzerner Ton, obgleich ich Holz hoble, sondern ein dichter, rauschender Klang. Aber auch diesen Augenblick darf man nicht übertreiben. Wenn ich hier zu weit gehe, wird der Klang seine Kraft verlieren und am Ende dumpf und konturlos sein.

Wenn ich durch die klangliche Rauigkeit des Hobels den Verlauf der Fasern und Markstrahlen spüre, dann ist das wie ein Zwiegespräch mit dem Holz. Die Geige ist formgewordene Antwort. Das Rauschen muss frei, kraftvoll und farbig sein. Wer nicht auf das Holz und den Klang der Werkzeuge hört, weiß nicht, was er tut.

Über viele Wochen wurde der ruhige Platz vor meiner Werkstatt wegen Kanalarbeiten in eine alles erschütternde und unentwegt lärmende Baustelle verwandelt. Das brachte mich an den Rand meiner Nerven. Ich konnte zwar noch arbeiten, konnte der Arbeit aber nicht mehr zuhören. Die Hände waren auf einmal blind und taub.

Darum muss man die Stille lieben, sonst findet der Klang des Holzes kein hörendes Ohr. Man nimmt die Stille auf wie ein Schwamm, der sich vollsaugt, oder wie ein Stein, der sich an der Sonnenglut erhitzt.

Vor Jahren hatte ich eine Mitarbeiterin, die diese konzentrierte, hörende Stille in meiner Werkstatt nicht aushielt. Sie wollte während der Arbeit Musik hören. Aber das ist nicht denkbar. Wie soll man das Rauschen des Holzes und den Klang des Werkzeugs hören? Um der Stille auszuweichen, setzte sie sich während ihrer Arbeit häufig einen kleinen Kopfhörer ins Ohr und hörte Musik. Ich wusste, wenn sie das nicht ändert, wird sie nie eine gute Geigenbauerin werden, denn sie wird nicht lernen wahrzunehmen, wie das Holz zu ihr spricht. Wie soll sie erkennen, dass sie in der Ausarbeitung an einer bestimmten Stelle nicht weit genug gegangen ist, und wie gewarnt werden, dass sie nah dran ist, an einer anderen Stelle zu übertreiben? Es reicht nicht aus, sich auf Maßtabellen zu verlassen; sie sind ein lebloses Gesetz, das aus dem Mittelmaß entstanden ist. Gesetze verwandeln das Holz in leblose, mittelmäßige Instrumente. Ich verwende atemberaubend anspruchsvolles Holz. Es braucht ein anderes Maß.

: PERSON SEIN

Das Wort „Person" setzt sich zusammen aus den Worten „per" (hindurch) und „sonum" (Ton). Der Herkunft nach heißt Person also „hindurchtönen": Was kommt durch dich zum Klingen?

Vor Jahren erhielt ich den Auftrag, eine Geige für ein zwölfjähriges Mädchen zu bauen. Ihre Eltern teilten mir mit, sie wollten ihr das Instrument zur Bat Mitzwa schenken. Sie reisten aus Chicago an und wir lernten uns kennen. Neben den klanglichen Vorstellungen war einer ihrer Wünsche, ich möge doch als Widmung für diese Geige die Worte des *Sch'ma Israel* ins Innere der Geige schreiben.

Ich muss dazu sagen, dass ich auf meine Geigenzettel, die den Namen, den Ort und das Fertigungsjahr enthalten und die ich, wie alle Geigenbauer, ins Innere des Korpus leime, stets auch eine biblische Widmung schreibe. In der Regel wähle ich ein Wort, das mich während des Bauens beschäftigt hat und das ich dem Instrument darum als eine Art inneren Klang (oder ein „per-sonum") mit auf seinen Weg geben will. Manchmal entscheide ich mich für das Wort auch erst dann, wenn ich das Instrument zum ersten Mal höre. Mit diesen Widmungen habe ich schon die erstaunlichsten Dinge erlebt. Manche Widmungen waren, ohne dass ich es wusste, das persönliche Lebenswort des Kunden, andere sind es im Laufe der Zeit geworden.

Diesmal aber war es also kein Wort, das ich wählte, sondern eines, das sich jene Familie wünschte. Ich war unsicher, denn das *Sch'ma Israel* ist eines der urgewaltigen Worte der Bibel. Es ist das Bekenntnis, die konzentrierte Essenz des Judentums, wie sie im 5. Buch Mose geschrieben steht: „Höre, Israel!".

Gemeinsam mit wenigen weiteren Worten ist es der innigste Bestandteil des täglichen Gebets und wird zweimal täglich in hebräischer Sprache gebetet, sowohl in der Frühe nach dem Aufstehen als auch abends vor dem Niederlegen, und nicht wenige Märtyrer sind mit ebendiesem Wort auf den Lippen in den Tod gegangen.

Wegen meiner Bedenken hielt die Familie Rücksprache mit ihrem Rabbi, doch dieser ließ mir ausrichten, ich solle ganz beruhigt sein, so etwas dürfe – nein, solle man in eine Geige schreiben. So gab ich diesmal nicht nur die Bibelstelle an, sondern schrieb den Text im ganzen Wortlaut auf die Innenseite der Geige in das Holz des Bodens: *„Höre, Israel, der Herr ist unser Gott, der Herr ist einzig. Darum sollst du den Ewigen, deinen Gott, lieben mit ganzem Herzen, mit ganzer Seele und mit ganzer Kraft.“**

Der Thoratext setzt sich wie folgt fort: *„Diese Worte, auf die ich dich heute verpflichte, sollen auf deinem Herzen geschrieben stehen. Du sollst sie deinen Kindern erzählen. Du sollst von ihnen reden, wenn du zu Hause sitzt und wenn du auf der Straße gehst, wenn du dich schlafen legst und wenn du aufstehst. Du sollst sie als Zeichen um dein Handgelenk binden. Sie sollen als Merkzeichen auf deiner Stirn sein. Du sollst sie auf die Türpfosten deines Hauses und in deine Tore schreiben.“*

Wenn es irgendwo und irgendwann Herztöne eines Menschen gibt, die unser Leben als „per-sonum“ hörbar machen, dann hier. Denn gewiss gibt es keine Frage, die über diese eine Frage je hinausgeht: Wie willst du Gott und dieser Welt deine Liebe zeigen? Dass das höchste Gebot des Menschendaseins mit dem Wort „Höre!“ beginnt, bedeutet gewiss: Du kannst Gott nur

* 5. Buch Mose (Deuteronomium) 6,4–5

erhören und seinen Willen erfüllen, wenn du im Herzen ein hörender Mensch wirst. Darum, Per-Sonum, wie willst du dem *Sch'ma* mit deinem Leben Antwort geben? Was kommt durch dich zum Klingen? Dass du glaubst, bedeutet, dass du Antwort auf die Liebe gibst, die dich beruft. Wenn dir diese Gnade fehlt, bist du ohne Glauben. Das ist nicht die verschuldete, sondern die erlittene Gottlosigkeit.

Die Geige war rechtzeitig zur großen Feier fertig. Sie hatte etwas Sanftes und Unmittelbares, zugleich aber durch das Bodenholz, das ich diesmal verwendet hatte, auch eine erhabene, ernste und tiefe Kraft. Sie begleitet Leah, die mittlerweile eine junge Frau geworden ist, nun schon viele Jahre und ist Teil ihres Lebens geworden. Vor wenigen Wochen erzählte mir ihr Vater, sie sei entschlossen, Geigerin zu werden, und werde in Kürze ihr Musikstudium beginnen. Es sei für sie überhaupt keine Entscheidung nötig gewesen, denn sie habe nur gesagt: „Wenn du fähig bist, ein Instrument zu spielen, wie könntest du je auf die Idee kommen, etwas anderes zu tun?"

Kurz nachdem diese Geige ihren Weg nach Chicago genommen hatte, schrieb mir Leahs Vater – und da seine Familienwurzeln in meiner Heimat liegen, muss ich nicht übersetzen:

„Die Sch'ma-Geige ist einfach irre. Meine arme Gabrielli! Sie hat keine Chance. Mit der neuen Geige kann man einfach alles machen. Jetzt verstehe ich zum ersten Mal, warum der Szeryng in seiner Bach-Ausgabe manche Fingersätze so hoch auf die D-Saite legt. Bei der Gabrielli klingt da nichts. Bei der neuen Geige entfaltet sich dieser riesige Ton. Sie setzt einfach jede musikalische Intention sofort in Klang um. Aber sie hat auch eine völlig eigenständige musikalische Persönlichkeit. Man spielt nicht auf ihr, sondern mit*

* Giovanni Battista Gabrielli, italienischer Geigenbauer, Florenz 1716–1771

ihr. Und dieser räße Ton! (Gibt es das Wort räß außerhalb Württembergs?). Wie Heifetz, oder Callas! Ganz klar – ich beneide Leah sehr. Und seit sie die Geige hat, lernt sie ungleich schneller und besser als zuvor. Sie, Herr Schleske, hatten völlig recht. Die Geige lehrt. Mit diesen unendlichen Obertönen spielt Leah praktisch überhaupt nur noch völlig rein, von der Tongebung ganz zu schweigen ..."

Eine erfreuliche Trübung dieser Geschichte war, dass ihr Vater, der selbst – obgleich im Hauptberuf Rechtsanwalt – ein ausgebildeter Geiger ist und eine wertvolle altitalienische Geige besaß, immer wieder zum Instrument seiner Tochter griff, bis diese ihn schließlich davon überzeugte, ebenfalls eine Geige bei mir in Auftrag zu geben. Leah wollte ihr Instrument endlich ganz für sich allein haben. So schrieb er mir ausführlich und präzise, was für einen Klang, welche Art Widerstand, Persönlichkeit und Ansprache er sich wünschte, welche Art Klangfarben für ihn besonders wichtig seien und dass es nicht vor allem die Größe des Tones sei, die er sich wünsche, sondern die Vielfalt seiner Farben. Schließlich aber unterbrach er sich in all diesen Ausführungen und schrieb: *„Ach, was soll ich Ihnen noch weiter sagen? Bauen Sie mir, lieber Herr Schleske, eine Geige, auf der ich beten kann."*

Es dauerte zwei Jahre, bis unter den neu entstandenen Geigen eine fertig war, von der ich den Eindruck hatte, sie könne die richtige für ihn sein. So besuchte er mich erneut gemeinsam mit seiner Frau. Das Instrument war eine Spur weniger „mächtig" als das seiner Tochter, dafür aber von einer ungeheuren Sinnlichkeit im Ton.

Wenige Wochen später erhielt ich einen Brief von ihm. Solche Briefe zu öffnen, schafft immer ambivalente Gefühle, denn man weiß nicht, was einen erwartet – Freude oder Befremden, Dank oder Enttäuschung. Er schrieb:

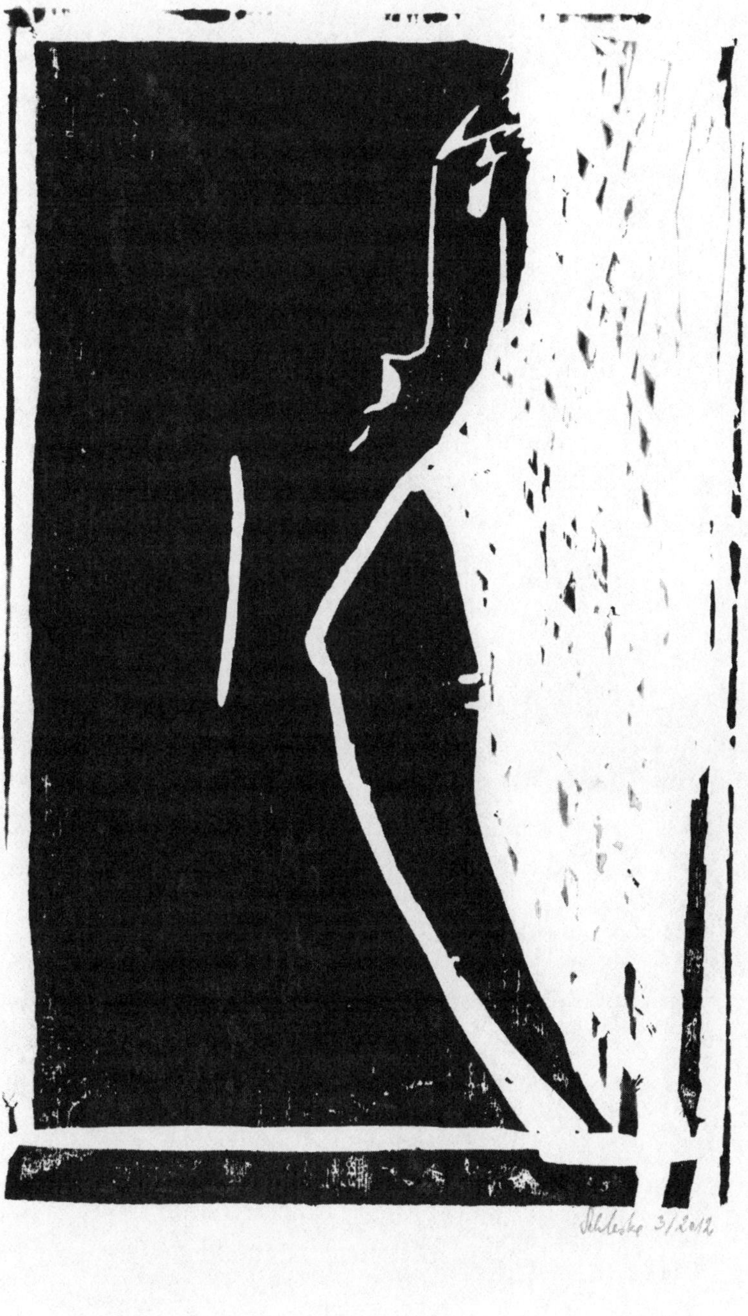

Die Hörende
12,5 × 19,2 cm, 2012

„Es ist eine große, eine bedeutende Geige. Sie zu spielen, ist ein Privileg. Ich kann mich nicht von ihr losreißen. Sie macht süchtig (im guten Sinn). Jeden Tag kommen neue Dimensionen zum Vorschein. Und nie zuvor habe ich derart das Gefühl gehabt, das Instrument werde Teil meiner selbst, meines Körpers, meiner Stimme. Bei aller Komplexität hat sie etwas ungemein Ruhiges, Abgeklärtes. Der Friede, den meine Frau und ich bei Ihnen im Studio so deutlich gespürt haben, überträgt sich ganz stark. Wenn ich spiele, ruhe ich in mir. Ich bin sehr gespannt, wie sie sich – und ich mich mit ihr – in den nächsten Monaten weiterentwickeln wird."

Es ist eine ungeheure Erleichterung, solche Zeilen zu lesen, denn es hat mit der Erfahrung jener Extreme zu tun, über die ich am Anfang schrieb. Die Seele macht sich mit einem Stoßseufzer des Dankes und einigen Momenten der Stille Luft.

Aber es läuft nicht immer so. Die enttäuschenden Erfahrungen lassen mich oft eine lange Zeit nicht los.

Vor Jahren suchte mich eine junge Geigerin gemeinsam mit ihren Eltern auf. Sie war gerade mit der Schule fertig geworden und wollte in Kürze ihr Musikstudium beginnen. Sie probierte eine meiner Geigen und nahm sie für ein paar Tage mit, um sie besser kennenzulernen. Das Instrument war gerade erst fertig geworden, und vielleicht war es zu früh, mich von ihm zu trennen. Auch spürte ich, dass diese angehende Musikerin sich ihrer selbst und ihrer Sache nicht sicher war. Dennoch entschied sie sich zwei Wochen später für den Kauf.

Nach etwa einem Jahr meldete ihre Mutter sich wieder an. Ihre Tochter wollte mir bei der Begrüßung nicht einmal die Hand geben – gerade so, als würde sie sich ekeln. Nach einigen frostigen Worten eröffnete mir die Mutter: „Nehmen Sie diese Geige zurück! Sie zerstören damit die Karriere meiner Tochter!"

Anschließend erklärte sie mir, was bei den letzten Konzerten ihrer Tochter alles nicht gut gelaufen war. Daran sei die Geige schuld. Es folgte eine wortgewaltige Inszenierung sämtlicher tatsächlicher oder vermeintlicher Schwächen der Geige. Sicher hatte die Tochter im ersten Jahr der Musikerausbildung Entwürdigendes erlebt. Die Erfahrung, von klein auf ein Wunderkind zu sein und damit ein selbstverständliches Recht auf Lob zu haben, musste der leidvollen Einsicht weichen, nur noch von Wunderkindern umgeben zu sein, die allesamt einen Geltungskampf um die Verwirklichung ihrer solistischen Träume führten.

Anstatt die Geige zurückzunehmen, habe ich sie einen Tag lang auf der Werkbank gehabt und mich ihren Resonanzen gewidmet. Sie war ein klangliches Vollblutpferd, das man respektieren muss. Wenn man seine Stärken beherzigt, setzt es sein Temperament für den Reiter ein, wenn nicht, dann sperrt es sich, oder es geht durch. Dennoch habe ich das Ungestüme der Geige etwas gemildert. Es war eine kleine Veränderung im mittleren Brustbereich der Decke nötig, um dem Instrument mehr Milde, Nachgiebigkeit und Versöhnlichkeit zu geben. Es hat ihm aber auch etwas von seiner Kraft genommen. Es ist eine Frage des Temperaments und des Charakters, was man geben kann und was man erträgt.

Ich habe einige Zeit gebraucht, um mich von dieser Begegnung zu erholen. Jeder Musiker muss früher oder später die Entscheidung treffen, ob er kämpfen oder dienen will. Es ist die Stimme der liebenden oder ängstlichen, segnenden oder selbstsüchtigen, tanzenden oder versteinerten, gedankenlosen oder geistesgegenwärtigen Seele, die sich im Klang des Instrumentes hörbar macht.

: DER CHARISMATISCHE KAMPF

Wenn man auf einem klangstarken Instrument spielt, beginnt unwillkürlich ein charismatischer Kampf mit der Energie der Resonanzen. Nur durch Resonanzen kann der Korpus des Instrumentes seine ganze Macht und Schönheit entfalten.

Aber die Resonanzen, die einem alles schenken, was an Schönheit möglich ist, machen einem zugleich das Leben schwer. Das ist physikalisch nicht zu vermeiden. Denn sie stören – man spricht physikalisch von einer starken Admittanz – die gleichförmige Saitenschwingung. Das macht es schwer, den Schwingungsvorgang zu kontrollieren – und ist doch zugleich die Ursache aller Schönheit. In der Einheit mit dem Instrument kommuniziert der Musiker unentwegt mit den Resonanzen. Sie sind die starke Gabe, die Kraft einer guten Geige. Doch es gibt keine Gabe, die nicht zugleich eine Aufgabe wäre. Diese Kraft gilt es zu beherrschen, und das ist nicht leicht.

Ein gutes Instrument wahrt immer seine Stärke und sein Geheimnis; es stellt sich zur Verfügung, aber es unterwirft sich nicht. Ein schwaches Instrument ist pure Unterwürfigkeit. Es leistet dem Bogen keinen Widerstand. Da ist alles ungefährlich, aber es geschieht auch nichts.

Das Schwache muss unentwegt bedient und belebt werden. Das Starke muss gezähmt werden. Das schwache Instrument ist leicht zu spielen; eine schwache Geige macht einem keine Probleme. Je schwächer die Resonanzen, desto ungestörter das Geschehen.

Doch solch ein einfältiger und harmloser Ton hat etwas unsäglich Banales und Debiles. Es kann nichts schiefgehen. Je stärker aber die Resonanzen sind, desto erhabener ist der Klang, der sich entfalten kann. Wenn man mit der Kraft und Stärke zu spielen weiß, entfacht sich ein klangliches Feuerwerk.

Ebenjenes Wechselspiel mit den Resonanzen des Instrumentes ist das eigentliche Erlebnis, das mutige Musiker so lieben, denn hier berühren sie das Eigenleben, die Lebendigkeit, die Kraft, den Widerstand, die Unbeugsamkeit, die Größe und Ansprache eines jeden Tones. Das Instrument unterwirft sich nicht.

Auf einem Instrument zu spielen, das man nicht zähmen muss, ist vergeudete Zeit. Es muss zwar nicht gebändigt werden, aber es belohnt einen auch nicht. Es hat kein Leben in sich. Der schwache Korpus wirkt nur wenig auf die schwingende Saite zurück. Es unterwirft sich störungsfrei dem Spieler.

Ich kann sicher nicht für jeden Musiker die richtige Geige bauen.

Ein Geiger, der für einige Wochen eine meiner klangstärksten Geigen ausprobiert hatte, brachte diese in die Werkstatt zurück, da er sich gegen sie entschieden hatte. Er sagte: „Diese Geige ist nicht gut zu mir."

Zwei Tage später brachte eine Geigerin, die eben erst ihr Musikstudium beendet hatte, eine andere Geige zurück. Auch sie hatte sich gegen das Instrument entschieden und sagte: „Ich habe Angst vor dieser Geige."

Ich war irritiert und erzählte diese Geschichte einem Freund, der seit Jahren den anstrengenden und erfüllenden Weg des Solisten geht. Er spielte beide Geigen an und sagte lapidar, ich müsse akzeptieren, dass ich Geigen für Solisten baue. Diese nähmen ein fast beängstigendes Maß an Energie auf. Aber das sei zugleich ja auch das Charisma, das man in Klang verwandeln könne. Auch mit seiner Stradivari käme, weiß Gott, nicht jeder klar. Mit solcherart anspruchsvollen Geigen könne man niemals gedankenlos oder unentschlossen spielen.

Ich möchte diese Erzählungen über das Personsein mit einer geistlichen Anmerkung flankieren: Das Verhältnis zwischen einem anspruchsvollen Musiker und einem starken

Instrument ist für mich ein ungeheuer sinnliches Gleichnis für das Verhältnis zwischen Gott und Mensch. Wie könnte der Himmel je einen unterwürfigen Glauben lieben? Ein Glaube, der sein Forschen und Fragen und jedes liebende Experiment mit dem Wirken des Heiligen sofort unterdrückt – das ist ein Glaube mit einem schwachen Resonanzprofil. Er ist unfähig zu lieben, denn er ist nicht bereit, an dem zu leiden, was er liebt. Er bringt sich um seine Kraft und Schönheit.

Wo ist das Danklied der Erlösten, wenn sie ihre Fesseln lieben? Ich glaube nicht an die Unterwerfung des Menschen, sondern an das ständige charismatische Wechselspiel mit Gott. Es ist etwas Heiliges. „Ich habe dein Gebet gehört und deine Tränen gesehen."

: HEILLOSE RUHE

Wenn es gut läuft, gibt sich keiner der Beteiligten – weder Instrumentenbauer noch Musiker – zu früh zufrieden. Ich weigere mich, die allgegenwärtige Warnung vor dem vermeintlichen Gift des Perfektionismus von allzeit lässigen Menschen anzunehmen, wenn deren Entspanntheit nur daher rührt, dass sie nie versucht haben, ihre Möglichkeiten bis an die Grenzen auszuloten. Es gibt eine heillose Ruhe, die darin besteht, jede Halbheit zu rechtfertigen, wenn sie nur dazu dient, „entspannt" zu bleiben. Der überwiegende Teil der Lässigkeit ist Nachlässigkeit und ihr jämmerliches Mantra lautet: „Bleiben Sie entspannt." Lieber will ich meiner Seele sagen: „Gib dich ganz hin. Fessle dich nicht an die Erwartung, du müsstest erreichen, was du dir wünschst. Du hast das Recht zu scheitern. Aber gib alles, was du hast, und gib dich nicht zu früh zufrieden."

Wir können entspannt unsern Weg verfehlen. Ein gelingendes Leben hat für meine Begriffe mit Passion zu tun. Dieser Tage erreichte mich ein Brief des Philosophen Roland R. Ropers, der mir schrieb, er habe Hans-Peter Dürr während dessen letzten Lebensjahren begleitet. Er sagte: *„Wir gingen ein Stück Lebensweg zusammen, wir betraten einen Pfad der communio. Hans-Peter hatte dieses Wort zuvor in seinem Dialog mit Raimon selbst gewählt. Und plötzlich glaubte ich zu erkennen, was das Wort ‚Pfad' (engl.: path) bedeutet. Path kommt von griechisch: pathos. Das ist Leid und Leidenschaft zugleich."*[7]

Dem schließe ich mich an. Ohne die Bereitschaft, in einem Mindestmaß an unserer Verheißung auch zu leiden, werden wir unseren Weg nicht gehen. Das verstehe ich unter Leidenschaft. Lieber will ich Erschöpfung und Enttäuschung in Kauf nehmen, wenn das bedeutet, von ganzem Herzen, ganzer Seele und ganzer Kraft gelebt zu haben, denn in der enttäuschungsresistenten Mittelmäßigkeit ist kein Glück zu finden.

Glück und Niedergeschlagenheit sind einander an der Grenze der Erfahrung sehr nah. Mich beeindrucken die Erfahrungen und Ratschläge von Menschen, die fähig sind, an ihre Grenzen zu gehen, und – nur dort! – bereit sind, Frieden mit ihrer Unvollkommenheit zu schließen. Es ist und bleibt die Kunst, sich hinzugeben.

Lieber will ich meine Arroganz einfangen und ihr durch starke Vorbilder und starke Wahrheiten einen Schreck einjagen und sie so erziehen, als zu erkennen, dass meine vermeintliche Demut nur eine Maskerade der Ängstlichkeit und Trägheit war. Demut ist eine Sünde, wenn wir durch sie vergraben, was an Gaben gegeben war.

Dem Wort nach bedeutet Demut „Mut zu dienen" und nicht „Mach dich klein". An allen großen Lebensregeln kann man sehen, dass Demut das wesentliche Merkmal einer geheiligten

Menschlichkeit ist. Das aber bedeutet gerade nicht, sich zu einer kümmerlichen Figur zu machen. Vielmehr ist Demut das Wesen jeder liebenden Existenz und damit jeder echten Spiritualität. Der Liebe geht es ja darum, die Schönheit des andern zu sehen und diese hervorzulieben, wo sie vergraben war. Der Demütige macht das Wertvolle des anderen sichtbar. Die Berufung zur Demut bedeutet, solch ein Geburtshelfer von Schönheit und Selbstwert zu sein.

Felix Mendelssohn Bartholdy erkannte gerade diese herausragende Qualität der Demut in dem jungen Geiger Joseph Joachim, über den er einmal sagte, dieser sei *„eben nicht einer jener, die vom Dämon kleinlicher Eitelkeit besessen immer nur ihr langweiliges Ich zur Schau stellen"*.

Es gibt einige Kollegen, die eine starke klangliche Handschrift haben, die mich provoziert, manchmal verängstigt, immer aber inspiriert. Aber es gibt viele, die nur anständige Arbeit – und vermutlich auch sehr viel früher Feierabend – machen. Über das Meer des Anständigen kann man nur hinauskommen, wenn man bereit ist, sich selbst zu geben.

Um was für ein Opfer geht es da? Natürlich gebe ich an der Werkbank mein Leben der Arbeit, der Suche, den Mühen, den Fragen, der geopferten Freizeit, den Rückenschmerzen nach Stunden der Anstrengung, dem ständigen Erforschen der Schönheit, dem Experimentieren mit der Struktur, dem Entwickeln der Resonanzen. Ich lege mein Leben in den Klang, den ich erreichen kann. Dieses Opfer hat seine Kraft, weil ich weiß, wofür ich es gebe. Dazu muss man sich aber von der Illusion trennen, man könne je über das Banale hinauskommen, wenn es einem um nichts anderes als um ein entspanntes Leben geht.

„Unermüdlichkeit" ist ein widersinniges Wort, denn natürlich werden wir in unserer Berufung müde. Die Entscheidung besteht darin, trotz körperlicher Müdigkeit und trotz Anflügen von selbstmitleidiger Resignation nicht aufzugeben. Einen Weg zu gehen, bedeutet, durch das Enttäuschende hindurchzugehen und auch dann weiterzumachen, wenn ein Experiment zum zwanzigsten Mal gescheitert ist. Ich bin dann nicht „locker", sondern enttäuscht. Aber ich werde mir nicht erlauben, vor der Zeit aufzugeben.

Enttäuschungen reinigen das Verheißene. Wenn wir Enttäuschungen vermeiden wollen, werden wir keine Erfahrungen machen, die uns weiterbringen. Alles andere wäre ein verwöhnter, ungezogener Gedanke. Ein schmerzfreies Leben geht über das Banale nie hinaus, denn der Weg unserer Berufung bedeutet, das Scheitern als eine notwendige Begleiterscheinung des Übens und Lernens zu verstehen: Das Scheitern begleitet in seinem schmerzhaften Segen den Weg, den wir gehen.

Eines Tages brachte eine wunderbare Geigerin ihr altitalienisches, ehrwürdiges Instrument wegen eines spieltechnischen Problems mit dem Steg in die Werkstatt. Es ist ein selten starkes Instrument, erbaut von einem wahren Großmeister, Giovanni Battista Guadagnini – ein Zeitgenosse des Antonio Stradivari. Korpusresonanzen und Brillanzbereich können es mit den allerbesten Geigen aufnehmen, deren Resonanzprofile ich während der letzten Jahrzehnte untersucht habe.

Julia spielte einige Passagen des Dvořák-Violinkonzerts, und es war von solch einer gewaltigen Souveränität, Macht und Erhabenheit, dass ich den Eindruck hatte, einen wilden Jaguar mit angespannten Muskeln und glänzend schwarzem Fell durch die Werkstatt fauchen zu sehen. Sie wurde in diesem Moment wie zu einem Dompteur. Durch die hohe Resonanzdichte, die der Korpus zur Verfügung stellt, erlaubt solch ein

Instrument dem Geiger, ein gewaltiges Maß an Energie in jeden Ton zu legen. Man kann es nicht gedankenlos spielen, es ist kein Kätzchen. Selbst im feinsten Vibrato überstreichen die Obertöne derart starke Pegelunterschiede zwischen Resonanzgipfeln und Tälern, dass man genau wissen muss, was man mit der linken Hand machen darf und was nicht. Es ist die Erfahrung einer berauschenden Dichte und Kraft.

Wenn ich die Saiten auf eine neue Geige aufziehe und den ersten Ton spiele, bin ich lieber entsetzt als gelangweilt. Das anfänglich Extreme offenbart nur das verheißene Potenzial. Es kommt meist aus einer noch nicht kultivierten Kraft. Dann beginnt das Unstillbare, das jede Klangeinstellung an der Werkbank in sich hat. Meist ist es nur nachts überhaupt möglich, wenn keine Störung oder Unterbrechung zu befürchten ist und ich ausreichend müde bin, um mich nur noch auf eine einzige Sache zu konzentrieren. Alle Fasern der Empfindung und der Gedanken fokussieren sich dann auf die Einstellung des richtigen Klangs.

Wenn das Instrument aber all dieser Zuwendung zum Trotz nur Langweiligkeit verströmt, weil bestenfalls nichts verkehrt ist, will ich am liebsten Holz spalten, Lack kochen oder spazieren gehen. Es lohnt sich nicht, für ein harmloses Mittelmaß zu leben, zu arbeiten, zu spielen. Es gibt nichts Schlimmeres, als zu spüren, dass ein Instrument einem nichts erlaubt, weil es keine Energie aufnimmt. Es geschieht nichts, weil es einem nichts entgegensetzt. Es klingt flach und unterwirft sich, weil es kein eigenes Leben hat.

Es ist wie ein Mensch, in dem die „dumme Angst", er könne etwas falsch machen, stärker ist als die „kluge Angst", er könne durch Feigheit den Segen verpassen. Der gedämpfte Glaube und das harmlose Instrument haben in ihrer Feigheit und ihrer Erwartungslosigkeit alles gemeinsam.

Natürlich ist es wesentlich, den Musiker zu hören und zu spüren, um ein Instrument für ihn zu bauen oder sein Instrument neu einzustellen. Wenn Musiker in meine Werkstatt kommen, scheue ich Erklärungen und ignoriere die meisten Beschreibungen und bitte sie stattdessen, auf ihrem Instrument zu spielen. Wenn sie mich fragen, was sie spielen sollen, antworte ich: „Spiele drei Dinge. Erstens: etwas, bei dem ich höre, warum du gekommen bist. (Das heißt: Was ist dein Problem?) Zweitens: Spiele etwas, bei dem ich höre, warum du dein Instrument liebst. (Das heißt: Was darf ich dem Instrument auf keinen Fall nehmen?) Drittens: Spiele Tonleitern ohne Vibrato und ohne mit dem Bogen irgendetwas zurechtzubiegen oder zu manipulieren. (Dadurch höre ich das Resonanzprofil, wenn es von jedem musikalischen Ausdruck abgelöst ist.)"

Das Zweite ist das Wichtigste. Allein schon die Wahl des Stückes zeigt, was der Musiker besonders liebt und was in ihm lebt. Manche Musiker tauchen sofort in die allersaftigsten Klangfarben der G-Saite in den hohen Lagen ein, sie spielen Sibelius oder etwas aus der César-Franck-Sonate. So, wie sie die Resonanzen am Steg bis zu einem Maximum forcieren, ist sofort klar, dass die Klangeinstellung dem Instrument unter keinen Umständen etwas von seiner Kraft nehmen darf.

Andere zeigen zuallererst die Süße und Feinheit der E-Saite, zaubern ein Maximum an Sanftheit hervor. Das zeigt, dass das Instrument auf keinen Fall die Mehrdeutigkeit und Modulierbarkeit seiner Klangfarben verlieren darf. Ich darf es nicht aufs Äußerste trimmen, wenn es dadurch eindimensional, banal, durchschaubar wird. Wieder andere spielen den Anfang eines der Mozart-Violinkonzerte und die Töne ergießen sich wie freche Perlen in den Raum. Hier ist es die unverfälschte Ansprache, die Unmittelbarkeit, die Leichtigkeit, die sie lieben.

Ein Cellist, mit dem ich seit vielen Jahren befreundet bin, spielte seinerzeit ein Cello des großen Nicolò Amati. Um mir zu zeigen, worum es ihm ging, legte er das Cello auf die Seite und begann, die Töne zu singen, die er suchte. Er verlieh seiner Stimme die Schönheit und die Hässlichkeit, die er in manchen Tönen des Instrumentes fand – nicht, weil das Unangenehme abzuschaffen war, sondern um zu zeigen, wie sehr manche Töne einen belohnen und andere manches an Arbeit erfordern.

Im Abschnitt „Das Saitenspiel des gelben Kaisers" heißt es in den Gleichnissen des Tschuang-Tse: *„Vollkommene Musik gestaltet sich zuerst nach einer menschlichen Regel, dann folgt sie den Weisungen des Himmels; sie kommt in Einklang mit den fünf Tugenden und geht in Selbsttätigkeit über."*[8]

Die Selbsttätigkeit oder das heilige Nichttun, von dem im Tao viel die Rede ist, bedeutet nicht, dass alles von selbst geht oder dass es nicht viele Jahre an Disziplin und Durchhaltevermögen erfordern würde, ein Instrument zu erlernen. Sondern es bedeutet, dass man äußerlich oder handwerklich „nach menschlichen Regeln" so viel Können erworben hat und innerlich oder seelisch so viel Vertrauen „in die Weisungen des Himmels" gewonnen hat, dass man sich spielen lässt. Das ist die Selbstvergessenheit des Liebenden. Es ist die Vereinigung mit dem Instrument, in der die Seele ihre Flügel entfaltet und sich tragen lässt. Es ist eine Wahrheit, die man nur erfahren kann, wenn man darin lebt.

Mich beeindruckte der Gesang jenes Cellisten nicht deshalb, weil er so schön war (ganz und gar nicht), sondern weil er so unmittelbar, ernsthaft, so sehr der Gesang eines bewusst und tief im Klang lebenden Menschen war. Alles in seiner Stimme war darauf gerichtet, mir zu zeigen, was er suchte. Ein guter Klang ist der hörbare Ausdruck einer liebenden Seele.

Eine Geigerin, die seit knapp zwei Jahren eine meiner Geigen spielt, schrieb mir: „Einige Musiker haben ja gesagt, sie hätten durch Ihre Geige ihre Stimme gefunden. Ihre Geige gibt mir nicht nur meine Stimme, sondern sie lässt mich Gottes Stimme hören, aber vielleicht ist das ja auch das Gleiche." In der Tat ist es das Gleiche, denn es ist die liebende Einheit, die sie erfährt.

Das Schönste am Geigenbau ist nicht der Bau selbst, sondern das Gefühl, den Klang eines Menschen zu spüren. Die Stimme dieser Geige wird der Gesang einer Seele sein. Wenn ich mich auf den Klang eines Instrumentes konzentriere, sehe ich oft die Töne in bestimmten Farben und Formen, manchmal entstehen ganze Episoden und innere Filme. In das Wunder der Klangfarben einzutauchen, hat nichts mit oberflächlichem Hören zu tun, bei dem man sich undiszipliniert und geistesabwesend von Tönen berieseln lässt. Wenn ich Musik höre, besteht mein Kopf nur noch aus zwei riesig großen Ohren; alles dazwischen verschwindet. Wer nicht fähig ist, seinen Kopf mit all den Herkömmlichkeiten, Träumereien, kleinen Gedanken und Sorgen im Klang der Musik (wenigstens einmal für ein paar Minuten) verschwinden zu lassen, der weiß nicht, was Hören heißt. Hören ist Liebe. Anders als Sprechen ist Hören die radikale Abkehr vom Eigenen. Vielleicht beginnt darum das *Sch'ma Israel* als das höchste Gebot der Thora, von dem ich oben schrieb, mit dem Wort „Höre!".

Als Instrumentenbauer hilft man mit, dass ein Instrument entstehen kann. Aber es bedeutet viel mehr. Denn ein Musikinstrument ist eine von den Händen des Himmels geformte Schale, in die sich die Seele eines Menschen ausgießen darf. Wenn das geschieht, dann geschieht etwas Heilsames.

Die vielleicht schönste Begegnung zwischen Geigenbauer und Musiker der vergangenen Jahre war mit einer Geigerin aus der Schweiz. Josephin ist eine junge, sehr feine und äußerlich zierliche Frau und zugleich eine starke, kraftvolle und leidenschaftliche Musikerin. Wir kennen uns seit ihrem dreizehnten Lebensjahr, als ihre Eltern für sie nach den kleinen Kinderinstrumenten in meiner Werkstatt ihre erste Vierviertel-Geige fanden. Sie studierte schließlich das Konzertfach Violine und hatte dabei einige ebenso musikalisch bedeutende wie menschlich schwierige Lehrer. All die Jahre bewunderte ich ihren ungeheuer selbstbewussten, aufrichtigen Ton. Er strahlt eine unbändige Kraft, Intensität und Dichte aus.

Ich erinnere mich an eine Musikertagung in Dresden, als ich Josephin nach längerer Zeit in dieser Kraft erlebte. Der Festabend war eigentlich schon am Ausklingen, da erfuhr sie, dass ich meine jüngste Geige mitgebracht hatte. Einer der Organisten begleitete uns in eine der großen Kirchen, in denen er das Hausrecht hatte. Dort wollte Josephin die Geige probieren und einige der Musiker kamen dazu.

Schon mit dem ersten Akkord über die vier Saiten entfachte sich ein solch großer Klang, dass der Organist zur Orgelempore sprang und begann, mit ihr zu improvisieren. Josephin war weit vorn im Chorraum, er weit oben, gut vierzig Meter entfernt, auf der Empore. Was für ein wunderbarer Kampf! Sie gab der Orgel nicht nach, sondern richtete sich auf und hielt Ton für Ton eine zauberhafte Melodie dagegen. Keiner wusste, was der andere spielen würde, alles entstand aus dem Moment heraus und durchflutete das Kirchenschiff, das sich zwischen der Empore und dem Chorraum wie ein eigener Resonanzkörper aufspannte, mit einem unbeschreiblichen Klang.

Zwischendurch rief der Organist nach vorn: „Was ist das? Das ist doch keine Geige!“, um ein Register nach dem anderen zu ziehen. Doch Josephin hielt dagegen und es war die pure Freude an diesem großen Klang und diesem ebenbürtigen Kampf mit der machtvollen Orgel. Am Ende herrschte Sprachlosigkeit unter allen Anwesenden. Schweigen. Solch eine Improvisation, solch eine Spannung hatte ich noch nie erlebt. Es war eine Begegnung zwischen zwei Instrumenten und zwei Seelen, die miteinander eins wurden. Ich begriff: Diese kleine, ganz außergewöhnliche Frau braucht eine starke Geige.

Doch noch immer spielte sie auf ihrem Jugendinstrument, dabei war es ihrer Kraft längst nicht mehr gewachsen. So gab sie gegen Ende ihres Studiums eine Geige in Auftrag. Obwohl ich versuchte, ein Instrument für sie zu bauen, dauerte es fast zwei Jahre, bis unter meinen Geigen eine war, von der ich den Eindruck hatte, sie sei Josephins Würde, ihrem Ernst, ihrer Kraft, ihrem Glauben, ihrer Liebe angemessen – eine Geige, die durch ihre mächtigen Korpusresonanzen dem Bogen diesen unbändigen Widerstand entgegensetzt, wenn man sie (nicht mit Druck, sondern mit Gewicht!) herausfordert – eine Geige, die dieses Mysterium nicht nur erlaubt, sondern es sucht.

So vereinbarten wir einen Termin. Ich war wie immer aufgeregt. Josephin kam und probierte die Geige. Aber ich erschrak, denn ich erkannte ihr Spiel nicht wieder. Es war ängstlich und unsicher und klein im Ton. Manches war unsauber. Sie kam nicht in den Ton hinein, spielte oberflächlich und zaghaft. Schon bei der Begrüßung hatte sie unglücklich gewirkt – und wie viel mehr jetzt. Das Instrument schien ihr fremd und vielleicht zu stark zu sein. Sie wirkte überfordert. Es hatte den Anschein, als ob es sie demütigte, auf dieser Geige zu spielen.

Das Drama dauerte gut eine Stunde, dann machten wir Mittagspause, denn ich wollte hören, wie es Josephin ging. Zuvor änderte ich noch eine spieltechnische Kleinigkeit an der Saitenlage der E-Saite, die ihr Schwierigkeiten machte, und legte das

Instrument dann zur Seite. Sie erzählte, was geschehen war: Sie hatte in den letzten Monaten viele Demütigungen erlebt und war enttäuscht und erschüttert. Andere Menschen wären bitter geworden; sie war ruhig, aber sehr geknickt.

Nach dem Essen gingen wir zurück in die Werkstatt. Wir hatten beide nichts zu verlieren. Sie hatte in den vergangenen Wochen Entsetzliches erlebt und würde wohl eine gute Zeit brauchen, um sich neu zu finden. Mir wurde klar, dass dieses Instrument in diesem Zustand nicht das Richtige für sie war.

Wortlos nahm sie diese anspruchsvolle Geige, setzte sie an, spielte die ersten Töne und richtete sich in einer Weise auf, die etwas ungeheuer Erhabenes hatte. Es war der Anfang von Tschaikowskys Violinkonzert, und es schien, als würde sie sich in diesem Moment der Stärke des Instrumentes stellen. Der Ton bekam einen Glanz und ein Brennen, wie ich es selten erlebt hatte. Auch hatte die ganze Szene etwas wunderbar Stolzes, als würde Josephin ihre Flügel entfalten und nun zeigen, wer sie in Wahrheit war. Ich dachte: „Was hat sich diese große Seele für einen kleinen Körper gesucht? Was für eine Schönheit!"

Sie strahlte, war glücklich. Und wir genossen die Stille nach diesem charismatischen Kampf – eine große Geigerin und ein ihr an Kraft ebenbürtiges Instrument. Ich habe selten ein so mächtiges Instrument gebaut und es war ihr angemessen.

Dann aber kam es dennoch zu einer Irritation. Denn ich hatte zeitgleich noch eine weitere Geige fertiggestellt und auch diese legte ich ihr nun hin. Auch sie war groß im Ton, aber sie hatte etwas Harmloseres. Nach einigen Minuten mit diesem zweiten Instrument unterbrach Josephin und rief: „Die ist ja viel einfacher zu spielen!" So entstand eine Unsicherheit. Ich bereute es, sie in diese Situation gebracht zu haben, und bat sie, nochmals beide Instrumente zu spielen, ich würde gut zuhören.

Das sind die Augenblicke, in denen ich den inneren Bildern und der Weisheit der Seele mehr Vertrauen schenke als jedem Gedanken oder jeder Messung. Ich beobachtete nur, was geschah. So entstanden zwei innere Filme: Der, den ich sah, während sie das harmlosere Instrument spielte, zeigte ein unsäglich banales Geschehen. Als sie dann aber nochmals das erste Instrument spielte, das für sie gedacht war, sah ich eine Szene, die ich nicht mehr vergessen kann: Sie spielte die Geige und langsam nahte sich ein weißes Einhorn. Es hatte Flügel. Vorsichtig näherte sich dieses mythische Tier, sie legte ihm die flache Hand auf die Seite, schwang sich auf seinen Rücken, und sie erhoben sich gemeinsam mit großen Flügelschlägen in die Weite der Lüfte. Das alles geschah zum Klang der Geige die sie spielte. Es hatte etwas Heiliges und Reines.

Für mich war die Entscheidung klar. Und auch Josephin spürte den Unterschied. Wenn unser Denken aufhört, in Dinge hineinzuplappern, von denen es nichts versteht, führt uns die Weisheit der Seele oft auf eine Weise, die dem Verstand nicht zugänglich ist. Bilder sind eine Sprache der Seele, die reines Beobachten ist. Beobachten und Zuhören ist ein und dasselbe. Der Klang schafft sich seine Welten.

Josephin entschied sich letztlich für die anspruchsvolle Geige, auch wenn sie wusste, dass diese ihr mehr abverlangen würde. Nach einigen Tagen erhielt ich einen Brief, in dem sie schrieb: *„Ich möchte mich nochmals herzlich bedanken – für die beiden Geigen, aber auch für die Zeit bei dir. Sie hat mir viel zum Nachdenken gegeben. Die Geige ist einfach unglaublich. Als ich in der S-Bahn zum Hauptbahnhof saß, kamen mir vor Überwältigung die Tränen. Ich habe noch nie so eine überfließende Liebe zu einem Instrument empfunden wie zu diesem. Nach all den Jahren habe ich nun endlich mein Instrument gefunden."*

KAPITEL 3

: Inspiration

Das hörende Herz

Von Zeit zu Zeit gibt es beim Arbeiten sonderbare Augenblicke. Da verändert sich unerwartet das Gefühl für das Werkzeug in der eigenen Hand. Es kann beim Stechen der Wölbung geschehen, beim Ausdrehen einer Windung der Geigenschnecke, beim Schneiden eines Schwunges der f-Loch-Kante, sogar beim Werkzeugschärfen oder sonst einem Arbeitsgang.

Das Werkzeug in der Hand ist dann kein Fremdkörper mehr, mit dem man arbeitet, sondern es wird wie zu einem Teil des eigenen Körpers. Es liegt so selbstverständlich in der Hand und fährt über den Abziehstein oder schneidet die Späne, als sei es förmlich angewachsen. Das kommt nicht täglich vor. Aber es ist ein völlig verändertes Arbeiten, denn es geschieht dann alles in einer verblüffenden Selbstverständlichkeit. Auf einmal sind da keine Gedanken mehr an etwas anderes; keine Gedanken mehr, die die Hand anleiten würden, etwas in dieser oder jener Weise zu tun. Das Auge beobachtet vielmehr, was geschieht, und die Hand stellt sich dem Werkzeug zur Verfügung. Es geschieht alles ohne Druck und ohne ein Gefühl dafür, wie lange es dauert. Alles stellt sich dem Geschehen zur Verfügung.

In diesen Momenten wird allem die Funktion genommen: Die Wölbung wird nicht mehr gestochen, damit eine schöne Geige entsteht, die Schneide nicht mehr geschärft, damit sie scharf ist. Vielmehr entsteht ein Gefühl der Freude darüber, dass die Handbewegungen um ihrer selbst willen schön und befriedigend sind. Das Schärfen der Schneide wird nicht vom Gedanken motiviert, dass es sich lohnt, weil das Eisen danach scharf ist; die Wölbung wird nicht gestochen, weil sonst keine Geige entsteht; vielmehr ist der Arbeitsgang um seiner selbst willen erfüllend. Man ist auf einmal ganz im Eisen. Es wird wie zu einer mit Nerven und Muskeln ausgestatteten und durchbluteten Verlängerung der eigenen Hand.

Kein aufgesetzter Gedanke, sondern die natürliche Stimmigkeit bestimmt das Geschehen. Man hat den Eindruck, als habe das Werkzeug die Führung übernommen, und die Hand brauchte nur zu folgen. Ich denke, es ist ein durch die Stimmigkeit des Schönen herbeigeführter Kontrollverlust. Das Geschehen ist bewusst erlaubt und doch nicht wissentlich bestimmt.

Diese Erfahrung ist der hauptsächliche Weg im Geigenbau. Es ist der Weg der Intuition. Doch es gibt noch andere Wege und auch sie haben ihren starken Anteil im Werdegang des Instrumentes. Über diese Wege möchte ich im Folgenden schreiben.

: DIE VIER WEGE

Durch wachsames Beobachten des alltäglichen Geschehens bin ich zur Überzeugung gelangt, dass wir als Menschen vier Wege der Erkenntnis haben. Diese Wege sind Ratio, Empirie, Intuition und Inspiration. Ich möchte sie zunächst skizzieren und anschließend davon erzählen. Dass ich besonders ausführlich den vierten Weg – die Inspiration – entfalten werde, liegt nicht daran, dass dieser Weg wichtiger als die anderen wäre, sondern daran, dass ich hier die stärkste Entwicklungsverzögerung dessen sehe, was das Menschendasein bedeuten kann. Wenn wir nicht aus den Erkenntniskräften unseres Herzens leben, bleiben wir weit hinter uns selbst zurück. Ich glaube, dass wir als Menschheit – allen Widrigkeiten und Selbstzweifeln zum Trotz – das Wesentliche unserer geistigen Evolution noch vor uns haben, und diese Hoffnung verbindet sich für mich mit dem vierten Weg – der Inspiration.

Jeder Weg, den wir gehen, wird durch die Art unserer Liebe geführt. Fehlt uns die Liebe, die der Weg verlangt, ist es uns nicht möglich, diesen Weg zu gehen. Darum sollten wir nicht fragen, welchen Weg wir gehen, sondern eher, welche Art der Liebe wir haben. Sie ist die innere Erlaubnis, die wir haben, und wenn wir in Unwegsamkeiten, Krisen, Überforderung und Zweifel geraten, entfaltet sie ihre Kraft.

Deshalb geht es nicht um die Frage, auf welche Weise wir etwas erkennen wollen, sondern darum, auf welche Weise wir dem Leben unsere Liebe zeigen wollen – denn sie bestimmt den Weg, den wir gehen. Selbsterkenntnis ist nie etwas anderes als die Erforschung des eigenen Herzens, um zu erkennen, was die Liebe daran hindert, uns den berufenen Weg zu führen.

Aber nun möchte ich die vier Wege des Menschen zunächst skizzieren:

1. RATIO. Der erste Weg der Erkenntnis ist Ratio. Das rationale (oder vernünftige) Denken folgt den *Gesetzen* der Natur. Diesem Weg geht eine fragende Liebe voraus, die die Gesetze des Lebens zu erforschen und die Ordnungen des Daseins zu ergründen sucht. Die körperliche Metapher für das rationale Denken ist der Kopf. Er durchdringt gedanklich Zusammenhänge. Gäbe es ein ergo-sum (ein Ich-bin-Wort) dieses Weges, so wäre es wohl: *Ich denke – also bin ich.*

2. EMPIRIE. Der zweite Weg der Erkenntnis ist Empirie. Die empirische Erkenntnis beruht auf *Experimenten.* Dieser Weg bedarf einer enttäuschungsresistenten Laborliebe, denn er beruht auf dem Prinzip von Versuch und Irrtum. Die Metapher

für die empirische Forschung sind die Hände. Sie begreifen die Dinge. Das ergo-sum dieses Weges heißt: *Ich erforsche – also bin ich.*

3. INTUITION. Der dritte Weg der Erkenntnis ist Intuition. Das intuitive Erkennen schöpft aus der *Erfahrung*. Die Liebe dieses Weges ist von einer großen Selbstvergessenheit bestimmt, denn sie ist Zuwendung zu den Dingen, die geschehen. Wir haben Zugang zu einem reichen unbewussten Erfahrungsschatz und entwickeln ein starkes Empfinden dafür, wann Dinge stimmig sind. Die Metapher für das intuitive Erkennen ist der Bauch. Das ergo-sum dieses Weges heißt: *Ich erspüre – also bin ich.*

4. INSPIRATION. Der vierte Weg der Erkenntnis ist Inspiration. Das inspirierte Erkennen folgt der *Gnade*. Es ist der Weg der Empfänglichkeit, ihm geht eine glühende prophetische Liebe voraus. Sie liegt den Geschehnissen fragend und hörend in den Ohren, denn ihr inneres Leben ist die Sehnsucht, zu „erhören", was geschehen soll. Wie die Intuition aus dem ganzen Reichtum und der Schönheit des Selbstvertrauens schöpft, so schöpft die Inspiration aus einer inneren Armut. Sie weiß: Ich habe nichts, es sei denn, ich empfange. Die Metapher für das inspirierte Erkennen ist das Herz. Das ergo-sum dieses Weges heißt: *Ich empfange – also bin ich.*

Kopf, Hände, Leib und Herz bilden eine Einheit. Ein Mensch, dem der Zugang zur Inspiration fehlt, leidet ebenso unter einer Behinderung wie ein Mensch, der keinen Zugang zu seinen Gefühlen hat oder durch Trägheit keine Überwindungskraft zum Handeln hat. Die Liebe sucht die Einheit. Deshalb geht es den vier Wegen der Erkenntnis um die Einheit mit uns selbst. Durch sie verwirklichen wir, wer wir sind und was wir sollen.

Man könnte die vier Wege auch „vier Arten der hörenden Liebe" nennen. Dass ich dies alles im Folgenden durch Geheimnisse und Gleichnisse des Geigenbaues anschaulich machen möchte, bedeutet nicht, dass der Geigenbau etwas Besonderes gegenüber den anderen Dingen des Lebens wäre, sondern schlicht, dass es der Bereich ist, den ich liebe. Nur das, was wir lieben, kann uns zu einer Schule des Lebens werden und uns lehren. Zugleich ist der Geigenbau auch der Bereich, an dem ich leide. Das widerspricht sich nicht. Im Gegenteil: Ich bin überzeugt, dass nur Schönheit und Leid das Recht haben, uns die großen Wahrheiten des Lebens zu lehren.

Ich möchte diese vier Wege und ihre Verheißungen nun ausführlich beschreiben.

: DER RATIONALE WEG

Der erste Weg der Erkenntnis ist Ratio. Das rationale oder vernünftige Denken folgt den Gesetzen der Natur. Dahinter steht stets eine fragende, prüfende und selbstkritische Liebe. Sie ist unbestechlich, denn sie weiß, zwischen Wirklichkeit und Befindlichkeit zu unterscheiden. Sie erforscht die Ordnungen des Daseins, die sie in Modelle fasst. Ihr Vokabular ist das der Formeln.

Um die akustischen Gesetze, die dem Klang der Geige zugrunde liegen, besser zu begreifen, habe ich zwischen meiner Geigenbaulehre und meiner Meisterprüfung zusätzlich zur normalen Gesellenzeit Physik studiert und das Studium mit einer Diplomarbeit über die Schwingungsformen der Geige abgeschlossen. Es ist hoch befriedigend, Zusammenhänge zwischen den unterschiedlichen Einflussgrößen zu erkennen, die den Klang einer Geige formen, und diesen einen Ausdruck (wissenschaftlich: eine Formel) zu geben.

Ein wunderbares Beispiel ist die Formel des Helmholtz-Resonators. Sie beschreibt, in welchem Bereich die Geige aufgrund ihres Volumens, der f-Loch-Größe und der Plattenstärke ihren tiefsten, atmenden Resonanzmechanismus und damit die Ursache für die Wärme und dunkle Größe der tiefen Töne der G-Saite hat.

Es kann einem Jahre des Experimentierens ersparen, ein paar wesentliche Dinge zu verstehen. Zu Recht sagte einer der großen Physiker des 20. Jahrhunderts: *„Nichts ist praktischer als eine gute Theorie."* (Tódor Kámán) Eine gute Theorie kann eine wunderbare Weisung auf das hin sein, was man beim Bau der Geige zu beherzigen hat. Tatsächlich kommt es durch Ratio zu einer Erkenntnis der Ordnung.

: DAS CHARISMA DER VERNUNFT

Durch seine Unbestechlichkeit und Gründlichkeit ist das rationale Denken ein Schutz vor manchen absurden und unreifen Begleiterscheinungen der Postmoderne. Jede noch so abstruse Behauptung wird heute mühelos in den Rang des Beweises erhoben, denn es gibt keine Wahrheit. Was also sollte bewiesen werden? Jeder hat seine eigene Wahrheit. Darum gilt jede Erkenntnis als verhandelbar. Die infantile Verachtung der vernünftigen Suche nach Wahrheit ist ganz im Geist der Postmoderne, wonach alles Belegbare und Beweisbare nur für eine „Erzählung" gehalten wird, der man jede noch so abwegige eigene Erzählung frei entgegenstellen kann. Wenn es sich für dich gut anfühlt, ist es deine Wahrheit.

Rationale Erkenntnis ist eine schützende Schwester des Glaubens, denn wenn Glaube auf Vernunft verzichtet, ist dies eine Verachtung des Schöpfers. Eine jüdische Redewendung besagt: Gute Wissenschaft ist stets ein Lobpreis der Weisheit

Gottes. „Ewiger, wie sind deine Werke so groß und viel! Du hast sie alle weise geordnet.“ * „Du hast vorzeiten die Erde gegründet, und die Himmel sind deiner Hände Werk.“ **

Als ich auf einer internationalen Fachtagung über musikalische Akustik eines Abends in kleiner Runde mit einem der auf diesem Gebiet bedeutenden Physiker, Gabriel Weinreich, zusammensaß, wurde er von einem Teilnehmer gefragt, ob Glaube und Wissenschaft denn nicht ein Widerspruch seien. Es war bekannt, dass Weinreich nicht nur einen Lehrstuhl für Physik an der Universität von Ann Arbor innehatte, sondern als studierter Theologe zudem (ehrenamtlich) einer der Pastoren und Prediger der Episkopalkirche in Michigan war. Er überlegte kurz und sagte dann: „Nur schlechte Wissenschaft und schlechte Religion widersprechen sich. Gute Wissenschaft und gute Religion können niemals ein Widerspruch sein.“

Das rationale Denken entlarvt das Ideologische. Es unterscheidet zwischen Behauptungen und Belegen und trennt so die Spreu vom Weizen. Es weiß, dass eine unbelegte Behauptung niemals ein Beweis, sondern bestenfalls eine Annahme ist, schlechtestenfalls ein großer Unsinn, ein haltloses Konstrukt, ein ideologischer Wunschtraum, eine wahnhafte Spekulation.

: DER EMPIRISCHE WEG

Der zweite Weg der Erkenntnis ist Empirie. Das empirische Erforschen beruht auf Experimenten: Man probiert aus, was man noch nicht versteht. Die Liebe dieses Weges hat etwas Demütiges, denn sie weiß, dass die Wirklichkeit zu komplex und

* Psalm 124,24
** Psalm 102,26

das eigene Verstehen zu begrenzt ist, um die Welt in simple Modelle und Ideen zu fassen. Die Naturgesetze, die wir bis heute erkannt haben, reichen nicht aus, um die Welt zu verstehen. Wir lächeln anerkennend oder spöttisch über manche Theorien früherer Jahrhunderte, aber wir sollten uns vorstellen, dass in gleicher Weise spätere Jahrhunderte über unsere heutigen Modelle und Erkenntnisse lächeln werden. Wir sind als Menschheit auf einem Pilgerweg der Fragenden und berühren die Antworten durch sinnvolle Experimente. So fangen wir an, im Buch der Welt zu lesen.

Alle Empirie ist innige Kommunikation mit den Vorgängen und Geschehnissen, die uns umgeben. Es ist faszinierend, Dinge zu erforschen, die man nicht versteht. Wir geben keine Antwort, sondern wir hören hin. Das innige Zuhören ist das Wesen des Experiments. Das heißt, wir belauschen die Naturgesetze.

Der Empiriker weiß, dass jede Theorie vorläufig ist und dass Wissenschaft nie etwas anderes als der Stand des aktuellen Irrtums ist. Nicht wenige Entdeckungen wurden einzig deshalb gemacht, weil ein Forscher gründlich und unbefangen genug war, eine vermeintlich unwichtige Kleinigkeit endlich ernst zu nehmen, die man bis dato ignoriert hatte, da sie der gängigen Theorie widersprach. Die Liebe des empirischen Weges, der neue Dinge wagt, ist eine einsame Liebe, denn sie weigert sich, ihre Beobachtungen und Überzeugungen an das bestehende (verkürzte oder falsche) Weltbild anzupassen. Sie ist bereit – treu gegenüber ihren Entdeckungen –, einsam zu werden und das verkehrte Denken der Mehrheit zu erschüttern.

Gute Empirie bedarf einer enttäuschungsresistenten Laborliebe zum Experiment. Denn der empirische Weg erfasst die Dinge durch Versuch und Irrtum.

In den letzten fünf Jahren habe ich 52 unterschiedliche Varianten und Formen von Geigenstegen ausprobiert und akustisch vermessen. Ich bin überzeugt, dass die klassische, über Jahrhunderte erprobte Stegform (mit ihren beiden Ohren und dem zentralen Herz) zwar sehr vernünftig, aber noch nicht das Beste ist, was man dem Klang einer Geige geben kann. Alle 52 Versuche waren Misserfolge und führten nicht zu einem besseren Ergebnis. Das sind 52 Gründe aufzugeben. Aber der 53. Steg könnte ein Durchbruch sein. Darum mache ich weiter, denn ich sehe hier ein starkes Potenzial.

Wie die Liebe des rationalen Weges etwas Unbestechliches hat, so hat die Liebe des empirischen Weges etwas Beharrliches; man kann den Weg sonst nicht gehen. Die Hoffnung muss einem wichtiger sein als die Enttäuschung.

Mein Herz schlägt für die empirische Erforschung der Dinge. Um den Einfluss der Lackierung auf den Klang der Geige zu untersuchen, habe ich in den letzten Jahrzehnten im kleinen Laborraum meiner Werkstatt einige Hundert Probehölzer mit unterschiedlichsten Grundierungen und Lackierungen behandelt – angefangen mit den fetten, auf Walnussöl und Leinöl basierenden Öllacken des 12. Jahrhunderts über die späteren ätherischen Öllacke des 18. und 19. Jahrhunderts und die moderneren Alkohollacke bis hin zu den synthetischen Lacken des 20. und 21. Jahrhunderts, dazu unzählige Grundierungen. Ich habe sämtliche Rezepturen in meiner Lackküche nachgekocht und konnte so den Einfluss des Lackes auf die dynamischen Eigenschaften des Holzes untersuchen.

Die Schichtdicke, die Methode des Auftrags, die Vorbehandlung des Holzes, die Eindringtiefe, die Trocknungsverläufe – alles hat seinen Einfluss. Mit einer unpassenden Grundierung kann man eine in über hundert Arbeitsstunden gebaute Geige mühelos in wenigen Sekunden zerstören. Mit einer akustisch guten Lackierung aber lässt sich der Klang wunderbar kultivieren und verfeinern. All die behandelten Probehölzer liefern eine ungeheure Datenmenge. Das ist der Herzschlag der Empirie, die den Datenwolken Informationen entlockt. So lichtet sich der Nebel, und es werden Wirkungen erkennbar, obgleich man die Ursachen und die zugrunde liegenden Gesetze nach wie vor nicht erklären kann.

Ich erinnere mich an eine Szene während meines Physikstudiums. Wir hatten eine (bildhübsche) Professorin für Organische Chemie, die ich nach einer Vorlesung in ein Gespräch über die Polymerverbindungen von Geigenlacken verwickelte. Ich erhoffte mir Hinweise darüber, was in chemischer Hinsicht ratsam sei, um meine Lackrezepturen akustisch positiv zu verändern. (Man könnte sagen, ich wollte in dieser Sache durch ein Schlupfloch vom empirischen Weg zum rationalen Weg überwechseln.)

Als ich anfing, meine Rezepturen zu beschreiben und zu erläutern, was ich mir durch diese chemischen Behandlungen versprach, winkte sie nach wenigen Sätzen in einer Mischung aus Belustigung und Entsetzen ab. Das sei zu kompliziert, darüber wisse man viel zu wenig. Was ich da beschriebe, sei eher Alchemie, und es bliebe mir wohl nichts anderes übrig, als intensiv zu experimentieren.[9]

: DAS CHARISMA DER EMPIRIE

Schöpferisch zu sein, bedeutet, auf eine Art vermessen zu sein, denn man muss über das hinausgehen, was man schon weiß und kann. Das Nichtwissen ist Voraussetzung eines jeden schöpferischen Prozesses, denn wenn wir immer nur tun, worin wir uns sicher sind, ist alles, was wir tun, bestenfalls feige, schlimmstenfalls belanglos. Vielleicht ist der Glaube an Gott vor allem ein Protest gegen die Belanglosigkeit, denn es bedeutet, mit mehr zu rechnen als mit sich selbst.

Die Liebe des empirischen Weges weiß, wovon der Psalter spricht: „Ich denke und sinne des Nachts und rede mit meinem Herzen. Mein Geist muss forschen." * Diese Art der Liebe, die die Dinge ausprobiert, widersteht der Resignation, denn sie weiß: Der Schöpfungsprozess ist ein Akt, durch den etwas entsteht, was über dein Können und Wissen hinausgeht. Es bedeutet, mehr zu wollen, als du absehen kannst. Du rechnest mit dem Wunder, du greifst nach der Gnade, damit dein Werk sich über dich erheben kann.

Wie aber kann man die Enttäuschung aushalten, wenn es nicht geschieht und die Versuche misslingen? Um in diesem vermessenen Drang nicht gestutzt zu werden, müssen wir wissen, dass die Gnade, nach der wir greifen, vor allem die Gnade des Scheiterns ist.

Was die Liebe des empirischen Weges sagt, ist dies: Deine einzige Aufgabe besteht darin, wieder aufzustehen. Das zu wissen, bringt dich dazu, nicht aufzuhören, auch wenn alles dagegenspricht, dass du weitermachst. Mach dich bereit, mit der Gnade zu spielen, und du wirst erfahren, was es heißt, Gemeinschaft mit deinem Schöpfer zu haben. Das Spiel mit der Gnade ist der radikale Entschluss, mehr zu suchen als sich selbst und mehr entstehen zu lassen als das, womit man rechnen kann.

Meine Arbeit an der Werkbank und im Labor ist Gebet. Denn wie kann ich damit rechnen, ein Werk zu erschaffen, dem es geschenkt ist, die Stimme einer menschlichen Seele zu sein? Das kann man nicht machen; niemand kann es machen, es sei denn, es ist Gnade im Spiel. Etwas Schöneres als die Kräfte der Gnade gibt es nicht.

* Psalm 77,7

: VERBORGENES SICHTBAR MACHEN

Im Atelier geht es um die Berührung unserer inneren Welt mit dem Wesen der Schönheit. Das Labor ist eine andere Welt. Es ist die Welt der Forschung, aber beide sind gleichermaßen faszinierend.

Nach meiner Geigenbaulehre lernte ich durch die Arbeit für meinen Mentor, den berühmten Akustiker Helmut A. Müller, die Modalanalyse kennen. Noch nie zuvor hatte jemand diese empirische Methode, die aus der Luft- und Raumfahrttechnik kam, auf den Werdegang einer Geige angewendet. Erstmals war es nun möglich, all die Schwingungsformen der Geige sichtbar zu machen. Sie sind die Ursache für den Klang. Es war ein großes Glück für mich, Antwort auf Fragen zu finden, die all das betrafen, was ich suchte und liebte: einen guten Klang!

Erstmals wurde sichtbar, wie die Geige tatsächlich schwingt: das atmende Pulsieren in der tiefsten Resonanz; die starken Verwindungen des Korpus in seinen mittleren Resonanzen; die großflächigen Plattenbewegungen in den Hauptresonanzen mit den weiten Auslenkungen der Bereiche um den Bassbalken; all die kleinen Schwingungsinseln in den höheren Frequenzlagen, in denen sich Geigendecke und -boden in eine Vielzahl membranartiger Bereiche unterteilen, die gegeneinander oszillieren. So entstanden farbige Landkarten, auf denen all die unterschiedlichen Schwingungsbäuche und Knotenlinien sichtbar wurden. Diese Schwingungsformen in ihrer Vielfalt und Genialität zum ersten Mal zu sehen, kam einer Offenbarung gleich: Erstmals war es möglich zu sehen, was bislang verborgen war.

Auch heute wende ich diese Methode in meiner Werkstattarbeit an, denn sie lehrt mich, die Fehler im Werdegang der Instrumente zu erkennen und daraus zu lernen. Ich suche keine Zufriedenheit, wenn sie darin besteht, sich mit Dürftigkeit und Fehlern abzufinden. Eine bessere Zufriedenheit erwächst daraus, dass wir lernen. Ich habe noch nie eine Geige gebaut, mit der ich ganz zufrieden war. Das ist nicht schlimm, denn ich empfinde Zufriedenheit als einen hochgradig unkreativen Zustand. Es ist wichtiger, etwas Gutes zu schaffen, als unentwegt mit sich zufrieden zu sein. Auch wenn es anstrengend ist, lohnt es sich, dass wir uns nicht zu früh zufriedengeben. Ich schütze meine Seele nicht durch Zufriedenheit, sondern durch Dankbarkeit.

Der empirische Forscher erlebt nicht immer „Versuch und Irrtum“ (trial and error) – manchmal ist es auch Versuch und Freude. Warum empirische Forschung? Ich glaube, wir sind es dem Schöpfergeist schuldig, schöpferisch zu sein. Es ist keine moralische Schuld, sondern die moralische Antwort darauf, wer wir sind. Die Gottebenbildlichkeit des Menschen, von der die Bibel spricht, bedeutet doch vor allem, dass wir den Geist Gottes darin atmen, schöpferisch zu sein. Gott hat uns keinen Bedenkenträgergeist des Stillstands gegeben, sondern einen jungen Geist der Hoffnung, der Liebe und der Schöpfungskraft. Wenn wir diesen Geist aufgeben, haben wir uns entschlossen, alt zu sein. Dann haben wir buchstäblich unseren Geist aufgegeben.

Ich glaube, der Heilige Geist – der gewiss den empirischen Forscher in sein Herz geschlossen hat – ist ein junger Geist, denn er bringt immer wieder Neues und Junges hervor. In der Weisheit liegt geradezu etwas Spielerisches.

In einem der biblischen Bücher spricht die alles erforschende Weisheit in der Ich-Form über ihr Gottesverhältnis und sagt: „Der Ewige hat mich schon gehabt im Anfang seiner Wege, ehe er etwas schuf. Im Anbeginn, ehe die Erde war, hat er mich eingesetzt. Da war ich die Ordnende bei ihm. Ich war seine tägliche Lust und spielte vor ihm allezeit." * Ganz ähnlich spricht das Neue Testament über den Geist Gottes, wenn es dort heißt: „Er erforscht alle Dinge, auch die Tiefen der Gottheit". ** Wie sollten wir also keine forschende und sogar spielerische Liebe gegenüber dem Leben haben?

: DER INTUITIVE WEG

Nach der Ratio und der Empirie ist der dritte Weg die Intuition. Ich habe sie eingangs schon beschrieben. Es sind die beglückenden Zustände, in denen nicht die Hand das Werkzeug zu führen scheint, sondern das Werkzeug die Hand.

Das intuitive Erkennen ist das Wesentliche im Geigenbau. Es lässt sich in einem Satz sagen: Man tut das Richtige und weiß nicht, warum. Es ist ein ganz unmittelbares, unangestrengtes Erkennen, und es geschieht – je mehr Instrumente ich gebaut habe, desto häufiger – als etwas völlig Selbstverständliches. Die besten Wölbungen entstehen unter dem Wölbungshobel, wenn ich merke, dass ich ein, zwei Stunden nichts gedacht habe. Es ist anschließend fast, als würde man aus einem Rausch erwachen. Ich war ganz im Fluss der Arbeit eingetaucht. In diesen Phasen würde jeder künstliche Gedanke die selbstverständlich entstehende Schönheit zerstören. Der intuitive Arbeitsfluss kommt aus einer Art euphorischer Bejahung der entstehenden Schönheit, die zunehmend ihre Form gewinnt. Das Auge darf die wachsende Reinheit wahrnehmen – es ist rein, weil es stimmig ist und nicht künstlich zurechtgedacht werden muss. Das ist die Reinheit, die man empfinden darf.

* Die Sprüche Salomos 8,22; 30
** 1. Korintherbrief 2,10

Das intuitive Leben kann keine Erklärung für das abgeben, was im Augenblick geschieht. Es widersetzt sich der Dominanz der Beweisbarkeit. Es ist nicht Wissen. Der intuitive Weg unterscheidet sich vom rationalen und empirischen Weg dadurch, dass man das eigene Handeln nicht begründen kann. Im Gegensatz zur Willkür, die ebenfalls nichts begründen kann, da sie von nichts eine Ahnung hat, schöpft die Intuition aus einem gewaltigen Erfahrungsschatz.

Ich möchte auch hier eine Erfahrung aus meinem Studium erzählen, denn sie war für mich ein kleiner Offenbarungsmoment, durch den ich begriffen habe, was Intuition bedeutet.

Wir hatten seinerzeit einen hochkarätigen Professor in Numerischer Mathematik. Er war äußerst anspruchsvoll und für gut die Hälfte der Studenten war nach erfolglos wiederholter Prüfung ausgerechnet in diesem Fach das Studium beendet. Bei diesen Aufgaben, die keine schönen, geschlossenen Lösungen, sondern nur numerische Ansätze erlauben, merkt man oft erst nach einer halben Stunde, dass der Weg, den man unter den vielen möglichen Wegen (etwa zur numerischen Behandlung einer Differenzialgleichung oder eines sonstigen Problems) eingeschlagen hat, der falsche war. Also beginnt man von vorn und probiert einen anderen Weg. Für solch unfruchtbare Erfahrungen aber reicht während der Prüfung die Zeit nicht aus.

Darum wollten wir lernen, auf welche Kriterien man zu achten hatte, um unter den vielen Methoden den richtigen Weg zu wählen. Wir erdachten uns in der Lerngruppe eine besonders schwere Aufgabe und legten diese am Anfang der nächsten Vorlesung jenem Professor vor. Er schien glücklich zu sein, dass er gefordert war, überlegte einen kurzen Moment und begann dann, murmelnd die Tafel mit den entsprechenden Algorithmen zu füllen, als handle es sich um einen Einkaufzettel, den man, ohne groß zu überlegen, einfach herunterschreiben konnte.

Nach wenigen Minuten war er fertig. Die meisten von uns hätten einen anderen Weg eingeschlagen als den von ihm beschrittenen. Also fragten wir, warum er diesen Weg gewählt habe. In einer geradezu heiligen Stille erhofften wir uns, nun ein alles erleuchtendes Kriterium zu hören, das uns zukünftig (vor allem in der Prüfung) viel Zeit ersparen würde. Er stand schweigend vor der großen Tafel, betrachtete seinen Lösungsweg, drehte die Handflächen nach oben, rieb mit dem Daumen gegen Zeigefinger und Mittelfinger, als würde er zwischen den Fingern irgendwelche Gewürze mahlen, kaute auf seiner Lippe und sagte dann nach einer langen Pause einen Satz, den keiner erwartet hätte und den ich nie vergessen werde. Er sagte: „Das spürt man irgendwie."

Es war für mich die eindrückliche Erfahrung intuitiver Genialität. Ein wahrer Könner seines Fachs weiß unendlich viel mehr, als er jemals verstehen, begründen oder vermitteln kann. Wenn man ganz in seinem Element ist, schöpft man nicht aus einem erklärbaren, nachvollziehbaren Wissen, sondern aus einem intuitiven Erfahrungsschatz. Das innere Wissen, das uns dann führt und leitet, ist nicht bewusst zugänglich. Es ist von all den beglückenden und leidvollen Erfahrungen geprägt, die man in einer bestimmten Sache über viele Jahre seines Lebens geliebt, durchlebt und durchlitten hat. Wer in einer Sache wirklich gut ist, der lebt darin vollkommen intuitiv. Sein Wissen und Können haben eine atemberaubende Selbstverständlichkeit.

Von dieser Art des intuitiven Geschehens sprechen viele große Wissenschaftler. Hans-Peter Dürr berichtete, dass sein Lehrer, Werner Heisenberg, sich und die anderen mitunter mit einer Handbewegung zum Schweigen aufforderte, wenn sie an entscheidenden Punkten der Forschung waren. Bisweilen verordneten sie sich ein mehrtägiges Schweigen, um das Neue, das sich in der Quantenforschung zu erkennen gab, nicht in der alten Sprache kaputtzureden.

Manches muss eine andere Tiefe in uns finden als die des unentwegt plappernden Intellekts. Der ordnende Verstand kommt häufig erst im Nachgang dran; er darf die Dinge deuten und nachvollziehen, die sich in einem anderen Raum zu verstehen gegeben haben.

In seinem Vortrag „Das Schöne in der exakten Naturwissenschaft“[10], den Heisenberg seinerzeit vor der Akademie der Schönen Künste gehalten hat, geht er auf das Besondere des intuitiven Erkennens ein. Das intuitive Erkennen, so sagt er, *„erfolgt nicht aus dem diskursiven, d.h. rationalen Denken, sondern ist ganz unmittelbares Erkennen“*, und *„es hat seine Quelle im Erschrecken vor dem Schönen“.*[11] Anstelle von *„klaren Begriffen“* sind auf dieser Stufe des Erkennens *„Bilder mit starkem emotionalen Gehalt vorhanden, die nicht gedacht, sondern gleichsam malend geschaut werden“.*[12] *„In dem Moment, in dem die richtigen Ideen auftauchen, spielt sich in der Seele dessen, der sie sieht, ein ganz unbeschreiblicher Vorgang von höchster Intensität ab“.*[13]

Des Weiteren weist Heisenberg auf Johannes Kepler hin, der in seiner Weltharmonie *Harmonices Mundi* eine Art seelischen Erkennens beschreibt, das fähig sei, im sinnlich Gegebenen Dinge wahrzunehmen, die nicht auf rationalen Schlussfolgerungen beruhen. Es sei vielmehr wie das *„Erwachen aus einem Traum“*. Das Wesentliche dieses nicht durch Gedankengänge entstandenen Erkenntnisgeschehens drückt Heisenberg mit den einfachen Worten aus: *„So etwas kann man nicht machen, es muss von selbst geschehen.“*[14]

Diese Erfahrung, dass die wesentlichen Dinge wie von selbst geschehen, ist das höchste Glück, das man im schöpferischen Geschehen erleben kann. Auch wenn jeder kreative Prozess notwendigerweise auch andere Phasen kennt – Zeiten des Verweilens, der Sammlung, der Ohnmacht, der Verzweiflung, des Freigebens –, sind doch der innere Lohn ebenjene Momente, in denen es wie von selbst geschieht.

Die Gleichnisse Jesu strahlen etwas von dieser Ahnung aus, dass alle wesentlichen Dinge im Grunde auf diese Weise geschehen: „Es ist, wie wenn ein Mensch Samen aufs Land wirft und schläft und aufsteht, Nacht und Tag. Und der Same geht auf und wächst – er weiß nicht, wie. Denn von selbst bringt die Erde Frucht…" *

In den kreativen Augenblicken und intuitiven Phasen wird weder etwas erzwungen noch verbissen herbeigedacht. Die Dinge kommen und geschehen, wenn sie willkommen sind. Sie erfüllen uns, wenn sie einen leeren – das heißt einen von allzu viel Wissen und Wollen befreiten – Raum in uns vorfinden. Sie zu suchen, heißt, sich in der rechten Weise vorfinden lassen.

Nichts zerstört das intuitive Erkennen stärker als Ängste und Sorgen. Wer sich ständig in einem Modus der Befürchtung befindet, der verschließt sich unweigerlich vor den Erfahrungsschätzen seiner Intuition. Denn er misstraut einer Wirklichkeit, die darauf wartet, dass er sich anvertraut. Das ist der werbende Charakter der Weisheit, durch die die wirklich schöpferischen Dinge geschehen.

Wer in Sorgen und Ängsten lebt, hat keinen Zugang zu den Weisheitsschätzen seiner Seele, denn ihm fehlt der Mut, Dinge nicht zu verstehen. Darum beschränkt er sich auf das, was er weiß. Die Angst treibt ihn dorthin, wo er sich seiner selbst sicher ist. Dort aber geschieht nichts Kreatives.

* Markusevangelium 4,26ff

Darum ist es wichtig zu sehen, dass jeder Weg nicht nur die ihm eigene Liebe erfordert, sondern auch das ihm eigene Lernprogramm. Das Schöpferische erfordert ein hohes Maß an Angstfreiheit – es lässt Dinge auch ruhig geschehen. So führt der intuitive Weg den Menschen in die Lebensschule des Vertrauens: Du wirst geführt. Es ist eine gegenwärtige, spielerische, forschende Weisheit, die dich umgibt; eine heilige Kraft, die auf dein Vertrauen reagiert. Darum lass diese Weisheit dein Vertrauen finden. Suchen heißt gefunden werden. Überwinde deine Ängste – und vertraue dich deiner Weisheit an. Sie hat eine größere Tiefe und ein längeres Schweigen als dein unentwegt kommentierender und mit Schulstolz plappernder Verstand.

: DAS CHARISMA DER INTUITION

Das intuitive Erkennen und Tun erfordert vor allem eines: ein heiliges Nichtwissen. Es ist der Mut, in offene Situationen hineinzugehen und nicht zu wissen, was geschieht. Diese Lebensschule der Intuition ist das wesentliche spirituelle Merkmal im Geigenbau.

In einfachen Worten: Ich weiß zu wenig und muss dennoch das Richtige tun. Es gibt schier unbegrenzte Möglichkeiten, im Werdegang und in der Klangeinstellung des Instrumentes Dinge falsch zu machen, und nur wenige Entscheidungen können durch vorausgehendes Wissen getroffen werden. Wenn ich nicht bereit oder fähig bin, mir zu vertrauen, kann mein Gefühl mich nicht leiten.

Das Gefühl für die Dinge, die uns anvertraut sind, ist ja nichts Willkürliches. Es reagiert auf etwas, das wir in dem Augenblick noch nicht begründen können. Es bedeutet, hineinzuhören und zu spüren, was das Instrument nun braucht; es bedeutet, darauf zu vertrauen, dass ich selbst in diesem Augenblick ein Werkzeug bin, dem das Rechte gelingt. Natürlich kann ich ins Labor gehen und die Resonanzen des Instrumentes messen und das tue ich auch. Aber das Wesentliche bleibt den Messungen verborgen. Was es bedeutet, dass der Klang einer Geige Seele bekommt, ist durch ein Messprotokoll nicht sichtbar zu machen.

Man könnte es als Demütigung empfinden, handeln zu müssen, obgleich man nicht genug weiß. Es kann ein Gefühl der Ohnmacht und Unsicherheit hervorrufen. Diese Demütigung aber empfinde ich nur, wenn ich mich allein auf mein Wissen verlasse. Vertraue ich dagegen meiner Intuition, dann ist das mangelnde Wissen keine Demütigung, sondern die Tür zur Demut.

Darum liegen im Geigenbau solch starke spirituelle Wesenszüge. Eine Geige zu bauen, ist eine Schule des Vertrauens. Ich vertraue darauf, dass meinen Händen das Richtige gelingt und dass meine Arbeit etwas Dienendes hat – das Instrument soll dem Musiker eine Stimme sein. Diese Vorgänge berühren die Tiefen der menschlichen Seele so sehr, dass man mit bloßem Wissen hoffnungslos verloren wäre.

Mit den Worten des Tschuang-Tse, der ein großer Lehrer des Tao war, könnte man sagen: *„Du weißt von geflügelten Geschöpfen, die fliegen. Du weißt noch nicht, wie man ohne Flügel fliegt. Du weißt von Menschen, die aus Wissen weise sind. Du weißt noch nicht, wie man ohne Wissen weise ist.“*[15]

Es wäre infantil, die wesentlichen Dinge auf Wissen zu reduzieren, anstatt der Intuition des langsamen Werdens und der Inspiration des Augenblickes zu vertrauen. Wenn das Instrument gelungen ist, wird es in den Händen des Musikers ein Recht und eine Vollmacht haben, Seelen aufzurichten, zu stärken und zu trösten. Diese Vollmacht kommt aus dem Vertrauen.

Man darf all dies nicht romantisieren. All die intuitiven Stärken an der Werkbank sind nicht durch angestrengtes Training, sondern durch leidvolle Erfahrungen entstanden. Es sind die Ohnmachtsgefühle und die Überforderung, es sind die hohen Ansprüche der Musiker, die meine Intuition auf eine anstrengende Weise provozieren. So ist die Werkbank oft eher ein Gebetsort als eine bloße Arbeitsstätte. In vielen Arbeitsgängen entringt sich mir ein innerer Hilferuf: „Ich weiß zu wenig! Was soll ich tun?" Doch in diesen Situationen hat immer wieder ein heilsamer Hilfsgedanke die Führung übernommen: „Du musst nicht alles wissen. Dass du dich führen lässt, ist eine mindestens ebenso anspruchsvolle Kunst. Stell dich zur Verfügung. Sei bereit, die Überforderung zu akzeptieren, und lebe darin durchlässig – in einem nach oben hin geöffneten Vertrauen." So wird sogar die Überforderung zu einem Gebet.

Die Überforderung zu akzeptieren, ist gleichbedeutend mit der Einsicht, dass ich zu wenig Wissen habe, um den richtigen Schritt zu tun. Wenn diese Überforderung aber nicht zur Verzweiflung, sondern zu einem neuen Vertrauen führt – mit anderen Worten, wenn ich bereit bin, die Überforderung anzunehmen –, dann ist das wie eine Erlaubnis, einen heiligen Raum der Seele betreten zu dürfen: den Raum der Intuition. Die Lebensschule besteht also gerade in den instabilen Situationen. Diese führen entweder zu Kreativität oder zu Aggression.

Kreativität braucht notwendig den bewusst herbeigeführten oder erlaubten ästhetischen Kontrollverlust. Mit anderen Worten: Du verlässt dein sicheres Land und lebst wahlweise in Ängsten oder aus Vertrauen. Die ganze Schule des Lebens besteht darin, unsere Angst zu überwinden. Wir besiegen sie nicht, sondern wir führen uns in ihr. Vertrauen ist ein Akt der inneren Führung. Die verängstigte, verletzte und gedemütigte Seele sucht Heilung, und sie weiß, dass sie nur im Raum des Vertrauens heil werden kann.

Es gibt viele Werkbänke und Arbeitsstätten des Lebens, an denen man dies Wesentliche lernen kann.

: DER WEG DER INSPIRATION

Wie das intuitive Erkennen der Erfahrung folgt, so folgt das inspirierte Erkennen der Gnade: Hier geschehen Dinge, die sich nicht aus unserer bisherigen Erfahrung oder Intuition, geschweige denn aus unserem Wissen ableiten lassen. Es sind unmittelbare Einsichten, rettende Momente, beglückende Führungen, Fügungen und Offenbarungen inmitten des alltäglichen Geschehens.

Inspiration ist das innige Zusammenspiel mit dem geistigen Universum, das die alte Sprache den „Himmel" nennt. Inspiration ist durchtränkt von dem Gebet, dass unter all den Möglichkeiten, die beständig um uns werben, der Wille Gottes geschieht. Es bedeutet, dass wir unser Leben auf eine Weise erfahren, von der wir auf dem rationalen, dem empirischen und dem intuitiven Weg nichts wissen können. Die Regel des heiligen Benedikt nennt es die *„geistliche Kunst"*. [16]

DIE SINNE DES GEISTES. Wie unser Körper Sinne hat – Hören, Sehen, Riechen, Schmecken, Tasten und Spüren –, um in der sichtbaren Welt zu leben, so hat auch unser Geist Sinnesorgane, um in einem liebenden Zusammenspiel mit dem Geist Gottes zu leben.

Die Bibel beschreibt viele Erfahrungen mit ebenjenen geistigen Sinnesorganen des Menschen: die Augen des Herzens: das innere Sehen; die Ohren des Herzens: das innere Hören; die Empathie des Herzens: inspirierte Sehnsucht; das Spüren des Herzens: innere Gewissheit. All diese Wahrnehmungen und Wirkungen entfalten den Weg der „Inspiration".

Wenn ein Mensch blind oder taub ist, ist es keine Frage der Anstrengung, diese Behinderung zu überwinden. Wer blind ist, kann sich noch so sehr bemühen, er wird dadurch nicht sehend. Es müssen ihm die Augen geöffnet werden. So ist es auch mit den Sinnen des Herzens. Mit dem Herzen zu hören und zu sehen, ist keine Technik, die man erlernen kann, sondern eine Gnade, die in unserem Leben wirksam wird. Das inspirierte Leben aus Gott zu finden, heißt, sich in einer bestimmten Weise vorfinden zu lassen. So geben wir der Gnade nach. Sie sucht in uns ein hörendes, sehendes, empfängliches Herz. So können wir lernen, nicht nur an Gott zu glauben, sondern mit Gott zu leben. Wie Blindheit und Taubheit im äußeren Leben eine ernsthafte Behinderung sind, so ist auch ein blindes und taubes Herz eine ernsthafte Behinderung der Gottesbeziehung.

Das Herz ist die Metapher für jenen Ort, an dem der Mensch sich der Wahrnehmung Gottes öffnen oder verschließen kann. Wenn das Herz in seiner Empfänglichkeit reift, werden wir lernen, was es heißt, in einem liebenden Zusammenspiel mit den Geschehnissen und Anregungen des Himmels zu stehen.

Ein Brief des Neuen Testamentes sagt in einem Segenswort: „Gott gebe euch den geistigen Sinn der Weisheit und der Offenbarung, ihn zu erkennen. Und er gebe euch erleuchtete Augen des Herzens, damit ihr erkennt, zu welcher Hoffnung ihr berufen seid." *

* Epheserbrief 1,17–18

Wie eine Geigensaite durch den Bogen des Musikers angeregt wird und diese Anregung im Korpus der Geige auf Resonanz stößt, so ist das Herz des Menschen ein Resonanzkörper, es ist ein empfängliches und erregbares Instrument in einem urgewaltigen Konzert des Lebens. Wie ein Resonanzkörper die Schwingungen der Saiten durch seine eigenen Resonanzen färbt und hörbar macht, so haben auch wir einen Resonanzkörper für Gott: Es ist das vertrauende Herz. Gott erlaubt, dass wir ihn durch die Resonanzen unseres Glaubens färben.

Im Herz des Menschen stoßen die Anregungen des Himmels auf Resonanz und verwandeln sich durch unsere Liebe in gelebtes Leben. So geschieht der göttliche Wille „wie im Himmel so auf Erden". Es ist das, was der Himmel im Menschen anregen kann.

DIE PROPHETISCHE LIEBE. Ich habe bei den ersten drei Wegen – der Ratio, der Empirie und der Intuition – die jeweils eigene Liebe beschrieben, die diesen Wegen vorausgeht. Die Art der Liebe gibt uns das Recht und die Kraft, *den ihr entsprechenden* Weg zu gehen.

Die Liebe, die dem inspirierten Weg vorausgeht, könnte man eine „prophetische Liebe" nennen. In ihr ist buchstäblich ein innerer Liebeskummer nach Gott. Sie streckt sich mit jeder Faser ihres Daseins danach aus, die Gegenwart des Heiligen zu erfahren und seinen Willen zu verwirklichen. Wenn uns die Sehnsucht nach Gott fehlt, werden wir den Gottesweg nicht gehen.

Ein alles erleuchtendes Beispiel für diese prophetische Liebe ist das biblische Buch Daniel. Daniel war weder bereit, hinzunehmen, was geschah, noch sich damit abzufinden, dass er die Geschehnisse nicht verstand. Er lag Gott damit in den Ohren. Zu ihm sagt der Engel: „Daniel, von dem Tage an, als du von

Herzen begehrtest zu verstehen, wurden deine Worte erhört."*
Damit ist die Art der Liebe beschrieben, die dem inspirierten Erkennen vorausgeht. Es ist die Liebe eines Menschen, der „von Herzen begehrt zu verstehen". Gott offenbart sich dem Suchenden, er spricht zum Hörenden und er bezeugt sich durch den Liebenden.

Das inspirierte Leben ist keine Methode, die man erlernen kann, sondern Ausdruck einer Liebe, in der man sich üben und in der man reifen kann. Kein Mensch kann Gott je finden, aber wenn wir in jener Liebe vorgefunden werden, hat diese das innere Recht, das Leben aus den Gaben Gottes zu entfalten. Suchen heißt, sich aufsuchen lassen; finden heißt, vorgefunden werden. „Inspiration" ist nur ein anderes Wort für das Wunder einer Gottesgemeinschaft, die empfänglich ist.

Wir erleben diese Empfänglichkeit auf vielfältige Weise: Es kann zum inspirierten Sehen kommen, zum inspirierten Spüren, zur inspirierten Sehnsucht, zum empathischen Dasein, zu inspirierten Beziehungen, zum inspirierten Hören, zu inspirierten Sinnbildern, zu gleichnishaften Geschehnissen, zu inspirierter Gebetsgemeinschaft und zu einer inspirierten Stimmigkeit.

Über all diese unterschiedlichen Erfahrungen der Inspiration möchte ich nun im Einzelnen schreiben. Es mag noch weitere geben, aber das sind die Aspekte der Inspiration, aus denen ich lebe.

: DAS INSPIRIERTE SEHEN

Über viele Jahre war ich mit meiner Werkstatt Teil eines Forschungsprojektes, in dem es um die Entwicklung neuartiger

* Der Prophet Daniel 10,12

Resonanzplatten für Musikinstrumente ging. Fünf Patente sind während dieser Entwicklungszeit entstanden, Kapitalgeber aus meinem Freundes- und Kundenkreis haben sich im Vertrauen auf das Gelingen daran finanziell beteiligt. Die Innovationsförderung des Bayerischen Wirtschaftsministeriums hat das Vorhaben bezuschusst. Alles schien verheißungsvoll zu sein.

Ich setzte akustische Labormethoden ein, die in dieser Tiefe bis dahin noch niemand angewendet hatte. Die Ausbildung zum Geigenbaumeister gab mir die Fähigkeit, die heiklen und schwierigen Versuche an der Werkbank umzusetzen. Durch mein Physikstudium waren mir wissenschaftliche Methoden und Denkweisen vertraut. Mittlerweile hatte ich Hunderte Vorversuche an Teststrukturen unternommen, empirische Formeln entwickelt, ordnerweise Zusammenhänge und Diagramme erstellt, bevor ich mich schließlich an die komplexe Deckenstruktur der neuen Instrumente wagte. Faserverlauf, Anisotropie, Schichtkomposition, Stärkenverteilungen, Wölbungsformen, Umrissvarianten – ich wusste, es sind unzählige Kombinationen möglich. In solch einer Situation verdichtet sich tatsächlich die Frage nach den Wegen der Erkenntnis, die uns gegeben sind. Alles war von der Hoffnung erfüllt, Instrumente zu entwickeln, deren Räumlichkeit, Dynamik, Modulierbarkeit und Kraft ein Evolutionsschritt in der Geschichte des Instrumentenbaues sein sollten.

Doch trotz der Erfahrungen, die ich aus den Versuchen zog, musste ich ein um das andere Mal scheitern. Es war ernüchternd. Ich war angetreten, etwas Großartiges zu entwickeln, und hatte stattdessen über Jahre hinweg Probleme zu lösen und Fehlschläge einzustecken. Auch wenn Menschen seit bald 500 Jahren Geigen bauen, weiß ich doch, dass die Stimme der Geige noch nicht ihr verheißenes Potenzial an Schönheit und Heilsamkeit erreicht hat.

Schmiede das Schwert deines Engels
11 × 17,3 cm, 2012

Nach zahlreichen viel zu extremen Versuchen hatte ich schließlich nicht eine, sondern 16 Decken fertigen müssen, jede in einer anderen Variation, bevor die 17. nah am erwünschten Ergebnis war.

Die Eigenfrequenzverteilung zeigte die richtige „Komposition" der Einflussgrößen. Aber ich hatte noch nicht den Boden entwickelt. Ich wusste, dabei ging es um ein völlig anderes Resonanzsystem. Die Zeit und die finanziellen Mittel waren nahezu aufgebraucht. Um die Finanzen zu schonen, hatte ich mich, was mein Arbeitspensum betraf, in den vergangenen Jahren ebenfalls fast aufgebraucht. Selbst wenn aus den Vorversuchen der Decken vieles zu lernen war, konnte ich unmöglich den gleichen Aufwand mit dem Boden treiben.

Ich war nervös. Es war ein Punkt erreicht, an dem ich einsah, dass ich so nicht weitermachen konnte. Mir fehlte die innere Spannkraft und die äußeren Mittel gingen zur Neige. Ich wusste, dass ich mir höchstens zwei Versuche würde leisten können, um den neuen Boden zu entwickeln. Da verließ ich an einem Nachmittag die Werkstatt und ging spazieren. Eigentlich wollte ich nur kurz Luft schnappen, doch es wurde ein langer Weg. Die Entwicklung hatte mich über all die Jahre seelisch ungeheuer müde gemacht. So warf ich all diese Dinge Gott vor die Füße. Ich glaube nicht einmal, dass ich irgendeine Bitte hatte. Vielleicht war ich zu trotzig und zu erschöpft, um irgendetwas zu erbitten. Ich warf es hin. Anfangs war mein Gebet noch erschöpft, dann war es nur noch Schweigen. So ging ich innerlich wortlos wohl viele Kilometer durch den Wald – und merkte, wie ich ruhiger wurde. Es war das wohltuende Wissen, nichts beten und nichts bitten zu müssen. Ich ging nur in diese Ruhe hinein.

Es werden wohl zwei Stunden vergangen sein, da entstand, ohne dass ich auch nur das Geringste gedacht hatte, vor meinem inneren Auge ein bestimmtes Muster, eine Struktur. Sie war vollkommen anders als alles, was ich bis dahin probiert und entwickelt hatte. Ein völlig anderer Ansatz. Es war genial. Auf solch eine Idee wäre ich nie gekommen. Ich rannte zurück in die Werkstatt, um dies Bild ja nicht zu vergessen, machte dort sofort Skizzen und Notizen – so, wie ich es gesehen hatte – und fertigte in den kommenden Tagen getreu dieses Systems den Prototyp des Geigenbodens.

Als er fertig war, vermaß ich sein Resonanzprofil. Die Eigenfrequenzverteilung hatte eine Übereinstimmung mit dem gesetzten Ziel, wie ich es noch nie erlebt hatte. Der erste Versuch war gelungen.*

Es war beglückend, auf diese Weise innere Führung zu erfahren. Zugleich aber war ich irritiert. „So viele Jahre habe ich…“** Physik studiert und habe die Gesetze der Akustik gelernt und während des Forschungsprojektes wieder und wieder Resonanzstrukturen gebaut, und es hat mir keinen Durchbruch gegeben, dass ich die Früchte der Arbeit hätte feiern können. Und dann ist nur ein lumpiger Gebetsspaziergang nötig – und die Lösung ist da?

: DIE SEGNENDE UND DIE RETTENDE GNADE

Über dieses Erlebnis sprach ich mit einem meiner väterlichen Freunde, einem inzwischen emeritierten Professor für Theologie. Ich liebe die Gespräche mit ihm, denn er hat ein weises und weites Herz. Es verblüffte ihn, was ich erlebt hatte, und er freute sich über die Lösung meines Problems, aber er spürte

* Eine Geige, die ich nach diesem System fertigte, beschreibe ich weiter unten ausführlich im Abschnitt „Abrahams Zelt“.

** Vgl. Lukasevangelium 15,29

zugleich meine Irritation, als ich ihn fragte, ob Gott sich eigentlich über uns lustig macht.

„Müssen wir nur beten, und all das, was wir erforschen und erarbeiten, ist – mir nichts, dir nichts – durch eine höhere Weisheit übertroffen und ersetzt?"

Er schwieg. Dann fragte er: „Wenn du all die Jahre nicht an diesen Dingen geforscht hättest, hättest du dann das Bild, das du da im Wald gesehen hast, verstanden?"

Ich wusste, ich hätte es ohne all die Versuche nicht verstanden, ich hätte gar nicht begriffen, was ich da sehe.

„Also", so seine Quintessenz, „waren all die Jahre nötig."

Das andere, was er mir klarmachte, war dies: Die Bibel beschreibt zwei grundunterschiedliche Arten der Gnade oder der Gnadenwirkungen. Das eine ist die segnende Gnade: All die Jahre hatte ich das Meine gegeben und die Arbeit hatte sich entwickelt. Da war nichts Dramatisches geschehen. Aber es war getragen von einer segnenden, begleitenden, beständigen Gegenwart. Das andere aber ist die rettende Gnade. Es gibt unerklärliche Momente, da greift die Gnade auf eine überraschende Weise in Geschehnisse ein, sie schafft Neues und verändert, was bis dahin war. Dieses rettende Handeln ereignet sich in den biblischen Geschichten ebenso wie in unseren Lebensgeschichten.

Es ist das, was die Bibel mit dem Zeitwort „kairos" meint. Kairos ist die erfüllte Zeit. Da kann in einem rettenden Augenblick etwas geschehen, was sonst nicht möglich ist. Durch solche Momente wachsen wir manchmal über uns selbst hinaus. Diese rettende Art der Gnade ist oft an den Schwellen einer neuen Zeit wirksam.

Die erste öffentliche Predigt Jesu begann (in der Überlieferung des Markusevangeliums) mit den Worten: „Die Zeit ist erfüllt."* Da steht „kairos". Es ist das Ur-Wort, das über allem Rettenden steht. Und so war im Mikrokosmos meines kleinen Lebens die „Zeit erfüllt", als ich nach all den Jahren der Forschung und Arbeit in jenem rettenden Augenblick vor meinem inneren Auge diese Struktur sah, und der kairos buchstabierte sich in meine Entwicklungsgeschichte hinein.

Es braucht manchmal wohl nur den Mut (oder die Erschöpfung), es zu glauben und zu entziffern. Was damals geschah, verstehe ich seither als inspiriertes Sehen oder inspiriertes inneres Bild.

Diese Geschichte hat mir sicher etwas Wesentliches ans Herz gelegt: Die Welt spricht nicht zum Wissenden, sondern zum Fragenden. Als die Wissenden sprechen wir über die Welt, als die Fragenden spricht sie zu uns. So ist es auch mit der göttlichen Welt. Der Himmel spricht nicht zum Wissenden, sondern zum Suchenden und Forschenden. Er offenbart sich nicht demjenigen, der es besser weiß, sondern demjenigen, der all sein Wissen aus gutem Grund für nichts achtet – und dem Himmel ebendies liebende „Nichts" als ein leeres Herz hinhält.

Was wir wissen oder zu wissen glauben, betäubt uns das Ohr. Die hörende Leere, die wir brauchen, ist nicht Wissen, sondern eine in den Himmel hineinhorchende Stille. Dieser Spaziergang sagte mir: Lass deinem Ohr die Zeit, sich auf den Himmel einzustellen. Sei nicht still, damit Gott zu dir spricht, sondern sei still, um dein ängstliches, fragendes, verzweifeltes, suchendes, liebendes Herz in den Himmel zu halten. Und wenn es nötig ist, dann muss es manchmal ein langer Spaziergang sein – vielleicht so lange, bis du deine Bitte vergisst.

* Markusevangelium 1,15

Während ich dies schreibe, lese ich in den Reden und Gleichnissen des Tschuang-Tse: *„So magst du deine Ohren und Augen gebrauchen, dass sie dir die Welt mitteilen; aber allen Wissenswahn sollst du aus deinem Geiste verbannen. Dann wird das Übersinnliche zu dir kommen und bei dir wohnen; wie sollte sich da der Mensch dir versagen? Dies ist der Weg, die Schöpfung zu erneuen."*[17]

: INSPIRIERTES SPÜREN

Während meiner Ausbildungszeit an der Geigenbauschule in Mittenwald war ich zum Schülersprecher der gut 60 Auszubildenden gewählt worden. Auf diese Weise hatte ich das erste Mal in meinem Leben einen wirklichen Feind. Es war der damalige Direktor der Geigenbauschule. Ich habe nie zuvor und nie mehr danach einen solchen Machtmenschen erlebt.

Ein Kollege, der wenige Jahre vor meiner Zeit als Geigenbauschüler an jener Schule gewesen war, erzählte mir, einer seiner Mitschüler habe sich damals wegen der anhaltenden Schikanen dieses Menschen das Leben genommen. Es war eine wahre Drangsal. Eine Mitschülerin, die gemeinsam mit mir wegen schulischer Belange immer wieder im Büro jenes Schulleiters war, sagte hernach oft in Tränen aufgelöst, das würde uns nie jemand glauben, was wir im Direktorat erlebten.

Eine der Angelegenheiten, um die es für uns damals ging, waren die Werkbänke der Werkstätten. Diese waren zu niedrig für die Schülerschaft. Ursprünglich waren die Werkstätten für vierzehn- oder fünfzehnjährige „Lehrbuam" eingerichtet worden. Seit vielen Jahren aber war der überwiegende Teil der Auszubildenden Abiturienten und zahlreiche unter den groß gewachsenen Mitschülern klagten über anhaltende Rückenschmerzen wegen der gebeugten Arbeitshaltung an den zu niedrigen Werkbänken. Ich hatte damals ein äußerst empfindliches Gerechtigkeitsgefühl, das anschlug, wenn Menschen ungerecht oder entwertend behandelt wurden, und war nicht bereit, das hinzunehmen. Die Lehrmeister der Werkstätten, die einhellig der Ansicht waren, die Werkbänke seien zu niedrig, schickten uns wegen dieser Sache ins Direktorat.

Dort wurden wir angefaucht, es werde hier nichts geändert. Alles bleibe so, wie der Direktor es für richtig halte. Im Übrigen hätten auch Fliesenleger Rückenschmerzen. Man müsse sich eben einen Beruf suchen, der einem entspräche. Als wir uns damit nicht zufriedengeben wollten, wurde die Sache existenziell: Er habe beste Beziehungen zur Regierung von Oberbayern, sagte er, und es werde ihm ein Leichtes sein, dafür zu sorgen, dass wir der Schule verwiesen würden. Dann könnten wir – der Klang dieses Satzes ist mir noch im Ohr – „unser Bündelchen packen und diese Schule von außen anschauen". Eingeschüchtert schlichen wir uns davon. An den Werkbänken wurde – zu seiner Zeit – nichts geändert.

Ich war aufgewühlt und erzählte dies alles einem Freund, der zu dieser Zeit Pfarrer in Mittenwald war. Gemeinsam mit zwei anderen Freunden trafen wir uns regelmäßig bei ihm in der Sauna. Dort fanden stets die besten seelsorgerlichen Gespräche statt. Fritz hörte sich alles ruhig an. Doch anstatt sich mit mir zu empören, fragte er: „Hast du schon für ihn gebetet? – Betest du für ihn?"

Ich war wütend über diese Antwort, aber ich wusste zugleich, wie viel Wahrheit darin lag. Ich kannte die Jesusworte: „Bittet für die, die euch verfolgen. Segnet, die euch verfluchen" * – aber das empfand ich als eine Zumutung.

* Matthäusevangelium 5,44 und Lukasevangelium 6,28

In den nun folgenden Wochen nahm ich dennoch diese Worte als ein Experiment an – anfangs widerwillig, dann mehr und mehr erstaunt. Die Veränderung, die durch die segnenden Gebete entstand, merkte ich vor allem daran, was in mir geschah, wenn ich diesen Menschen unerwartet sah. Der erste Gedanke lügt nicht. Es war nicht mehr Angst, Ablehnung, Empörung, Hass, sondern eher eine Art Mitleiden mit dem, was er tat und wie er war. Das Verhältnis wurde nicht gut, aber es war nicht mehr bedrohlich.

: ERKENNTNISSE DURCHLEBEN

Zu dieser Zeit war für mich noch etwas anderes wichtig und es war um nichts weniger intensiv: Ich hatte ein starkes Feuer für das Matthäusevangelium gefangen. Es war mir die größte Freude, täglich nach der Arbeit in der Ausbildungswerkstatt dies Evangelium durchzugehen und meine Gedanken zu notieren. Die Freude und Unmittelbarkeit, die ich empfand, wenn Dinge anfingen, mir ins Herz zu sprechen, war bisweilen so stark, dass es kaum auszuhalten war. Ich musste dann irgendetwas tun und zog meist meine Laufschuhe an, um (halblaut Loblieder singend) durch den Wald zu laufen. In dieser Zeit lebte ich – in einer Intensität wie selten zuvor – in zwei Welten gleichzeitig, ohne aber, dass die Liebe zur einen der anderen etwas genommen hätte.

Nach vielen Monaten – ich war inzwischen im 22. Kapitel angekommen – stieß ich auf jene Stelle, an der Jesus von den Schriftgelehrten auf die Probe gestellt wird. Da zitiert er zwei Worte aus der Thora: „,Du sollst den Herrn, deinen Gott, lieben von ganzem Herzen, von ganzer Seele und von ganzem Gemüt.' Dies ist das höchste und größte Gebot. Das andere aber ist dem gleich: ,Du sollst deinen Nächsten lieben wie dich selbst.' In diesen beiden Geboten hängt das ganze Gesetz und die Propheten." *

Ich hatte bis dahin Vers für Vers das Matthäusevangelium in unzähligen Heftchen kommentiert. Doch über die Verse dieses Liebesgebotes nachzudenken, warf mich aus dem Konzept. Wochenlang studierte ich nichts anderes als das Thema der Liebe – auch das, was die Bibel zur Feindesliebe sagt. Ich merkte, dass es sich „wunderbar" fügte, dass ich ausgerechnet in dieser Zeit das erste Mal in meinem Leben einen wirklichen Feind hatte, einen gefährlichen Feind. Das war kein Spiel, sondern vielleicht eine Art Experiment des Lebens, dem ich mich – ausgestattet mit den frischen Einsichten meines jugendlichen Bibelstudiums – stellen wollte. Da stand nicht lapidar: „Liebt eure Feinde." Denn das können wir nicht. Sondern es wird ergänzt mit dem Wort: „Betet für eure Feinde." Es ist das Gebet *für* die Feinde, nicht gegen sie.

Ich fing an, im Gebet meine Wut zu klagen – und begann zu ahnen, dass diese Erfahrung wohl auch der Grund für einige der befremdlichen Rachepsalmen war. Deren Beter üben ja keine tatsächliche Rache an ihren Feinden, sondern klagen Gott das Leid über die ekelhafte Feindschaft. Ich ahnte, dass dies etwas seelisch Heilsames hatte, denn wenn es im Gebet geschah, begann es zwar mit Groll und Hass, aber es blieb nicht dabei. Ich merkte, es gab Phasen, in denen entstand eher eine Art mitleidender Fürbitte, aber jedenfalls kein Hass.

So hatte ich alles gelesen, was das Neue Testament zu diesen Themen sagt, hatte es auf mich wirken lassen und ausprobiert. Inzwischen war schon das dritte Heft mit Einsichten und Fragen zu jenen vier Versen des 22. Matthäuskapitels gefüllt, aber ich kam darüber nie hinaus. Immer, wenn ich weitergehen

* Matthäusevangelium 22, 37–40

wollte, hatte ich den Eindruck, mit diesen Versen noch nicht fertig zu sein. Jeder Gedanke bekam seine eigene kleine Nummer. Einen davon (#83) möchte ich zitieren. Ich hätte mir nicht träumen lassen, auf welche Weise wenige Tage später auf die Probe gestellt würde, ob ich diesen Gedanken nur aufgeschrieben hatte oder ob ich bereit war, ihn auch mit Leben zu füllen. Ich war damals 19 Jahre alt, aber ich würde es heute sinngemäß nicht anders sagen:

„#83: Für einen Feind zu beten, heißt, im Gebet den Hass gegen ihn zu überwinden. Ich kann die Sache nicht auf Gott schieben (‚Gott, segne ihn'). Denn mein Herz ist der Platz, an den die göttliche Liebe ausgegossen wird, durch die mein Feind Segen finden soll. Daher ist dies Gebet ein Kampf um die Reinheit des Herzens, Läuterung, Bilderreinigung. Ich kämpfe nicht gegen den Hass, denn dazu bin ich zu schwach. Ich kämpfe darum, meinen Feind so zu sehen, dass ich in ihm ein Bild Gottes erblicke. Dies Gebet ist ein innerer Vorgang, den ich geschehen lasse: Vor meinem inneren Auge sehe ich ihn mir gegenüber. Er sieht mich an, ich sehe, wie er mich verwundet, und lasse das geschehen, so lange, bis ich keinen Hass mehr empfinden kann, ich breche den Hass. Römerbrief 12,21. Ich strecke ihm meine Arme entgegen, bis mich sein Hass nicht mehr verwunden kann. Das ist das Gebet. Er kann mich nicht mehr verwunden, denn ich habe den Hass überwunden. Diesen Kampf kann ich nur am Fuß des Kreuzes Christi gewinnen, nicht in Selbstbeherrschung und Zwang, sondern im Blick auf den, der den Hass besiegt hat. Im Gebet lasse ich mich umgestalten, lasse mein unsichtbares Hier verändern. So wird mein sichtbares Tun und jede praktische Begegnung mit dem Feind verändert sein, ohne Zwang, denn der wesentliche Schritt ist in mir geschehen."

Beim Nachsinnen und Stillwerden über den Worten der Bibel erlebte ich in dieser Zeit häufig eine unbeschreibliche Nähe, eine Innigkeit und Gegenwart, die sich um mich herum aufzuspannen schien wie ein unsichtbares Zelt. Es war wie die Anwesenheit eines heiligen Lehrers. Wenn mir dann Dinge klar wurden (oder erklärt wurden), entstand eine Freude, die bisweilen so stark war, dass ich sie kaum ertragen konnte.

So war es auch an diesem Abend und ich lief hinaus in den Wald. Was ich dann erlebte, schrieb ich damals in mein Tagebuch – denn es hat mit ebenjenem „inspirierten Spüren" zu tun, von dem ich hier berichten will. Es war dunkel und mein Weg mündete in den Uferweg der Isar. Da kamen mir zwei junge Männer auf einem Fahrrad entgegen. Der eine saß hinten auf dem Gepäckträger, der andere fuhr. Als sie an mir vorbeigefahren waren, entstand in mir unwillkürlich die unerklärliche Gewissheit, dass sie jenes Fahrrad gestohlen hatten. Auch spürte ich, dass Gott mir sagte: „Dreh um und lauf ihnen hinterher, sie sollen das Fahrrad zurückbringen."

Ich fand es unfair, jemandem ein Fahrrad zu stehlen. Im Nachhinein war ich erstaunt, dass ich nicht den geringsten Zweifel daran hatte, dass das Fahrrad gestohlen war. Mit der gleichen Gewissheit hätte ich meinen Namen sagen können oder welcher Tag heute war.

Ich holte schließlich einen der beiden ein. Der andere war mit dem Fahrrad weitergefahren, und derjenige, der zuvor auf dem Gepäckträger gesessen hatte, ging nun zu Fuß flussabwärts den Uferweg entlang. Er muss etwa in meinem Alter, 19 oder 20 Jahre alt, gewesen sein. Ich sprach ihn an und sagte: „Ihr habt das Fahrrad gestohlen. Es ist wichtig, dass ihr es zurückbringt."

Er schaute mich völlig entgeistert an und fauchte, ob ich eigentlich bescheuert sei. Das sei eine Frechheit, sie hätten das Fahrrad nicht gestohlen. Ich sagte, ich wisse, dass sie es gestohlen hätten, und es wäre gut, wir brächten es zurück. So ging ich neben ihm her.

In jener Zeit hatte ich oft mit Freunden und mit Fremden auf eine recht jugendliche Weise über Jesus geredet. Ich sagte diesem Jungen, dass Jesus eine große Liebe für ihn habe – denn das spürte ich – und dass er ihm nachfolgen könne. Immer wieder aber kamen wir auf das Fahrrad zu sprechen. Im Gespräch stellte sich heraus, dass er Wehrdienstpflichtiger in einer der Mittenwalder Kasernen war.

Je näher wir der Kaserne kamen, desto unruhiger wurde er. Er fragte, wer ich überhaupt sei und ob ich so etwas wie ein Apostel sei, und außerdem habe nicht er, sondern sein Freund das Fahrrad gestohlen. Er selbst sei nur dabei gewesen. Der Freund heiße so und so, er nannte mir die Adresse und fuhr mich an, ich solle doch dorthin gehen und das mit dem Fahrrad klären.

Ich sagte, wir sollten gemeinsam umkehren, im Übrigen sei ich ein ganz normaler Jünger Jesu und auch er könne einer werden. Wir gingen weiter. Als wir die Kaserne fast erreicht hatten und ich sagte, ich würde den Diebstahl dem UVD melden, schrie er, ich solle verschwinden, sonst werde er mich zusammenschlagen. Ich sagte, das solle er nicht tun; wenn er es dennoch täte, würde ich nicht zurückschlagen. (Eigentlich bin ich eher ein zorniger Mensch und der Junge war mir körperlich zumindest nicht überlegen. Darum ist mir auch diese Reaktion recht fremd). Wir gingen noch zwei, drei Meter weiter, dann schlug er plötzlich wild auf mich ein, trat mich mit Füßen und schlug mir ins Gesicht.

Es ist erstaunlich, dass ich in diesem Augenblick nicht den geringsten Hass und nicht einmal Angst verspürte. Ich empfand nur ein großes Mitleid mit ihm. Die Stunden, die ich zuvor in der Bibel gelesen hatte, mussten etwas in mir verändert haben. Durch die Nähe jenes Lehrers, den das Auge nicht sehen kann und den das Herz doch überwältigend stark erfährt, war die Freude an Gott in einer Kraft gegenwärtig, die ich kaum kannte.

Während der Junge auf mich einschlug, wie auch schon den ganzen Weg über, hatte ich im Stillen für ihn gebetet. Es muss in dem Satz *„Betet für eure Feinde"* ein Geheimnis liegen, als würde dies Gebet Schleusen des Himmels öffnen. Das Geschehen wird mit einer Kraft geweiht, die wir nicht kennen und die wir auch sonst nicht haben.

Nachdem der Junge auf mich eingeschlagen hatte, ging er. Ich stand auf und hinkte nach Hause. Ernsthaft verletzt war ich nicht, es waren nur einige Blessuren und Blutergüsse. Solange ich noch Schmerzen hatte, nahm ich mir vor, für den Jungen zu beten. Danach nicht mehr. Was aus ihm geworden ist, weiß ich nicht.

Ich glaube, dass der Waldlauf, der ein singender Lobpreis war, seine eigene Wirkung gehabt hatte. Der Lobpreis der Freude hat etwas, das uns reinigt, und offenbar schenkt er dem Herzen etwas, das uns Dinge begreifen und spüren lässt, die sonst verborgen sind.

: DAS GEFÄSS DES HIMMELS

Die Liebe ist die einzige Quelle, aus der heraus wir Erkenntnis Gottes schöpfen, sie ist das einzige Gefäß, das der Himmel mit seinen Gaben erfüllen kann.

Ich habe dies einmal gesehen, als ich Jahre später für eine Gemeinde einen Vortrag halten sollte. Das Thema war anspruchsvoll, ich sollte über die Gnadengaben (Charismen) des Heiligen Geistes reden. Während der Vorbereitung in meinem Lieblingsrestaurant, einem Inder, merkte ich: Es ist wichtig, zuvor für die einzelnen Menschen zu beten, denn wie soll ich sonst wissen, was ich ihnen sagen soll? Also schaute ich sie innerlich an und begann zu fragen: „Jesus, welche Gabe möchtest du ihm oder ihr geben?"

Da geschah etwas Schroffes. Ich sah, dass Jesus sich zu mir umdrehte und sagte: „Ich will dich auch etwas fragen: Auf welche Weise wollt ihr mir eure Liebe zeigen?"

Ich wusste, wenn ich nun unverbindlich oder ausweichend antworten würde: „Ich weiß es nicht", würde er sagen: „Dann sage ich euch auch nicht, welche Gaben ihr empfangen sollt!" Darum konnte ich in der Predigt eigentlich nur diese Frage weitergeben.

Es liegt an uns, Antwort zu geben, auf welche Weise wir Gott unsere Liebe zeigen wollen. Es ist unsere Würde und unser Mitspracherecht an diesem Leben. Wenn wir uns vor dieser heiligen Antwort drücken, konfrontiert uns das Leben mit einem schroffen Klang: *Warum gibst du nicht Antwort? Warum drückst du dich vor der Verantwortung, zu erforschen, durch welche Art der Liebe du deinem Leben Ausdruck geben willst?* Es gibt keinen anderen Weg zu unserer Wahrheit, als dass wir darauf Antwort geben. Es ist der Weg zu unserem Charisma.

Ein Charisma kommt nicht einfach über uns – ihm geht eine entsprechende Liebe voraus. Unsere Gaben müssen nicht unsere Sorge sein, sie werden gegeben und können sich auch entziehen, sie sind nicht unser Eigentum. Aber wir sollen auf das Gefäß achten, in das sie sich gießen wollen. Die Antwort, die wir geben, kann und darf sehr verschieden sein, aber der Himmel liest sie nicht auf unseren Lippen, sondern in unserem Leben.

Bei mir selbst hatte die Gottesliebe immer damit zu tun, dass ich Zeiten der liebenden Stille mit den Heiligen Schriften hatte. Ich kann nicht viel dafür. Es hat angefangen, als ich 13 Jahre alt war. Damals bin ich regelrecht süchtig nach der Bibel geworden. Es gab Phasen während meiner Jugendzeit, in denen ich zwei, drei Stunden täglich darin gelesen habe, denn ich konnte nicht mehr aufhören. Die Fremdheit und Weisheit dieser Texte hat mich völlig in ihren Bann gezogen.

Als ich 15 war und die Bibel in einem Jahr von der ersten bis zur letzten Seite las, bin ich in sie eingetaucht wie in einen Strom und darin geschwommen. Viele Teile, vor allem aus dem Propheten Jesaja und dem Johannesevangelium, konnte ich bald auswendig – nicht, weil ich es gelernt hatte, sondern, weil ich es so oft gelesen hatte. Es war immer wieder das Gefühl, als würde sich beim Lesen dieser Schriften um mich herum ein heiliges Zelt aufspannen. Da war eine unbeschreibliche Ruhe und Konzentration.

Diese innere Stille und Tiefe, die regelmäßig entstand, habe ich mindestens so sehr geliebt wie die Gedanken selbst. Ich habe dann immer eine Kerze vor mir angezündet und diese Texte gefeiert. Auch war da oft das sonderbare Gefühl, dass ich beim Lesen der Texte nicht allein war. Es war, als ob jemand diesem kleinen Gottsucher die Hand auf die Schulter legte und die Texte erklärte – eine sanfte und unendlich gute Gegenwart.

Es gibt eine Stelle im Hohelied der Liebe, da spricht der Königssohn zu seiner Braut: „Du hast mir das Herz genommen mit einem einzigen Blick deiner Augen.“* Das habe ich sicher

* Hohelied 4,9

als Jugendlicher erlebt, dass Gott mir mit der Bibel das Herz genommen hat. Da war ein Gefühl der Verliebtheit in mir. So hat mich die Schönheit dieser Texte angesehen.[18]

Diese Freude und Gotteskraft, aus der wir leben, hat ganz gewiss damit zu tun, dass wir unsere Quelle finden und aus ihr schöpfen. Andere Menschen mögen andere Quellen haben. Doch wir können unseren Glauben nur stärken, wenn wir aus *unseren* Quellen leben. Es ist nicht wichtig, dass wir alle die gleiche Liebe haben. Aber wir sollen wissen und durchleben, was die unsere ist. Nur unsere Liebe nimmt Anteil am Willen Gottes.

Es sind diese Wechselwirkungen, von denen das Johannesevangelium immer wieder spricht. Die Gottesoffenbarung folgt unserer Liebe und die Liebe stärkt sich durch die Offenbarung: „Wer mich liebt, der wird mein Wort halten; und mein Vater wird ihn lieben, und wir werden zu ihm kommen und Wohnung bei ihm nehmen." „Und ich werde mich ihm offenbaren."*

Alles andere mag charismatische Erfahrungssucht oder eine ständig streunende Läufigkeit nach allem Spektakulären sein. Es gibt Menschen, die nur glauben, wenn sie Wunder sehen. Das führt sie in die Versuchung, Gottes Wege abzukürzen, Gottes Hand zu beschleunigen, Gottes Auge zu lenken. Ihr eiliger Schritt hat nicht gelernt, bei Gott zu verweilen, und ihr Gebet hat nicht gelernt, mit Gott zu schweigen. Es ist nicht von geistiger Keuschheit und Ehrfurcht durchdrungen.

* Johannesevangelium 14, 23.21

: EMPATHISCHES DASEIN

Wir können fähig werden, die Anregungen der Gnade zu spüren und ihnen nachzugeben. Es ist nicht nur das inspirierte Sehen und das inspirierte Spüren, sondern am allermeisten das empathische Dasein. Empathie ist liebende Zuneigung und sie wird vom Geist Gottes in uns durch unser wachsames Dasein geweckt. Wir begrenzen die Gaben einzig durch das Maß unserer Angst. Der Himmel schüttet sich in Fülle aus, aber der Becher setzt der Gabe die Grenze.

Wenn wir fragen: „Gott, welche Gabe willst du mir geben?", wird er fragen: „Welche Aufgabe darf ich dir sein?" Gott kommt im fremden Menschen auf uns zu; er kommt im kranken Menschen auf uns zu; er kommt im traurigen Menschen auf uns zu; er kommt im versagenden und gescheiterten Menschen auf uns zu; er kommt im Wagnis auf uns zu. Eine Gabe, die sich vor ihrer Aufgabe drückt, hat keinen Raum, in dem sie wachsen und reifen kann.

Wenn Inspiration nicht aus finsteren Quellen und nicht aus seelischen Unwuchten kommt, sondern eine Gabe der Liebe ist, werden wir erleben, dass unerwartete und unvorbereitete Situationen uns fragen: „Bist du bereit, in diesem Augenblick über dich selbst hinauszugehen?"

Wir üben das inspirierte Leben erst dann, wenn wir bejahen, dass es nicht der charismatischen Selbstveredelung unseres Glaubens, nicht der spirituellen Selbsterfahrung, nicht der esoterischen Innerlichkeit, sondern der Entäußerung gilt: Dass wir bereit sind, uns zu riskieren und in offenen Situationen aus uns herauszugehen, bedeutet, dass wir wie geöffnete Schalen empfangen, was durch uns geschehen soll.

Eine Freundin aus München hat mir dazu eine Geschichte erzählt, die mich sehr berührt. Sicher hat sie eine andere Art als ich, Gott ihre Liebe zu zeigen, in ihr ist eine achtsame, empathische, dienende Kraft, und man hat den Eindruck, sie liest das Wort Gottes im Leben der Menschen.

Sie machte Mittagspause und saß auf einer Parkbank am Nymphenburger Kanal. Gegenüber sah sie einen alten Mann sitzen. Sie kannte ihn nicht, aber sie hatte den Eindruck, dass er unendlich traurig war. So begann sie, im Stillen für ihn zu beten und ihn zu segnen. Da war ihr, als würde Gott ihr ins Herz sprechen: „Geh hin zu diesem Mann, und sag ihm, dass ich ihn sehr liebe. Und frage ihn, ob es etwas gibt, wofür du beten kannst."

Doch sie getraute sich nicht. Immer stärker wurde das Empfinden „Geh hin zu diesem Mann", aber sie getraute sich nicht. Einige Augenblicke später stand der Mann auf und ging an ihr vorbei. Da sagte sie zu ihm: „Ich wünsche Ihnen alles Gute."

Der Mann blieb stehen, sah sie verdutzt an und fragte: „Ja, wie kommen Sie jetzt dazu, mir so etwas zu sagen?" Und sie antwortete: „Als ich Sie hier sitzen sah, hatte ich das Gefühl, dass Sie sehr traurig sind. Deshalb habe ich für sie gebetet und hatte den Eindruck, ich solle Ihnen sagen, dass Gott sie sehr liebt. Aber ich habe mich nicht getraut." Da schossen dem Mann die Tränen in die Augen (und ihr auch). Er stand da, und sie schauten sich beide nur lange an. Dann nickte er ihr zu und ging langsam weiter.

Das ist für mich eine wundervolle Geschichte, denn sie zeigt doch, dass wohl eine Aufregung im Himmel war: „Sie getraut sich nicht! Wir brauchen einen Plan B!" Und so hat der Mann doch gehört, was er hören sollte.

Als sie angefangen hat, für ihn zu beten, hat ihr Herz begonnen, Gottes Stimme zu hören. Da ist wieder dieses Wechselspiel, in dem so viel Liebe steckt. Anstatt zu sagen: „Ich habe

Mittagspause, was gehen mich die Menschen an?“, schaute sie hin, und was sie sah, legte sie Gott ans Herz. Sie begann, den Menschen und die Situation zu segnen. Es ist doch die ganze Schönheit der menschlichen Berufung, dass wir mit einem segnenden Herzen leben. In solch einem wachen Herzen können Wunder geschehen.

Martin Buber sagt: *„Der Mensch hat ein Licht über sich, und wenn zwei Menschen einander mit den Seelen begegnen, gesellen sich ihre Lichter einander, und aus ihnen geht ein Licht hervor. Und dies wird Zeugung genannt.“*[19]

Dass hier von Zeugung die Rede ist, bedeutet, dass das Gute und Rettende nicht nur bezeugt wird. Es wird *gezeugt*. Inmitten des alltäglichen Geschehens wird die Liebe des Himmels durch Menschen gezeugt, die pochenden Herzens und all ihrer Unsicherheit zum Trotz wissen, dass etwas Vielversprechendes geschehen kann, wenn Gott etwas in das Herz des Liebenden spricht. So kann von unseren Alltagen eine Freundlichkeit ausgehen, von der wir nichts wussten. Wie viel Mut braucht es, sich nicht zu sorgen, dass man sich lächerlich machen könnte; und wie viel Liebe braucht es, sich unruhig machen zu lassen und solche Begegnungen der Liebe zu wagen.

Diese Art der empathischen Inspiration ist eine Urerfahrung. Viele Geschichten der Bibel reden davon. Ich denke an Hagar; sie floh hochschwanger vor der Bosheit und Willkür Saras, ihrer Herrin, in die Wüste und geriet dort in Lebensgefahr. Wie durch ein Wunder fand sie eine Wasserquelle, und sie wurde gerettet. Die Geschichte endet mit dem einzigen Satz, den der Bibeltext Hagar sprechen lässt: „‚Du bist ein Gott, der mich sieht.‘ Denn sie sprach: ‚Gewiss hab ich hier hinter dem hergesehen, der mich angesehen hat.'"* Das Buch Genesis kommentiert diese Geschichte am Ende mit den Worten: „Darum nannte man den Brunnen ‚Brunnen des Lebendigen, der mich sieht'."

All diese Geschichten – die damaligen ebenso wie die heutigen – zeigen: Es gibt keine wichtigere Erfahrung als die, dass wir angesehen werden. Wir sollen einander helfen, das heilsame Ansehen Gottes zu sehen. Wenn wir so leben, ist unser Glaube auf einmal nicht mehr das Pochen auf Wahrheit, sondern das Möglichmachen von Wahrheit. Das Ergebnis ist eine getröstete und gestillte Seele. Die Erde kann nicht umhin, Gottes Wiege zu sein, und der Himmel kann nicht umhin, eine Hebamme dieser Wahrheit zu sein.

: INSPIRIERTE BEZIEHUNGEN

Nach dem inspirierten Sehen, der inspirierten Gewissheit und dem empathischen Dasein möchte ich einen weiteren Aspekt des vierten Weges entfalten: inspirierte Beziehungen.

Es ist nicht lange her, da erhielt ich die Anfrage eines Professors für Nachrichtentechnik, der fragte, ob ich an einer Zusammenarbeit interessiert sei. Es könnten sich interessante Überschneidungen mit meiner Instrumentenbaupraxis ergeben, er habe – von einer ganz anderen Seite her – ebenfalls mit dem Bereich der Psychoakustik und des Sounddesigns zu tun.

Auch wenn all diese Fragen interessant klangen, reagierte ich reserviert. Mein Broterwerb ist nicht die Forschung, sondern der Geigenbau. Doch einige Monate später fragte er erneut

* 1. Buch Mose (Genesis) 16,13

nach. So vereinbarten wir einen Termin, um gemeinsame Forschungsthemen auszuloten. Wenige Tage bevor er mich aufsuchte, rief er mich nochmals an, um fachliche Details zu klären. Dabei erzählte er mir, er habe dieser Tage herausgefunden, dass wir uns längst kennen. Ich war erstaunt. Wie war das zu verstehen?

Er hatte, so berichtete er, obgleich er sich über mangelnde Arbeit zurzeit wahrlich nicht beklagen könne, den Impuls gehabt, seinen Keller auszumisten. (In der Sprache der Apostelgeschichte würde das heißen: „Auf Anregen des Geistes ging er in den Keller.") Er begann mit drei Umzugskartons, in denen sich allerlei Dinge aus früheren Zeiten befanden. Diese wollte er nun endlich zum Abfall geben, entschloss sich aber dann doch, sie noch einmal durchzusehen. So öffnete er den ersten und stieß auf ein altes Adressbuch, das er in seiner Jugendzeit vor gut 30 Jahren benutzt hatte. Er blätterte ein wenig darin herum und – blieb zufällig an einer Seite hängen, auf der mein Name stand! Es sei wie ein Blitzeinschlag gewesen. Wie kam dieser Name dort hinein? In wenigen Tagen wollte er einen Geigenbauer gleichen Namens aufsuchen, vor Jahrzehnten aber hatte er ganz offensichtlich diesen Namen dort schon hineingeschrieben. Wie war das möglich?

Des Rätsels Lösung war nicht schwer: Er hatte damals mit dem Gedanken geliebäugelt, Gitarrenbauer zu werden. In einem Ausbildungszweig der Fachschule für Geigenbau wurden auch Gitarrenbauer ausgebildet. Darum war er nach Mittenwald gefahren, um die Schule zu besichtigen. Diese Möglichkeit aber war von der Schulleitung kurz zuvor unterbunden worden; der Lehrbetrieb sollte nicht durch Führungen gestört werden. So konnte er die Werkstätten nicht sehen. Als er gerade enttäuscht wieder gehen wollte, war ihm im Eingangsbereich einer der

Geigenbauschüler begegnet, der ihn spontan durch die Schule geführt hatte. Bei diesem hatte er danach auch für einige Tage gewohnt. Das müsse ich gewesen sein, meinte er, denn aus dieser Zeit stamme der Adresseintrag.

Ich hatte das alles fast vergessen; es war Jahrzehnte her. Aber als Robert – so sein Name – mich wenige Tage später besuchte und ich sein Gesicht sah, war die ganze Erinnerung wieder da. Ich hatte Robert damals etwas verloren im Schulhaus stehen sehen. Seine Enttäuschung war nicht zu übersehen gewesen, darum nutzte ich den Graubereich, den wir als Geigenbauschüler hatten, um Freunde und Verwandte durch die Ausbildungswerkstätten zu führen.

Als er mich anschließend fragte, ob ich ein günstiges Hotel kenne, da er noch für einige Tage in Mittenwald Urlaub machen wollte, bot ich ihm an, in meinem Zimmer zu wohnen. Die Hotels schienen mir zu teuer, und ich war es gewohnt, dass Freunde mich besuchten. Eine zweite Matratze unter dem Bett war vorhanden und die Gemeinschaftsdusche auf dem Gang vertrug auch einen weiteren Gast. Ich zeigte ihm die Umgebung Mittenwalds, den Kranzberg, das Wettersteingebirge. Es fügte sich gut, dass unser Semester abends eines der legendären Seinsbach-Feste geplant hatte, bei denen sich stets gut die Hälfte der Geigenbauschülerschaft traf. Das bedeutete: Lagerfeuer, Gemeinschaft, Essen, ausgelassenes Feiern und immer auch – mit großem Stolz – spontanes Musizieren auf den ersten eigenen Instrumenten, die wir nach der täglichen Arbeitszeit zu Hause an unseren eigenen kleinen Werkbänken in den Studentenzimmern neben Kochnische, Kleiderschrank und Bett gebaut hatten. In nachfolgenden Semestern war es nicht mehr unbedingt üblich, dass die Geigenbauschüler außerhalb der Schulzeit Instrumente bauten. Für uns aber war es normal. Man konnte Modelle, Lacke und allerlei Ideen ausprobieren, die in der Schule selbst nicht möglich waren.

Robert lernte also alles recht gut kennen. Doch da war noch etwas anderes. Wir fanden schnell heraus, dass uns nicht nur die Musik, sondern auch unsere damals auf eine sehr jugendliche Weise glühende Jesusliebe verband. Wir waren 18 oder 19 Jahre alt. So redeten wir in diesen Tagen viel auch über unseren Glauben und all die damit verbundenen Erfahrungen. Selbst den Mitschülern fiel unsere ungewöhnliche Verbundenheit auf. Ich erinnere mich, dass eine Freundin aus meinem Semester damals meinte, das mit dem Glauben müsse schon irgendwie etwas Besonderes sein, denn wenn man uns so erlebe, habe man den Eindruck, wir würden uns schon von klein auf kennen. Robert verabschiedete sich nach drei Tagen wieder, und damit war – wie das bei Jugendlichen oft so ist – der Kontakt beendet.

All dies war in den Jahrzehnten fast vollständig verblasst. Durch jenes Adressbuch in dem alten Umzugskarton wurde uns augenzwinkernd mitgeteilt: „Ihr kennt euch schon." Wir hätten es sonst vermutlich nicht gemerkt. Doch als Robert nun in meiner Werkstatt stand, kam alles wieder hell und klar zurück. Jeder war inzwischen seinen Weg gegangen, und doch war es in einer sonderbaren Seelenverwandtschaft so, als ob jeder einen Teil des anderen mitgelebt hätte. Er war doch nicht Gitarrenbauer, sondern Professor für Nachrichtentechnik und Akustik geworden. Seine Liebe zum Musikinstrumentenbau aber hatte er nie verloren. Ich war Geigenbauer geworden, obgleich ich immer in die Forschung gehen wollte, hatte aber inzwischen in meine Werkstatt mein eigenes kleines akustisches Forschungslabor integriert.

Das Hören ist unser beider größte Leidenschaft – bei Robert in einem wissenschaftlichen Sinn, bei mir in einem kunstschaffenden Sinn. Als eine der ersten gemeinsamen Arbeiten haben wir ein akustisches Werkzeug zur Darstellung der Erregungsmuster des Innenohres entwickelt. Ich wollte schon viele Jahre erkennen, was es mit den gänsehautschönen Tönen einer Maria Callas in manchen Arien auf sich hatte, und fragte mich, wie das psychoakustische Feuern der Erregungsmuster bei diesen besonderen Tönen und Klangfarben wohl aussehen würde. Nicht Stradivari, sondern Callas ist das Vorbild für meine Geigen. Ein Plattencover mit ihrem herausfordernden Blick steht wie eine mahnende und anspornende Ikone im Musikzimmer meiner Werkstatt.

Robert und ich besprachen in den Vormittagsstunden des Tages all die fachlichen Planungen, die Fragen der Klangforschung und der Signalverarbeitung. Was wir damals überlegten, wurde vom Bundesministerium für Bildung und Forschung (BMBF) als Projekt gefördert. Es entstanden zwei Promotionen über diese Fragestellungen der Psychoakustik und Klangschönheit.

Nach den fachlichen Dingen nahmen wir uns am Nachmittag Zeit, um durch das angrenzende Waldgebiet zu gehen und einander zu berichten, was wir in den vergangenen Jahren an geistlicher Wirklichkeit erlebt hatten. Beide hatten wir in unterschiedlichen Gemeinschaften und Gemeinden ähnliche Dinge kennengelernt. Auch unsere jugendlichen Glaubenserfahrungen glichen einander sehr. Robert erzählte, er habe als Siebzehnjähriger manche Zeiten gehabt, in denen er immer wieder eine ganze Nacht lang nicht schlafen konnte, weil er Jesus so liebte und es kaum verkraften konnte, dass er am Kreuz für ihn gestorben war. Das erinnerte mich an den Mathematiker und Philosophen Blaise Pascal (1623–1663), der einmal gesagt hatte, er wundere sich, dass ein Mensch nachts schlafen könne, wenn ihm einfiele, dass Christus für ihn am Kreuz gestorben sei. Auch für Søren Kierkegaard (1813–1855) war Christus so gegenwärtig, dass die 2000 Jahre seit seinem Tod daneben wie ungültig erschienen. Es ist das, was Botho Strauß „Zeitraumvergessenheit" nennt.[20]

In unserer Jugendzeit war Christus uns in einer fast beängstigenden Weise gegenwärtig. Es war vor allem die Art des inneren Hörens, die Robert und ich gut kannten: Impulse und innere Bilder, Worte, Wegweisungen des Geistes, Führungen und Fügungen, für die wir empfänglich waren.

Robert berichtete mir auf dem Spaziergang von solch einer Begebenheit: Er war um die 18 Jahre alt, als er sich an einem Sonntagnachmittag mit Freunden zu einem Gesellschaftsspiel traf – Monopoly oder etwas Ähnliches, was man damals so spielte. Mitten im Spiel sprang er auf einmal auf und rief den konsternierten Freunden zu, er müsse sofort aufhören – sofort! – und im Nachbarort eine bestimmte Frau besuchen. Die Freunde waren befremdet und meinten, er solle kein Spielverderber sein und erst einmal zu Ende spielen. Doch er ließ sich nicht abhalten, sondern besuchte jene Frau, eine etwa 30-jährige Lehrerin, die er gar nicht sonderlich gut kannte.

Es geschah nichts Besonderes, sie tranken miteinander Tee und redeten den ganzen Nachmittag über alle möglichen Dinge. Zwei Wochen später kam sie nach dem Gottesdienst auf ihn zu und sagte: „Robert, es war gut, dass du mich neulich besucht hast – denn an dem Nachmittag wollte ich mich umbringen."

Mit dem Herzen zu hören, kann Leben retten. Beim Propheten Jesaja heißt es: „Hört, so werdet ihr leben!"* Vielleicht ist es

* Der Prophet Jesaja 55,3

nur der Mut, ernst zu nehmen, dass Gott in einer verborgenen Weise gegenwärtig ist. Es ist eine Verborgenheit, die wir oft so schwer ertragen. Und doch ist es die himmlische Bitte, dass wir lernen, mit ihm zu kooperieren. Das innere Hören kommt aus dem liebenden Herzen, und was immer wir erfahren, ist die Antwort des Himmels auf unsere Gottesliebe. Es werden heilsame Dinge geschehen, die sonst nicht geschehen. Denn ein Herz, das sein Misstrauen gegen Gott losgelassen hat, ist ein offenes Ohr im Himmel. Es ist ein geistiger Evolutionsschritt des Menschendaseins, mehr und mehr zu begreifen, wie wir mit dem Geist Gottes zusammenwirken können.

Manchmal wird Gott den Finger seines Geistes auf eine Verwundung legen, damit sie heilen kann; er wird uns an Dinge erinnern, die vorbereitet sind, sodass wir hineingehen und sie tun. Er wird Dinge anregen, die darauf warten, dass wir uns stimmen lassen wie ein gutes Instrument. Oft ist es nur ein kurzer Blickkontakt des Herzens, den wir zum Himmel richten, und wir spüren ein inneres Seufzen des Heiligen Geistes, das uns empfänglich macht.

Was ich mit diesem Kapitel über den inspirierten Weg des Menschen sagen möchte, ist im Grunde nur dies: Unser Herz ist ein Organ des Himmels und der Erde zugleich. Dein Herz gehört dir nicht allein, denn es ist der Grund dafür, dass du nicht nur deine eigenen Dinge fühlen und denken kannst, sondern auch die Dinge des Himmels. Dein Herz ist ein Knoten eines heiligen Netzes, das vom Himmel geknüpft ist und die Welt umspannt. Wir sind unendlich mehr mit dem Geschehen Gottes verbunden, als wir ahnen. Der Himmel ist das geistige Feld, das uns ständig umgibt. Es ist eine gegenwärtige Weisheit.

Manchmal reicht jener kurze Blick zum Himmel und ein inneres Seufzen, dass Gottes Wille geschieht. Wage, dir vorzustellen, dass du nicht nur ein denkender und fühlender, sondern auch ein empfangender Mensch bist. Denn dein Herz macht dich nicht nur zu einem intellektuellen, sondern auch zu einem inspirierbaren Wesen. Dein Herz ist ein leidenschaftliches Organ, seine Abgründigkeit ist ein schwarzes Loch und seine Möglichkeit hell wie der Morgenstern. Lass dich erleuchten. Denn dein Herz kann sich befreien, erhören, heilen und retten lassen. Es kann all dies an uns geschehen. Wie oft wirst du hingehen und ein Christusträger sein, denn du wirst das Herz des anderen hören, sehen und spüren. „Ich bin so müde vom Seufzen, ich schwemme mein Bett die ganze Nacht und benetze mit meinen Tränen mein Lager. Mein Auge ist trübe geworden vor Kummer und matt." *

Das Herz ist der Ort, an dem wir unsere Sehnsucht nach Gott durchleben – oder diese Sehnsucht in uns töten. Es ist der Ort, an dem man schon zu Lebzeiten sterben kann, wenn der liebende Glaube, der unser inneres Licht und Feuer ist, in uns erloschen ist. Das Herz ist Bethlehem, Gethsemane und Golgatha.

: BERUFUNGSWORTE

Zu meiner großen Freude gab Robert mir im Laufe unserer gemeinsamen Forschungen den Auftrag, für ihn ein Cello zu bauen. Neben den Geigenaufträgen dauerte es einige Monate, und ich versuchte zu spüren, welcher Klang für ihn das Richtige war. In der Nacht, bevor er das Cello abholen sollte, schreckte ich auf, denn mir fiel ein, dass ich noch keine Signatur in das

* Psalm 6,7f

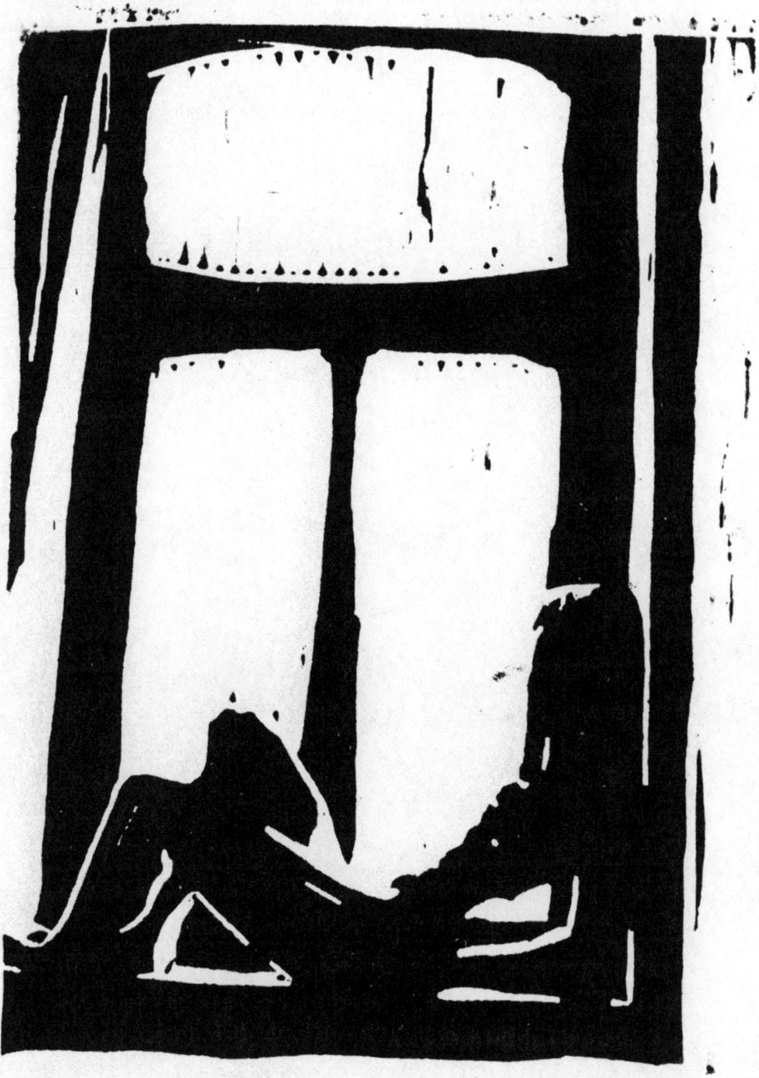
Schleske 1/2013

Ohne Worte
13,1 × 17,7 x cm, 2013

Instrument eingefügt hatte – jenen Zettel im Inneren des Korpus, auf den ich neben der Opuszahl und meinem Namen stets auch eine biblische Widmung schreibe.

Ich hatte mich bis zum Schluss davor gedrückt, denn ich wusste, dass Robert diese Widmung sehr wichtig nehmen würde. So stand ich auf und bat den Heiligen Geist, mir ein Wort für meinen Freund aufs Herz zu legen. Nach einigen Minuten stand mir ein Wort vor Augen, das beim Propheten Jesaja stehen musste. Ich blätterte ein wenig in der Bibel, fand es und widmete dem Instrument diesen Vers: „Gott der Herr hat mir eine Zunge gegeben, wie sie Jünger haben, dass ich wisse, mit den Müden zu rechter Zeit zu reden. Alle Morgen weckt er mir das Ohr, dass ich höre, wie Jünger hören." *

Wenig später schrieb Robert mir einen Brief, in dem er sich für das Instrument bedankte und dessen Klangpotenzial beschrieb. Dann kam er auf die Widmung zu sprechen: „Du konntest nun wirklich nicht ahnen, dass die Passage aus Jesaja Kapitel 50 das erste Wort war, das in mein Leben hineingesprochen wurde. Dieser Vers befindet sich seit über zwanzig Jahren auf der Deckelinnenseite meiner Schachtel, in der ich alle Worte und Weissagungen für mein Leben aufbewahre ..."

Es sei dieses Wort gewesen, das eine Frau segnend für ihn gebetet hatte, als er während eines Gottesdienstes als Jugendlicher zum Glauben gekommen war. Ich war glücklich, dass ich gespürt hatte, dass gerade dieser Vers seinem Leben in einer besonderen Weise galt. Als wir Tage später telefonierten, merkte ich, dass er neben der Freude auch eine Erschütterung empfand. Er fragte sich, ob er diesem Wort die letzten Jahre tatsächlich treu geblieben war. Er spürte, dass jenes Wort, mit dem er damals gesegnet worden war und das nun auch in seinem Cello

* Der Prophet Jesaja 50,4

stand, noch einmal neu in sein Leben hineingesprochen werden sollte.

Gott plappert nicht. Es werden für ein einziges Menschenleben nicht viele Dinge sein, die wir zu hören haben, doch diese werden nicht selten in einer eigentümlichen Weise bestätigt, erneuert und bekräftigt. Es geschieht in einer eigentümlichen Häufigkeit, dass im Gebet für einen Menschen das Wort, das ihm zugesprochen werden soll, aus mehreren Quellen kommt, vor allem dann, wenn es um die Bestärkung seiner inneren Berufung geht. Das entspricht der biblischen Thora, in der es heißt: „Durch zweier oder dreier Zeugen Mund soll eine Sache gültig sein."*

: INSPIRIERTE GEBETSGEMEINSCHAFTEN

Besonders in hörenden Gebetsgemeinschaften erfahren wir immer wieder diese mehrfache, unabhängige Bestärkung. Es ist, als würde die göttliche Gnade uns sagen: „Nun glaub es doch. Ich habe es dir doch zugesprochen."

Ein Übungsfeld für dieses hörende und segnende Beten sind die Seminare, die wir über das „Hörende Herz" in der Benediktinerabtei Münsterschwarzach oder (bei den geliebten Dominikanerinnen) im Kloster Arenberg geben. Die Teilnehmer, die sich in der Regel nicht kennen, teilen sich während der betenden Übungszeiten im Laufe des Wochenendes in Dreier- oder Vierergruppen auf, um hörend füreinander zu beten.

An einem der Kurse nahm auch einer der jungen Pater teil. Als die Teilnehmer berichteten, wie es ihnen in der übenden Gebetszeit ergangen war, geriet er regelrecht aus dem Häuschen.

* 5. Buch Mose (Deuteronomium) 19,15. Vgl. die Ausweitungen im Matthäusevangelium 18,16; Johannesevangelium 8,17 sowie im 2. Korintherbrief 13,1.

Er sagte, einer der Teilnehmer – es war ein 75-jähriger Mann, der in seinem Leben nie sonderlich intensiv mit dem hörenden Beten zu tun gehabt hatte – habe ihm während dieser Gebetszeit ein Bibelwort zugesprochen. Es sei genau das Wort gewesen, mit dem er Jahre zuvor unter Handauflegung des Abtes in den Orden eingetreten sei.

Ein solches wegweisendes Wort kommt häufig aus dem Mund mehrerer unabhängiger Zeugen. Es ist nicht schwer, denn es wird uns aus einer Welt zugesprochen, die uns liebend und stärkend umgibt. Wir können es nur empfangen. Aber es ist wichtig, dass wir uns durch hörendes Vertrauen empfänglich machen. Wenn in einer solchen Gebetsgemeinschaft nichts geschieht, ist es nicht schlimm, denn auch die segnende Stille ist ein Akt der liebenden Zuwendung, durch die wir einander stärken. Gerade die Ehrlichkeit, die nichts vorgibt, was nicht da ist, macht uns für das Heilige empfänglich. Es ist der Mut, in diesen Dingen nichts zu haben, nichts zu müssen, vor allem: nichts können zu müssen, sondern alles zu empfangen. „Selig sind die Armen im Geist.“ *

Unser Sohn Jonas nahm, als er 16 Jahre alt war, an einem ähnlichen Kurs über das hörende Beten teil. Dieser Kurs, mit dem ich nichts zu tun hatte, wurde in seiner damaligen Gemeinde für Jugendliche unterschiedlichster Herkunft angeboten. Auch dort gab es Übungszeiten, in denen sie miteinander still wurden und im Gebet auf die Wahrnehmungen lauschten, die sie für die anderen empfingen.

Als sie sich in seiner Kleingruppe austauschten, sagte Jonas zu einem der anderen jungen Teilnehmer, er habe den

* Das ist die erste Seligpreisung, mit der Jesus die Bergpredigt beginnt (Matthäusevangelium 5,3).

Eindruck, Gott wolle ihm in einer ganz besonderen Weise ein Wort aus dem Johannesevangelium zusprechen, und er nannte es ihm. Da schaute der Junge ihn mit großen Augen an und sagte, das sei sein Konfirmations-Vers. Den habe er vor zwei Jahren bekommen, er sei ihm sehr wichtig, und er sehe ihn jeden Abend, denn er hänge über seinem Bett. Die beiden kannten sich nicht und Jonas konnte das nicht wissen. Es ist ein weiteres Beispiel dafür, dass die stärkenden Dinge immer wieder Quellen der gleichen Segnung haben.

In diesen hörenden und segnenden Situationen ist es bisweilen tatsächlich gut, wenn man sich nicht kennt, denn so werden die Dinge, die wir empfangen, nicht mit denen vermischt, die wir dem anderen „ohnehin längst einmal sagen wollten".

Es müssen nicht immer biblische Worte sein, die einem dabei in den Sinn kommen, aber es ist gut, wenn wir einen reichhaltigen Schatz an Worten der Bibel in uns haben, denn das ist ein Potenzial, aus dem der Heilige Geist Gutes und Heilsames schöpfen kann.

: INSPIRIERTES HÖREN

Bislang habe ich viel vom geistlichen Spüren und vom geistlichen Sehen geschrieben. Ein weiterer Aspekt, der das inspirierte Erkennen entfaltet, ist das geistliche Hören. Es ist deutlich zu unterscheiden von einer äußeren Stimme, aber es ist auch kein innerer Gedanke, sondern etwas Drittes. Es ist, als würde das Wort von einem Ort kommen, an dem wir nicht denken und nicht fühlen und nichts wollen, sondern wo alles inspirierbar und empfänglich ist. Auch dazu möchte ich ein Beispiel erzählen.

Meine Geigen hatten eine Zeit lang ein Problem, das ich mir nicht erklären konnte. Einerseits hatten sie im Laufe meiner Entwicklung an Kraft gewonnen. Das ist für den solistischen Ernstfall wichtig. Anderseits hatten sie mit dieser Zunahme an Kraft zugleich auch etwas Aufdringliches, fast Ordinäres bekommen. Wann immer ich eine der schönsten Stradivaris oder andere große Altitaliener in der Werkstatt hatte, war ich überwältigt – eben nicht von der Kraft, die diese unzweifelhaft haben, sondern vielmehr von ihrer atemberaubenden Sanftheit, die gleichermaßen spürbar war. Meine Geigen dagegen hatten nur große Kraft, aber diese nahm sich nie zurück. Dadurch ging das ganze reizvolle Spiel mit der Schönheit und Ambivalenz der Klangfarben verloren.

Es war nicht schwer, anhand meiner Resonanzanalysen das Problem zu erkennen: eine überstarke Resonanzspitze im – für unsere Ohren hochempfindlichen – mittleren Frequenzbereich. Sie überragte einseitig und stark all die anderen Spitzen, sie war gewissermaßen eine einsame, ordinäre Kraft. Da war kein reizvolles Wechselspiel mit den anderen Resonanzgebieten. (So wirkt ein einsames Charisma, das sich auf Kosten der anderen Charismen wichtigmacht.) Manche Musiker merkten es nicht und kauften die Geigen dennoch. Sie waren beeindruckt von dieser Kraft, mit der man kämpfen konnte. Aber ich war unglücklich und manche meiner Kunden waren es auch.

So probierte ich über viele Monate unzählige Dinge aus, führte schwingungstechnische Studien durch, untersuchte und veränderte alle möglichen Einflussgrößen, aber es half nichts. Entweder dämpfte es das ganze Spektrum und nahm damit den Geigen ihre Kraft; diese Lösung war trivial. Oder die Problem-Resonanz wurde von der jeweiligen Maßnahme gar nicht berührt. Ich war mit meinem rationalen, empirischen und intuitiven „Latein“ am Ende. Diese drei Wege hatte ich über

Monate hinweg schließlich zur Genüge probiert. Inspiration – der vierte Weg – aber lässt sich nicht herbeidiktieren.

So musste ich eines Tages wieder einmal nach mühevollen Labortagen und all der Hoffnung, die ich in ein Experiment gesetzt hatte, feststellen, dass es vergeblich gewesen war. Da entbrannte eine ungeheure Wut in mir. Ich war allein in der Werkstatt und sprach sicher das zornigste und wohl auch lauteste Gebet meines Lebens.

Den Anfang des Gebets will ich aus Pietätsgründen hier nicht wiedergeben. Am Ende dieses Wutausbruches schrie ich in etwa Folgendes: „Die ganze Zeit tue ich so viel für dich – diese ganzen Predigten und geistlichen Referate, die mich so viel Kraft kosten und von denen ich rein gar nichts habe! –, ständig, zusätzlich zur Werkstattarbeit. Das sind alles deine Sachen! Aber was ist mit meinen Dingen? Seit zwei Jahren forsche ich nun schon an diesem einen Problem und es kommt nicht das Geringste dabei heraus! Du weißt genau, was ich tun muss, aber du sagst es nicht!"

Kaum hatte ich ausgeschimpft, hörte ich ruhig und klar den folgenden Satz: „0,6 Gramm an Punkt 125."

Ich war sofort still, war erschrocken. Es war jene dritte Art der Wahrnehmung, die weder eine äußere Stimme noch ein innerer Gedanke ist. Es ist etwas Drittes. Ein inneres Hören.

Ich suchte auf meinem Plan, wo der Punkt 125 lag, denn mir war klar, dass sich die Angabe auf das Messpunktegitter meiner Modalanalysen beziehen musste, das mir an 595 Messpunkten die Koordinaten der Übertragungsfunktionen anzeigte, die nötig waren, um das Schwingungsverhalten der Geige darzustellen. Tatsächlich lag unter all diesen Punkten der 125. an einem markanten akustischen „Nervenknoten".

Als ich dort diese kleine Modifikation vornahm, war die übermächtige Resonanz, um die es ging, um 13 dB geschwächt.

Sie wies nur noch ein Viertel ihrer ursprünglichen Amplitude auf, alle anderen Resonanzen aber blieben – erstmals! – unverändert. Ich setzte an dieser Stelle – das Herz des Empirikers war geweckt – sofort eine Versuchsreihe mit unterschiedlichsten Massemodifikationen von 0,3 bis 1,2 Gramm in Zehntelgrammschritten an. Es zeigte sich: Unterhalb der 0,6 Gramm war die Wirkung zu schwach, oberhalb nahm es den anderen Schwingungsformen ihre Kraft.

Ich brauchte einige Monate, um diesen Vorgang genau zu verstehen; natürlich ist es ein physikalischer Vorgang. Durch eine Massemodifikation an ebenjener Stelle wird eine empfindliche Knotenlinie verschoben und damit der Grad der Anregbarkeit jener einen problematischen Schwingungsform verändert. Die anderen Schwingungsformen aber – die in ihrer Kraft und Abstrahlung dringend nötig sind – werden nicht verändert. Ich wäre nie darauf gekommen.

Seither nehme ich diese unendlich wichtige Kleinigkeit bei all meinen Geigen vor und ihr Klang hat an attraktiver und nötiger Mehrdeutigkeit gewonnen und diese nervtötende Eindimensionalität und ordinäre Eindeutigkeit verloren. Die klangliche Modulierbarkeit ist das Wichtigste. Die Klangfarben müssen mit uns spielen.

Immerhin ist das, was ich meinem Wutausbruch zugutehalten kann, mein Glaube daran, dass Gebet Dialog bedeutet. Ich glaube, dass Gebet ein Wechselspiel ist, ein Hin und Her zwischen Himmel und Erde. Ohne dies ist alles nicht möglich.

Es ist hier vielleicht eine grundsätzliche Anmerkung zur Einordnung solcher Erfahrungen oder Inspirationen nötig. Für einen denkenden und reflektierenden Menschen stellt sich die Frage, ob derartige inspirierte Erfahrungen eigentlich normal und gesund sind. Neurobiologie und Psychiatrie kennen krankhafte Phänomene des Stimmenhörens. Derartige „verbale Halluzinationen“ können zu einer inneren Knechtschaft des Betroffenen oder sogar zu einer ernsten Gefahr für dessen Umwelt werden. Spätestens wenn ein Mensch nicht mehr in der Lage ist, zwischen Vision und Realität zu unterscheiden, stellt sich diese Frage mit großem Ernst. Inspirative Erfahrungen aber sind weit davon entfernt, diese Unterscheidungsfähigkeit verloren zu haben. Wir haben die Fähigkeit, zwischen Realität und Vision, zwischen den äußeren Sinnen des Körpers und den inneren Sinnen des Geistes zu unterscheiden, auch wenn beides in einer großen Klarheit erfahren werden kann. Auf Kriterien zur Prüfung dieser Erfahrungen gehe ich weiter unten noch ein, denn aus der Tatsache, dass man etwas Bestimmtes erkennt, leitet sich nicht ohne Weiteres das Recht oder die Aufgabe ab, etwas Bestimmtes zu tun.

: KEIN ORAKEL

Es wäre eine Respektlosigkeit, diese Erfahrung wiederholen zu wollen. Ich könnte es oft genug gebrauchen, aber solche Augenblicke werden nicht gewollt und nicht gemacht. Es wäre ein Frevel, würde ich versuchen, aus einer Erfahrung der Gnade eine Methode zu machen.

Eine von Inspiration geprägte Lebensform bedeutet nicht, dass wir die Dinge mit Orakeln überziehen und uns in die unsichtbare Welt hineindrängen. Eine Mitteilung des Himmels kann auch ein schützendes Schweigen sein, das uns sagt: „Tu, was du vor Augen hast.“ Da sollen wir schlicht das Unsere tun. Manchmal wird eine schützende Hand des Himmels uns davor bewahren, Dinge zu erkennen, denn die Zeit ist nicht reif.

Ich kenne Situationen, da wünsche ich mir Inspiration, aber ich merke, ich soll denken, fragen und forschen, soll (aktuell) eine neue Messmethode entwickeln, um die Dinge besser zu verstehen. Ich spüre, dass ich immer wieder auf diesen zweiten Weg der Erkenntnis – die Empirie – verwiesen werde. Ganz gewiss ist das Laboratorium nicht weniger heilig als das Oratorium.* Kein Weg ist heiliger als der andere, denn ein jeder heiligt sich durch die ihm eigene Form der Liebe.

Der Glaube meiner Freunde

Diese Werkstatt ist geheiligt
durch den Glauben meiner Freunde.
Mein Selbstvertrauen ist flüchtig,
meine Liebe ermüdet,
mein Glaube matt und schwer.
Ich suche Frieden und ernte Unruhe.
Ich überwinde mich und unterliege mir.
Ich suche meine Schuld und höre
dein Schweigen.
Aber dem Gebet meiner Freunde hast du
den Segen verheißen.
Ihre Liebe ist wie der Tau, der herabfließt
vom Hermon.
Ihre Freude holt das Verlorene zurück.
Ihr Vertrauen schafft mir neuen Raum.
Alles hat Zukunft, weil sie mir Zukunft geben.
Alles kann ich ertragen, wenn ich getragen bin.
Alles bewältigen, wenn ihr Glaube mich trägt.
Diese Werkstatt ist geheiligt
durch den Glauben meiner Freunde.
Ihn leihe ich mir.

* Das Oratorium (lateinisch „Bethaus“, von lat. orare „beten“) ist die persönliche Gebetsecke (oder der Gebetsraum) in einem Haus.

ABRAHAMS ZELT. Ich möchte von einer weiteren Erfahrung des inspirierten Hörens erzählen. Doch eine Anmerkung zuvor: Wir können vor lauter richtiger Theologie ganz vergessen, aus Glauben zu leben. Es fällt uns oft schwer, den Gedanken hinzunehmen, dass der Himmel von unseren dogmatischen Richtigkeiten möglicherweise weit weniger beeindruckt ist, als wir uns das wünschen. Vielleicht geht es bisweilen weniger darum, was in unseren Augen (theologisch) richtig ist, als darum, was in Gottes Augen aufrichtig ist.

Manch lehrhafte Klügeleien machen jedes Gebet kaputt: Warum sollte es nötig sein, irgendetwas mit Gott zu verhandeln? Und warum um irgendetwas bitten? Weiß Gott denn nicht, was gut und nötig ist, müssen wir ihn durch Bitten und Nötigungen erst überzeugen? Warum unser Herz ausschütten, wenn Gott doch weiß, was wir auf dem Herzen haben? Das alles sind Fragen des Verstandes. Das Herz aber folgt seiner eigenen Vernunft, und darum lässt es sich auch nicht vermeiden, dass im aufrichtigen Gebet immer wieder besondere Szenen entstehen, innere Verhandlungen und Auseinandersetzungen mit Gott. Es macht nichts, dass ich diese Dinge nicht verstehe. Den weitaus größten Teil des Universums erfassen wir ohnehin nicht durch Verstehen, sondern durch Vertrauen. Und überdies fühle ich mich in den Dingen, die ich (noch) nicht verstehe, aber dennoch (schon) erlebe, in guter Gemeinschaft mit den biblischen Urfiguren des Glaubens.

Von einer solchen Erfahrung möchte ich erzählen. Es war zu einer Zeit, in der ich durch die überhöhten Erwartungen mancher Kunden ungeheuer erschöpft war. Ich empfand meinen Beruf als eine Zumutung und die Berufung als eine Überforderung. So habe ich an einem Morgen, als meine Mitarbeiter noch nicht da waren und ich allein in der Werkstatt war, erschöpft die Arme gehoben und gebetet: „Dies ist deine Werkstatt, Vater, es ist deine Werkstatt! Die Leute glauben, ich sei der Meister dieser Werkstatt, aber du bist der Meister. Wenn ich das hier tun soll, dann musst du es segnen! Ich kann auch etwas anderes machen, ich klebe nicht an dieser Arbeit."

Das Herz hat seine eigene freche Logik. Denn ich weiß noch gut, dass ich am Ende sagte: „Du kannst diese Werkstatt auch dichtmachen. Dann mache ich etwas anderes. Aber du solltest schon daran denken, dass du dann eine gute Werkstatt verlierst!"

Kaum hatte ich das ausgesprochen, hörte ich (in ebenjener dritten Art), dass Gott mir ein Wort ins Herz sprach. Er sagte: „Diese Werkstatt ist Abrahams Zelt. In einem Jahr wirst du einen Sohn der Verheißung haben – ein Instrument, das eine wirkliche Verheißung hat und von einem großen Musiker gespielt wird."

Ich war erschrocken und aufgeregt, schrieb dies Wort auf und... habe es im Lauf des Jahres völlig vergessen! Einen Monat bevor das Jahr zu Ende war, hatte ich einen schweren Computerschaden und musste Daten auf ein anderes System übertragen. Dabei stieß ich auf einen Ordner, der hieß „Persönliche Verheißungen". Ich war überrascht, öffnete ihn und fand darin nur eine einzige Datei.

In ihr stand dies Wort, das ich elf Monate zuvor aufgeschrieben hatte: „Diese Werkstatt ist Abrahams Zelt. In einem Jahr wirst du einen Sohn der Verheißung haben..." Es war fast, als wollte der Himmel sagen: „Das Jahr ist bald zu Ende und er hat es vergessen! Wir müssen ihn daran erinnern" – auch wenn die Methode der Erinnerung nicht sehr fein war...

Während dieser Zeit hatte ich für einen Versuch sechs Geigen in der Werkstatt – drei altitalienische Instrumente aus dem

18. Jahrhundert und drei neue, die ich gerade erst gebaut hatte. Ein wunderbarer Geiger, der als Solist immer wieder mit großen Orchestern auf den Bühnen dieser Welt spielt, probierte diese Geigen aus, und wir machten Klangaufnahmen. Was nicht vorgesehen war: Als er meine Geige Opus 130 spielte, war er unwillkürlich elektrisiert. Ich ließ das Aufnahmegerät weiterlaufen und kann so wiedergeben, was er unmittelbar nach dem letzten Ton sagte:

„Also, das ist eine Wahnsinnsstimme. Ein unglaubliches Charisma. Und was ich als Geiger als Erstes sehr stark empfinde, ist eine ganz eigene Widerstandskraft. Da ist jetzt nicht das eher Ölig-Apollinische, das beispielsweise meine Strad hat, sondern da stemmt sich jemand entgegen und wartet, bekämpft zu werden, und wenn du ihn besiegst, dann kriegst du eine unglaubliche Geschichte raus. Es ist eine Lust, darauf zu spielen. Das ist aber wie ein Wettbewerb – ein charismatischer Wettbewerb. So empfinde ich das ganz stark – also, nicht etwa, dass sie schlecht anspricht. Sondern da ist etwas sehr Erdiges. – Wenn ich diese Geige spiele, krieg ich einen Bauch! Eine ganz erstaunliche Geige."*

Er fragte, ob er sie mitnehmen und kennenlernen dürfe. Neun Tage später spielte er in der ausverkauften Berliner Philharmonie das 2. Violinkonzert von Niccolò Paganini mit den Berliner Symphonikern: das große Orchester hinter ihm, über 2000 Zuhörer im Saal.

Während der Generalprobe am Nachmittag war er völlig verunsichert, was er tun sollte. Er wechselte ständig zwischen seiner Stradivari, die er seit zehn Jahren spielte, und der neuen Geige hin und her. Da sagten der Dirigent und das Orchester, er solle auf der neuen Geige spielen, denn diese habe einen solch großen und leidenschaftlichen Ton, der besser zu Paganini

* Kosename für Stradivari

passen würde. So wagte er am Abend das Konzert auf einem Instrument, das er eigentlich nicht kannte.

Als er aus Berlin zurückkam und mich fragte, ob er das Instrument kaufen dürfe, erzählte er, was er während des Konzertes erlebt hatte: Die Geige habe den ganzen Saal mit einem Glanz erfüllt, den er so noch nie zuvor erlebt habe. Es sei ein wahres klangliches Feuerwerk gewesen. Und dann sagte er – nach einer Pause – den schönsten Satz, den man einem Geigenbauer zusprechen kann: „Du hast mir meine Stimme gegeben!"

Jeder Musiker möchte auf seiner Geige singen, darum ist es so schön, dass er sagte: „Du hast mir meine Stimme gegeben." Beim Abschied meinte er noch augenzwinkernd, das eine müsse er mir aber noch sagen: Diese Geige sei nicht jugendfrei!

Jenes Konzert in Berlin ereignete sich sechs Tage, bevor das Jahr zu Ende war. Ingolf hat seither 150 Solokonzerte auf dieser Geige gespielt.

Nicht jedes meiner Instrumente hat diese klangliche Größe. Aber das ist nicht schlimm. Jedes hat sein eigenes Charisma, seine eigene Innigkeit und Stimme. Es darf nicht nur Solisten geben.

: INSPIRIERTE SEHNSUCHT

Eine weitere Entfaltung des inspirierten Weges ist das, was ich „inspirierte Sehnsucht" nenne. Es beruht auf dem Geheimnis dessen, was Beten in einem existenziellen Sinne eigentlich heißt. Es ist keine religiöse, sondern eine unweigerliche Angelegenheit: Unser Leben betet zu Gott und predigt der Welt unablässig, was wir im Herzen haben. Wir müssen unsere Lippen nicht bemühen. Unsere Worte werden nur so weit erhört, wie sie Ausdruck unseres Herzens sind. Gott sieht das Herz an, er erhört das Herz.

Auch dazu ein Beispiel. Meine erste Werkstatt hatte ich im Münchner Lehel. Täglich fuhr ich mit der S-Bahn im Gewühl der Menschen dorthin. An einem Tag saß mir eine Gruppe junger Mädchen gegenüber, vielleicht elf, zwölf Jahre alt. Ihre kindliche Fröhlichkeit, die lachenden, leuchtenden Augen waren ein wunderbarer Anblick. In der Sitzgruppe daneben saßen einige jugendliche Mädchen, vielleicht knapp sechzehn Jahre alt. Der Unterschied war erschütternd. Sie wirkten so abgeklärt und matt, trübe, hatten verbrauchte, enttäuschte Augen, die schweigend schrien, was sie schon an Ungutem und Verletzendem erfahren hatten.

Mein Beten war in diesem Moment ein starker Schmerz, denn ich spürte, was in diesen wenigen Jahren kaputtgehen kann, wenn die Kindheit zu Ende geht, man sich von vielem frei macht, aber nichts findet, was einen trägt. Und so war mein Gebet eine tiefe Reue: „Ich möchte wieder mehr von deinem Evangelium und dieser Kraft und Würde weitergeben! Wie bin ich nur so lasch geworden! Gib mir Möglichkeiten ...!"

So fuhr ich in die Werkstatt – und vergaß in den Alltäglichkeiten dies Gebet. Als ich dann am späten Vormittag, wie so häufig, in der Bäckerei an der Straßenecke meine Brotzeit holen wollte, sah ich, dass das, was ich suchte, nicht da war. Ich bat die Bäckerin, ob sie mir vielleicht ein Ciabatta mit Mozzarella machen könne, „wenn das möglich wäre".

Sie sagte lachend: „Alles ist möglich!"

Darauf erwiderte ich, ohne zu überlegen: „Aber das wissen Sie schon, dass das, was Sie gerade gesagt haben, in der Bibel steht?"

Sie schaute mich verdutzt an: „Das steht in der Bibel?“

„Ja“, antwortete ich, „da sagt Jesus: Alles ist möglich dem, der glaubt!“

Da ließ sie das Messer sinken, mit dem sie gerade noch mein Ciabatta aufschneiden wollte, schaute gedankenverloren vor sich hin, und als sei es nur ein nachdenkliches Selbstgespräch, sagte sie leise: „Ja – glauben ... Was heißt das wohl ...?“

In der Bäckerei entstand eine große Stille. Es waren auch noch andere Leute da, die hätten bedient werden wollen, aber die Gespräche verstummten. Die Verkäuferin stand nur nachdenklich da. Ich sagte nichts.

Nach einem langen Augenblick antwortete sie sich selbst: „... vermutlich: sich ganz anvertrauen!“

Ich sagte nur: „Ja – sich ganz darauf einlassen.“

Dann war es, als würde sie erwachen. Sie sagte lächelnd: „Sauber! Da habe ich heute wirklich was gelernt!“

Die Gespräche fingen wieder an und die Geschäftigkeit an der Theke nahm ihren weiteren Lauf.

Erst auf dem Rückweg in die Werkstatt fiel mir wieder ein, was ich am Morgen gebetet hatte. Das war für mich ein Schlüsselerlebnis, denn was ich lernte, ist, dass unsere Sehnsucht in Leben verwandelt wird. Der Zustand unseres Herzens und der Wille Gottes stehen unentwegt miteinander in einer wirksamen Beziehung. Beide haben ihr Mitspracherecht an den Dingen, die geschehen. Ich glaube, das Heilige setzt sich nicht über den Ort des Heiligtums in unserer Welt hinweg: Es ist die Sehnsucht unseres Herzens, durch die wir einwilligen oder verweigern, was geschehen kann. Beten kommt nicht künstlich dazu. Es ist nichts Zusätzliches. Es ist eine Lebensform.

Noch immer bin ich dabei, den vierten Weg, den ich mit dem Wort Inspiration bezeichnet habe, weiter zu entfalten. Eine häufige Ausfaltung und Erfahrung jenes Weges ist das inspirierte Sinnbild.

Wir können den inspirierten Weg nur gehen, wenn wir bereit sind, unser Denken zu erneuern. Der Weg sagt: Reinige dein Denken durch die Demut. Du heiligst dein Denken, wenn du anfängst einzusehen, dass dein Intellekt in all seiner Klugheit nur ein Morgengrauen deines Erkennens ist. Denn es reicht nicht aus, sich über die Dinge zu erheben und *über* sie nachzudenken, sondern es ist nötig, dass du *in* die Dinge hineingehst und *in ihnen* zu denken beginnst.

Das ist kein sprachliches Spiel, sondern eine andere Art zu denken. Man kann auch sagen: Es ist Beten. Es bedeutet einzusehen, dass die Dinge sich dir zu erkennen geben und dass sie sich ebenso verbergen und entziehen dürfen. Denn was du erkennst, ist souverän. Du denkst in diesen Augenblicken nicht *über* etwas nach, sondern hörst viel eher zu, was *in* dir gedacht und gefilmt und gemalt und gezeigt wird. So entstehen Sinnbilder, die uns lehren, was wir zu begreifen haben.

Dieses Hineingehen in die Dinge ist eine kategorial andere Art des Denkens. Es ist betendes Denken. Jesus warf den schlechten Lehrern seiner Zeit mit Blick auf die Geheimnisse des Reiches Gottes vor: „Ihr geht nicht hinein und ihr hindert, die hineingehen wollen! Ihr schließt das Himmelreich zu!“ *

Was kann sich dem Intellekt je erschließen, wenn er arrogant bleibt und sich nicht gereinigt hat? Er stellt sich urteilend

* Matthäusevangelium 23,13

über die Dinge, aber er geht nicht in sie ein. Der Liebende liefert sich aus. Es gibt nichts Höheres und Glücklicheres, als sich mit jedem Neuron hineinzuwerfen in die größere Weisheit Gottes, zu hören, zu spüren, zu sehen, was geschehen kann. Der Verstand reinigt sich erst dann von der Arroganz, wenn er einsieht, dass es eine größere Weisheit als jene gibt, die er selbst zu denken vermag.

: SCHÜTZE DEINE SEELE

Vor einiger Zeit hörte ich eine Predigt, in der es um die Erneuerung unsere Liebe ging. Da sah ich auf einmal vor meinem inneren Auge drei Menschen, die so erschreckend waren, dass ich nicht länger zuhören konnte. Stattdessen liefen nacheinander, wie von selbst, die drei folgenden inneren Filme in mir ab:

SORGEN. Der erste Mensch, den ich vor meinem inneren Auge sah, hatte ein sorgenzerfurchtes Gesicht. Die Sorgenfalten wurden zusehends tiefer und hässlicher. Das Gesicht verzerrte sich unter diesen Sorgen und war darin schließlich ganz gelähmt. Die Gesichtslähmung breitete sich weiter aus und wurde am Ende zur Lähmung des ganzen Körpers. Im Rückblick deutete ich es so: Dieser Mensch steht für die Macht der Sorgen. Sorgen lähmen den inneren Menschen. Sie breiten sich aus und lähmen unsere Liebesfähigkeit. Später durchforstete ich die Bibel und fand darin dies Wort: „Hütet euch aber, dass eure Herzen nicht beschwert werden mit Fressen und Saufen und täglichen Sorgen.“ *

* Lukasevangelium 21,34

BITTERKEIT. Vor meinem inneren Auge entstand ein zweiter Mensch. Er hatte ein Herz wie eine Pflaume. An einer kleinen Stelle wurde diese Frucht faulig. Diese bittere, angefaulte Stelle breitete sich über die ganze Frucht aus, bis sie am Ende durch und durch verfault und über und über von einem Schimmelpilz befallen war. Mein Eindruck war: Dieses Bild steht für die Bitterkeit. Bitterkeit verdirbt das Herz. Groll breitet sich aus und macht unser Leben ungenießbar. Die Bibel spricht zu unserer Seele: „Gesund und frisch sein ist besser als alles Gold" und „Der Tod ist besser als ein bitteres Leben".*

RESIGNATION. Der dritte Mensch, den ich vor meinem inneren Auge sah, hatte leuchtende Augen, doch diese wurden langsam und unaufhaltsam trüb. Sie wurden wie von einem grauen Schleier überzogen, der immer dichter wurde. Schließlich war der Mensch vollkommen blind. Auch dieses Bild leuchtet mir sofort ein: Dieser Mensch steht für die Resignation. Die Resignation macht das Herz blind. Die Bibel spricht zu unserer Seele: „Gott gebe euch erleuchtete Augen des Herzens, damit ihr erkennt, zu welcher Hoffnung ihr von ihm berufen seid."**

Es war nicht verwunderlich, dass diese drei Filme – wie von einem autonomen inneren Filmemacher gedreht, ich schaute nur zu – während einer Predigt über die Erneuerung der Liebe entstanden. Sorgen, Bitterkeit und Resignation sind drei gewaltige Urkräfte, die unsere Liebe lähmen, vergiften und erblinden lassen.

Solche Sinnbilder oder gleichnishaften inneren Eindrücke sind im Grunde Lehrbilder, die uns auf eine inspirierte Weise zeigen, wie es um uns steht und was wir zu lernen haben.

* Buch Jesus Sirach 30,15.17

** Epheserbrief 1,18

: MIT OFFENEN AUGEN BETEN

Wenn wir geführt werden, greifen äußere und innere Wahrnehmungen oft ineinander. Das bedeutet, dass wir lernen, auch mit offenen Augen zu beten und zu fragen, was das Leben uns predigt.

Als ich für eine Gemeinde eine geistliche Fortbildung geben sollte, fragte ich: „Jesus, was möchtest du dieser Gemeinschaft sagen?“ Da sah ich vor meinem inneren Auge das Bild eines Ackers, auf dem viele junge Getreidekeimlinge bereits in Ansätzen zu sehen waren. Denn es war längst ausgesät. Die Menschen aber trampelten auf dem Acker herum, säten angestrengt und fast verbissen weiter und weiter Samen aus und zertraten dabei, was längst schon wuchs. Ich wusste, dass dies bedeutete: Sie glauben nicht, dass es reicht. Sie wollen immer noch mehr tun, denn sie glauben, alles hänge von ihnen ab. Aber es ist gut. Sie müssen nicht noch mehr tun. Es ist gesät und es wird wachsen. Ich schrieb dies auf, denn damit wollte ich meine erste Predigt beginnen.

Am Abend stellte der Gemeindeleiter mich vor, bat aber eine Mitarbeiterin, bevor ich anfing, noch ein Wort an alle zu richten. Etwas schüchtern und aufgeregt berichtete sie, ihr Mann und sie wohnten in einer recht ländlichen Gegend. Als sie an diesem Morgen spazieren gegangen sei, um für das Wochenende zu beten, sei sie an einem Feld vorbeigekommen. Da habe sie gesehen, dass überall schon kleine Keimlinge des Wintergetreides wuchsen. Es war alles schon gesät und hatte gekeimt, obgleich doch Frost war. Sie habe den Eindruck, dass das bedeute, sie sollten darauf vertrauen, dass die Dinge wachsen.

Was jene Frau am Morgen im Buch der Natur gelesen hatte, hatte ich in gleicher Weise vor meinem inneren Auge gesehen.

Es gab den Dingen, die an diesem Wochenende geschahen, eine andere Richtung. Jeder wusste, es sollte weder Beratung, Schulung, Korrektur noch sonst irgendeine Forderung sein, sondern schlicht der Mut zu einem vertrauenden Leben.

: DIE GLEICHNISHAFTIGKEIT DER DINGE

Für die griechische Philosophie war es eine Grundübung der hoch entwickelten methodischen Seelenführung* – der sogenannten Psychagogik –, dass der Mensch lernt, die Gleichnishaftigkeit der Dinge zu sehen, die ihn umgeben: Alles spricht zu dir. Du lebst erst dann in der Formung und Schulung deiner selbst, wenn du beginnst zu deuten, was du erlebst. Darum sollst du nicht nur einen Schatz heilsamer Hilfsgedanken griffbereit haben, sondern stets hinsehen, was geschieht, und fragen, was es dir sagen will. Das oben beschriebene Bild vom Wintergetreide und dem Ackerboden ist nur eines von vielen Beispielen dafür.

Es ist ein Spiel, das uns wach und geistesgegenwärtig macht. Dass wir Freude daran gewinnen, im Buch der Natur zu lesen und ihre Weisheit zu hören, ist eine Fähigkeit der kreativen Seele. Doch es geschieht nur, wenn die Seele die Liebe hat, hinzusehen und zu fragen, was ihr gesagt werden soll. Natürlich gab es diese wache Deutungsfähigkeit des eigenen Erlebens nicht nur im Griechentum. Auch im hebräischen Denken, etwa beim kleinen Propheten Haggai**, ist es der zentrale Begriff: „Achtet doch darauf, wie es euch geht.“ Alle Dinge werden zu uns sprechen, wenn wir in dieser geistlichen Freude leben, die

* Siehe dazu ausführlich in dem (leider vergriffenen) Klassiker von Paul Rabbow: Seelenführung. Methodik der Exerzitien in der Antike, München (Kösel) 1954.

** Der Prophet Haggai 1,5.7; 2.18

wie ein Tau der Weisheit die Trockenheit des Glaubens netzt. Es ist ein Zustand der spielerischen Empfänglichkeit. Wir spielen mit der Weisheit, die uns beständig umgibt – und wir lassen uns, wenn sie spricht, von ihr aufrichten, trösten, ausrichten und ermahnen. Es sind all jene Sinnbilder, die wir mit offenen Augen beten.

DAS WIRKLICHE SEHEN. In aller Früh, noch vor Sonnenaufgang, ging ich während des letzten Urlaubs an den Strand; die Familie schlief noch. Ich freute mich auf die Zeit, die einem nichts bringen muss, und die Weite und die Leere, die einem so viel geben. Die Wolken, die so flüchtig ihre Form verändern, sind schon Augenblicke später nicht mehr da. Die schäumenden Wellen, die sich aufbäumen, sind schon im nächsten Augenblick gebrochen und nicht mehr da.

Da merkte ich, dass mich ein gewaltiges Gleichnis umgab. Es war das Gleichnis von den Lügen des Egos. Das Ego sagt: „Sieh auf die Wolken!“ Doch sie sind nur Wasserdampf und in ein paar Minuten schon verschwunden. Das Ego sagt: „Schau auf die Wellen!“ Doch es ist nur das aufgewühlte Meer. Da merkte ich: Genau so bin ich aufgewühlt in meinen kurzfristigen Sorgen um die Haftpflichtschäden und all die Probleme zu Hause, die sich aufbäumen und wichtigmachen! Welch eine Tiefe hat das Meer und welch eine Weite der Himmel – ich aber sehe nur das Schäumen der Wellen und die flüchtigen Wolken.

Solche Gleichnisse führen oft in eine wunderbare Zeit mit Christus: „Wenn du in mir bleibst, dann siehst du nicht die Wolken, sondern den Himmel; du siehst nicht die Wellen, sondern die Tiefe des Meeres. Du siehst das Bleibende. Das Ego raubt dir das Wissen um das Bleibende und beunruhigt dich durch das Flüchtige. Lass dich nicht beunruhigen durch die Wellen und die Wogen deines Lebens, die aufschäumen; lass dich nicht ablenken durch Gestalten, die in Wahrheit nur flüchtig sind. Sie lösen sich auf. Du aber bleibe in meiner Liebe und in meinem Wort. Denn meine Liebe ist wie die Tiefe des Meeres und mein Wort wie die Weite des Himmels. Lerne zu erkennen, was echt ist, und zu ignorieren, was das Ego dir vorgaukelt. Loslassen heißt, das Unechte loszulassen, das Unwirkliche loszulassen. Bleiben heißt, in meiner Liebe zu gründen, in meinem Wort zu gründen, denn sie sind ewig. Du kannst nur stark sein, wenn du die Lügen des Egos entlarvst."

Wenn wir mit offenen Augen beten, kann uns alles zur inneren Predigt werden. Nicht angestrengt, sondern spielerisch. Es bedeutet, die Wahrheit, die sich uns mitteilen will, als die Sprache der Gleichnishaftigkeit zu erlernen. Viele Dinge des inneren Lebens lernte und lehrte Jesus durch das Beobachten des äußeren Lebens: „Seht die Lilien auf dem Feld ...; seht die Vögel unter dem Himmel ...; womit wollen wir das Reich Gottes vergleichen und durch welches Gleichnis wollen wir es abbilden?"

STÖRUNGEN DEUTEN. Vor dem Werkstatthaus laufen laute und alles erschütternde Kanalarbeiten mit schwerem Gerät. Es geht seit Wochen durch Mark und Bein wie ein ständiger Schmerz. Der Verlag braucht das Manuskript Mitte November. Das ständige Rütteln und die schweren Motoren zerstäuben jeden Gedanken. Der Ärger darüber ist noch schlimmer, denn der ist ein innerer Lärm.

Dann aber spüre ich, dass mir etwas gesagt werden soll: „Vergiss in all deinem Schreiben und Beten nicht, den Lärm der Welt einzubeziehen. Ich erlaube dir keinen Rückzug aus der Welt."

Als sei das nicht genug, lese ich am gleichen Tag, als es – 85 000-Watt-Anbauverdichter und Rüttelplatten! – am schlimmsten ist, im Vorwort der „Seelenburg" von Teresa von Ávila, dass *„der Weg zur Heiligkeit keine von mystischem Himmelslicht überstrahlte Straße ist, sondern der alltägliche Trampelpfad unserer Ängste und Frustrationen"*.[21] So nehme ich die Störung als eine unglückliche Erinnerung ins betende Schreiben mit hinein, als ein Gewicht, das die Texte erden soll. Es wurde nicht leiser, aber manchmal fand ich Frieden im Lärm – es ist eine Art von Frieden, zu dem man nur durch Akzeptanz gelangen kann.

Trotzdem freute ich mich auf die ruhigen Stunden nach halb fünf. Der Moment, wenn die Bagger und Rüttelplatten ausgeschaltet werden, war wie die Erlösung von einem dauernden Schmerz. Dann entstanden andere Texte, und ich konnte mich wie ein Adler über eine Weite schwingen und in eine Stille eintauchen, die meiner Seele wie Luft zum Atmen ist. Was gibt es Schöneres als Alleinsein in liebender Gegenwart?

Immer, wenn ich im Urlaub Adler oder Habichte beobachtet und versucht habe, ihren Flug zu filmen, meinte meine Frau: „Wenn du ein Tier wärst, wärst du ein Adler." Ich liebe weniges so sehr wie Stille. Wer Stille nicht liebt, wird nie gute Instrumente bauen und hat keine Ohren. Man wird nie fähig sein, die Schönheit der Klangfarben zu hören, wenn man nicht aus der Stille kommt. Die Ohren reinigen sich in der Stille. Am nächsten Morgen begrüßte mich rechtzeitig wieder der Lärm.

Zu fragen, was die Dinge bedeuten – und mitunter sogar Deutungen zu setzen –, heißt, dem Geschehen nicht ausgeliefert zu sein. Aus den natürlichen Quellen „seelische Durchformung" zu gewinnen – wie die antike Seelenführung es nennt –, ist allemal besser, als sich von Störungen deformieren zu lassen. Die

Lebenskunst der deutenden und durch „heilsame, emporweisende Gedanken“ gewonnenen Seelenführung ging aus den antiken Schulen mühelos zu den Kirchenlehrern über.

„Ich habe mich gewöhnt“, sagt der heilige Gregorius von Nazianz (329–390), *„ein jedes Ding zu richten auf meine geistliche Förderung. Ohne diese Übung kann man das Leben der Kontemplation nicht gut leben und würde man das aktive Leben nur schlecht leben können; ohne sie ist Ruhe Müßiggang und Arbeit Hinderung.“*[22] Die antiken Psychagogen erachteten es als die Höhe ihres Lebens, die Bilder, Begegnungen und Geschehnisse des Tages als eine gleichnishafte Quelle zu begreifen, die der Seele, die es zu formen und zu führen galt, zur göttlichen Belehrung wurde.

Wenn wir nicht lernen, hinzuschauen und hörenden Herzens zu fragen, was es bedeutet, haben wir unseren wichtigsten Weisheitslehrer verloren.

DAS WUNDER NICHT VERPASSEN. Große Aufregung wegen der Verspätung, ob ich den Anschlusszug noch erwische. Alle Ruhe ist dahin. Dann im Anschlusszug: Es ging doch noch einmal gut, aber ich schäme mich für die innere Unruhe. Und es kommt zur inneren Belehrung: „Wenn du doch im unsichtbaren Leben ähnlich besorgt und aufgeregt wärst, einen Moment (kairos) des Heiligen Geistes nicht zu verpassen! Warum bist du so aufgeregt, wenn es um nebensächliche Dinge geht, und dümpelst dumpf dahin, wenn es darum geht, wachsam zu erkennen und mutig zu gehorchen, wenn sich eine Verheißung Gottes erfüllen kann, da sich ein Zeitfenster geöffnet hat!? Auch in den unsichtbaren Dingen kannst du zu spät kommen und den Anschluss an den Willen Gottes verpassen. Es ist nicht zu jeder Zeit alles möglich. Es gibt heilige Momente. Verpasse sie nicht. Erinnere dich an das Wort, das Jesus unter

Tränen sagte: „Du hast die Zeit der Gnade nicht erkannt."* Es gibt ein ‚zu spät'. Manch einem Augenblick ist eine Gnade gegeben, die man verpassen kann…"

So ist es fast zu einer meiner liebsten Quellen geworden, das Leben – das eigene und das fremde – zu beobachten und darin die Weisheitsworte Gottes zu belauschen. Auch das gehört zum inspirierten Weg des Menschen. Auch das gehört zu jener Lebensschule, die unsere Seele das betende Leben lehrt.

: MIT GANZER SEELE BETEN

Ich will mit ganzer Seele beten lernen, nicht nur mit halber Seele. Nicht nur mit den guten, frommen oder gar unterwürfigen Stimmen in mir, sondern auch mit den inneren Querulanten, den seelischen Amokläufern, den Meckerfritzen, Bedenkenträgern und Angsthasen in mir. Wie oft hören wir die Stimme Gottes nicht, weil ebenjene inneren Stimmen – unsere Ängste, unsere Sorgen, unsere Enttäuschungen, unsere Bitterkeit, unsere Schmerzen – so viel lauter in uns sind. Doch es wäre ein vollkommen verfehlter Weg der Seelenführung, diese Stimmen anzufahren: „Seid still! Ich will beten!"

Ich weiß, ich werde Gottes Stimme nicht hören, solange ich noch immer versuche, das Schwierige und Ungute in mir durch Frömmigkeit zu übertönen. Ich werde Gottes Stimme nur hören, wenn auch der Klang meiner Angst ein Gebet in mir werden kann, das zum Herzen Gottes dringt, und wenn der Klang meiner Sorgen zu einem Gebet wird und wenn ich meine Bitterkeit und meine Schmerzen vor Gott ausschütte wie einen Krug voller Tränen. Wir werden Gottes Stimme nicht hören, solange noch nicht alles in uns seine Stimme bei Gott bekommen hat.

* Lukasevangelium 19,41f

Immer wieder einmal habe ich tatsächlich eine innere Gebetsgemeinschaft veranstaltet und alle Stimmen in mir zum Gebet versammelt. (Das dauert etwas, aber es ist gut. Wenn wir hinhören, merken wir, was sich zu Wort meldet.) Die frommen Stimmen waren pikiert, die anderen geniert. Sie schauten ungläubig: „Wie? Ich? Ich soll beten?" Es ist gut, wenn die Vielfalt der Stimmen in uns ihre je eigene Form des Betens findet.

Die 150 Psalmen können eine Anregung und eine Gebetsschule sein. Wir werden schnell merken, welche Stimme der Seele da jeweils betet.

Warum sollten unser Vertrauen und unsere Freude mehr Recht haben, zu Gott zu sprechen, als unsere Erschöpfung, unsere Zweifel und unsere Wut? Wie oft hören wir die Stimme Gottes nicht, weil wir meinen, es müsse ein lieblicher und schöner Klang sein, in dem wir beten. Das ist, wie wenn ein Kranker meint, er müsse zuerst gesund werden, um zum Arzt zu gehen, denn so krank, wie er sei, könne er sich dem Arzt nicht zumuten. Unser Glaube ist oft so mutlos, weil wir uns Gott nicht zumuten. Unser Glaube ist schwach, weil wir meinen, wir müssten vor Gott stark sein. Unser Glaube ist krank, weil wir glauben, wir müssten gesund sein. Weil wir uns nicht zumuten, wie wir sind, hören wir die ermutigende Stimme Gottes nicht. Nicht nur der fromme Glanz, sondern auch der Schatten meiner Seele kann lernen zu beten.

Zwei Orte sind Gott heilig, wie es beim Propheten Jesaja heißt: „Ich wohne in der Höhe und im Heiligtum und bei dem, der zerschlagenen und gebeugten Gemütes ist, zu erquicken den Mut des Gebeugten und zu beleben das Herz des Niedergeschlagenen." *

* Der Prophet Jesaja 57,15

Wir sollten Gott nicht nur in der Höhe, sondern auch in der Tiefe suchen; nicht nur im Licht, sondern auch in der Finsternis. Wir sollten Gott nicht nur in den Dingen suchen, die wir verstehen, sondern gerade in den Dingen, die wir nicht verstehen. Wir sollten ihm erlauben, alles zu sein, und wir sollten auch uns erlauben, im Gebet alles zu sein.

Wir werden Gottes Stimme nicht hören, wenn wir versuchen, heilig zu sein, aber dabei verlernt haben, ehrlich zu sein. Wir werden Gottes Stimme nicht hören, wenn wir verlernt haben, im Gebet auch wütend zu sein. Wir werden ihn nicht hören, wenn wir glauben, wir dürften ihn nur loben und nicht auch schreien. Wir werden Gottes Stimme nicht hören, wenn wir glauben, wir müssten ein frommes Ich sein und dürften nicht scheitern. Ich will auch in meinem Versagen vor Gott sein. Womit will ich Gott beeindrucken und was ihm vormachen?

So sitze ich nachts in all der Unruhe und der Erschöpfung der vergangenen Monate am Fluss und höre dies reiche, satte, wunderbare Rauschen, denn ich bin aufgestanden, habe mir die Kleider angezogen und bin mit dem Fahrrad hinaus in die Kälte gefahren, viel länger und viel weiter, als ich dachte. Anstatt mich im Bett zu wälzen, bin ich hinaus in die Finsternis gefahren. So sitze ich schweigend am Hochufer des Flusses. Ich wundere mich, wie angenehm es ist, sich von der Kühle der Nacht umarmen zu lassen und die Seele einer Nacht anzuvertrauen, in der Gott da ist. Nur schemenhaft sehe ich die Bäume am anderen Ufer. Ich erkenne so wenig, wie ich auch von Gott erkenne.

Die Finsternis ist ehrlich. Die Schemenhaftigkeit ist ehrlich. Die Kälte ist ehrlich. Ich mache mir nicht vor, mehr zu hören und mehr zu sehen. Ich mache mir nicht vor, ein Erkennender zu sein. Das Einzige, was ich weiß, ist, dass ich von Herzen Gott suche – und dass Gott in dieser Suche meine Liebe erkennt.

Was leuchtend über dem ganzen Weg des inspirierten Lebens steht, ist eine existenzielle Art des Hörens. Es ist das Wesentliche, das über alle Empfänglichkeit und über die ganze Wahrheit des inspirierten Lebens gesagt werden muss: Wir können nur denjenigen hören, dem wir angehören.

Es geht nicht um eine intellektuelle, sondern um eine existenzielle Erkenntnis. Mit einfachen Worten: Wir hören, wem wir gehören. Hören bedeutet Zugehörig-Sein. Wenn wir den Sorgen gehören, hören wir ihre Stimme und tun, was sie uns sagen. Wenn wir der Gier gehören, hören wir ihre Stimme und tun das Verwerfliche, das sie uns sagt. Wenn wir der Bitterkeit gehören und den Enttäuschungen, die wir hegen und pflegen, hören wir nur die ewig gleichen Stimmen der Empörung, die uns das Ohr betäubt.

So können wir auch die Stimme Christi nur hören, wenn wir uns – wie ein Instrument – von seiner Wahrheit stimmen lassen. Wir stimmen uns durch Vertrauen. Im Gleichnis vom Guten Hirten wird ebendies gesagt: „Meine Schafe hören meine Stimme und sie folgen mir nach.“* Wenn die Zugehörigkeit nicht geklärt ist, wird auch das Hören unklar sein.

Darum geht es im „existenziellen Erkennen“ nicht mehr um die Frage, wie du erkennst, sondern wer du bist. Wenn du an eine Tür anklopfst, wird gefragt: „Wer ist da?“ So ist es auch mit der Tür zur Gotteserkenntnis. Wenn du eintreten willst, hast du zu antworten, wer du bist. Nicht durch deinen religiösen Standpunkt, sondern durch deinen existenziellen Zustand gibst du Antwort. Denn der Zustand deines Herzens ist deine Wahrheit. Darum sagt Jesus: „Wer aus der Wahrheit ist, der

* Johannesevangelium 10,27

hört meine Stimme."* Es bedeutet nicht, dass du hie und da etwas von Gott hörst, sondern dass dein Leben Gott erhört.

Es gibt einen Zustand, in dem die Gottesstimme nicht länger verstummen muss, da du dein Misstrauen gegen Gott bis in die letzte Faser überwunden hast. Dabei geht es nicht um ein bisschen zeitweilige Inspiration, sondern um etwas Heiliges: Es bedeutet, durch einen ganzen Lebenslauf hindurch zu spüren, was zu Christus passt. All die Jahre hast du mit Christus gelebt, darum hörst du die Stimme, die dir sagt, dass etwas stimmig ist. Du kannst es spüren, da du von Christus gestimmt bist. Diese Intonation wird über Jahre gebildet. In der biblischen Sprache heißt das: Du hörst das Heilige durch die Heiligung deines Lebens. Du hörst die Wahrheit durch deine Wahrhaftigkeit. Du merkst, was stimmig oder nicht stimmig ist. Dein Glaube ist wie die gespannte Saite einer Geige; sie wird in Schwingung versetzt. Du musst nichts tun. Du hörst es. Aber sie muss gestimmt sein. Das ist die existenzielle Dimension des Hörens. Kläre, wem du angehörst.

: SICH SELBST VERTRAUEN

Vielleicht ist am Ende eine grundsätzliche Anmerkung zum Unterschied zwischen Intuition und Inspiration hilfreich. Ich habe dies Kapitel mit dem intuitiven Weg begonnen – das Werkzeug führt die Hand –, denn es ist der wichtigste Weg im Geigenbau. Die Stärkung des intuitiven Lebens bedarf einer wesentlichen Voraussetzung: dass ein Mensch bereit ist, sich selbst zu vertrauen. Das intuitive Erkennen ist ein Gefühl dafür, was richtig ist.

Gefühlen zu vertrauen oder sie gar als eine Quelle der Erkenntnis zu verstehen, wird (besonders in religiösen Kreisen)

* Johannesevangelium 18,37

oftmals skeptisch gesehen. Gefühle seien unzuverlässig, irreführend, wechselhaft, heißt es. Nur Überzeugungen seien beständig. Diese dramatisch falsche Sichtweise führt zur Entwürdigung und Verkümmerung der Seele und geradezu zu einer Kastration unserer möglichen Kraft. Wenn ein Mensch seinen Glauben von seinen Gefühlen abtrennt, weil er seinen Gefühlen – und damit letztlich sich selbst! – misstraut, erreicht der Glaube niemals die Tiefe, in der er wohnen soll, und es entsteht kaum ein gesundes Empfinden für stimmiges Leben. Das Ergebnis sind Glaubensriesen, die zugleich emotionale Zwerge sind: „Sie preisen mich mit ihren Lippen, aber ihr Herz ist fern von mir."*

Es geht ja nicht darum, dass wir glauben, was wir fühlen, sondern darum, dass wir lernen, uns in das hineinzufühlen, was wir glauben.

Ich glaube, gerade deshalb ist die Bibel oft so sparsam in der Beschreibung von Gefühlen. Sie sagt sehr viel über das, was Menschen tun, und über das, was Menschen sagen, aber nur wenig über das, was sie fühlen. Der Grund ist einfach: Du sollst das Fehlende durch deine eigenen Gefühle ergänzen. Das ist ein Akt der Kontemplation. Anders wirst du manches wissen, aber nichts begreifen. Schicht um Schicht wirst du in die Geschichten eintauchen, wenn du die Heilige Schrift buchstäblich fühlen lernst. Sie wird deine Seele mit starken Grundwahrheiten des Lebens tränken und nähren. Denn wenn du etwas siehst, ohne es zu spüren, hast du es nicht erkannt.

Deshalb geht es viel weniger darum, Wahrheiten zu verstehen, als darum, sich in ihnen zu reinigen. „Wir werden gereinigt im Wasserbad des göttlichen Wortes."** Durch die seelische

* Matthäusevangelium 15,8; Der Prophet Jesaja 29,13
** Vgl. Epheserbrief 5,26

Reinigung und Klärung unserer Gefühle entgehen wir der inneren Verwahrlosung und werden fähig, Wahrheit zu erspüren. Das ist die Vollmacht des intuitiven Lebens. Ein Mensch, der in dieser inneren Reinigung lebt, hat keinen Grund, der Stimme seines Herzens zu misstrauen. Da er sein Herz gereinigt hat, darf er tun, was er spürt. Am gefährlichsten und wahrhaftigsten hat dies der Kirchenvater Augustinus (354-430) gesagt: *„Liebe und tu, was du willst."*[23]

Wenn der Glaube auf eine abschüssige Weise zu einem frevelhaften Ersatz für mangelndes oder gekränktes Selbstgefühl geworden ist, wird die Wahrheit des intuitiven Weges zu Recht sagen: „Dein Glaube an Gott hat deinen Glauben an dich selbst ersetzt. Was für ein Frevel!"

Gott hat keine Freude daran, wenn du den Glauben an dich selbst verlierst. Gott braucht uns nicht klein, um sich groß zu machen. Es ist eine frömmelnde Entwürdigung des Lebens, wenn du versuchst, durch Gott zu ersetzen, was du dir selbst vorenthältst: dir zu vertrauen.

Deine Seele spricht zu dir. Das heißt Intuition. Doch du wirst sie nur hören, wenn dein Verstand gelernt hat, zur rechten Zeit zu schweigen, und deine ängstlichen Sorgen gelernt haben, in deinem Vertrauen gestillt zu sein.

: INSPIRATION IST NICHT INTUITION

In Augenblicken der Inspiration ist es anderes. Da spricht nicht die Seele, sondern der Geist Gottes. Es ist nicht hilfreich, dies zu trennen, denn es greift ineinander, aber es ist gut, die unterschiedlichen seelischen Voraussetzungen für das eine wie für das andere zu sehen. Wie der intuitive Weg uns darum bittet, dass wir bereit sind, uns selbst zu vertrauen, so bittet der inspirierte

Weg uns darum, dass wir bereit sind, unsicher zu sein und die gewohnt stabilen Situationen zu verlassen.

Es ist ein vertrauensvoll zugelassener Kontrollverlust über das Geschehen. Es ist ein heiliges Nichtwissen, ein bewusst bejahtes Leersein vor Gott. Nur der Unsichere ist offen genug, um in einem ausreichenden Maße von sich selbst abzusehen. Nur der zum Nichtwissen und Nichtkönnen Mutige widersteht der Sünde, das verständliche Bedürfnis nach Wissen und Gewissheit allzu schnell durch Erklärungen und Lehren zu befriedigen. Wer nicht unsicher sein kann, kann Gott nicht lieben. Nur ein leeres Gefäß kann gefüllt werden. Es ist eine vertrauensvoll hingehaltene Leere, in der die einzige Sehnsucht ist, der Himmel möge das Seine tun.

Jesus sagt über dieses Leersein, ohne das es Autorität nicht geben kann: „Der Sohn kann nichts von sich aus tun." Dem folgt der Satz: „Alles aber, was er den Vater tun sieht, das tut in gleicher Weise auch der Sohn."* Ohnmacht und Vollmacht, Leere und Erfüllung, Nichtkönnen und Gottes Kraft sind im Leben Jesu auf eine vollendete Weise zusammengebracht. Es sind die Wesenszüge der Inspiration und das Prototypische des erlösten Menschen: Er bekennt sich zum Nichtkönnen und tut, was er Gott tun sieht.

Wie Intuition ihrem Wesen nach das Schöpfen aus einem inneren Reichtum ist, den das Leben uns durch vielerlei Erfahrungen geschenkt hat, so ist Inspiration zuallererst das unangenehme Zulassen der eigenen inneren Armut. Ich will ertragen, wie wenig ich zu bieten habe. Ich schöpfe nicht aus mir selbst. Wer sich in jener Armut übt, wird darin seine Freiheit erfahren.

* Johannesevangelium 5,19

Das inspirierte Leben lässt los, was es an vermeintlich gesichertem Wissen festhalten und an kleinlichen Erfahrungsschätzen verteidigen will. Das Zulassen der inneren Armut ist der Weg zu unserer Quelle.

Sosehr auf dem intuitiven Weg die Gnade der Selbstsicherheit gilt, da wir im Laufe unseres Lebens einen reichen Erfahrungsschatz erworben haben, aus dem wir schöpfen dürfen, so sehr gilt auf dem inspirierten Weg die Seligpreisung: „Selig sind, die arm sind im Geist." *

Wie im Bereich der Intuition das karmische Gesetz von Ursache und Wirkung gilt: „Du erntest, was du gesät hast" **, so gilt im Bereich der Inspiration das Gesetz der Gnade, das besagt: „Die wesentlichen Dinge kannst du nicht machen, sondern nur empfangen. Aber du kannst dich empfänglich machen." Vielleicht muss man auch sagen: Wir können das Inspirierte nicht machen, aber wir können aufhören, es durch unsern Stolz und unsere Ängste zu verhindern. Martin Buber sagt: *„Wir meinen gar oft, es sei nichts zu vernehmen, und haben uns doch vorlängst selbst Wachs in die Ohren gesteckt."*[24]

Es wäre oft schon sehr viel, wenn wir aufhörten, das Wirken Gottes zu stören. Der Begriff des „Aufhörens" sagt ja etwas sprachlich Entwaffnendes aus. Alles wahre Hören verlangt ein Auf-Hören. Es bedeutet: Unterbrich dich. Unterbrich, was du tust und denkst. Ohne bewusst eingeübte Formen der Selbstunterbrechung, die man – was den inneren Menschen anbelangt – getrost auch „Stille" nennen kann, werden wir nicht zu einem inspirierten Hören kommen. Alles wirkliche Hören ist in der Tat ein Akt der liebenden Selbstunterbrechung.

* Matthäusevangelium 5,3. Vgl. 1. Korintherbrief 4,7; Johannesevangelium 3,27

** Galaterbrief 6,7

Im Bereich des Intuitiven vertraue ich mir selbst, im Reich der Inspiration geht mein Vertrauen über mich selbst hinaus. Viel eher sind wir da Empfänger als Denker. Durch Antennen der Liebe können wir Dinge empfangen, von denen wir aus unserer eigenen Klugheit heraus nichts wissen. Viel eher sind wir während der Augenblicke des inspirierten Erkennens nach oben geöffnet als nach innen gerichtet; viel eher begreifen wir die Phänomene der Inspiration als Anregungen, Fingerzeige und Mitteilungen der himmlischen Welt, als dass es dabei um das Ergebnis der eigenen Gedankenwelt ginge.

Beim Propheten Jesaja heißt es: „Meine Gedanken sind nicht eure Gedanken, und eure Wege sind nicht meine Wege, spricht der Ewige, sondern so viel der Himmel höher ist als die Erde, so sind auch meine Wege höher als eure Wege und meine Gedanken als eure Gedanken." *

Die Demut, die uns dies Wort bejahen lässt, ist zugleich die Quelle all unseres Vertrauens. Inspiration ist nicht Wissen, sondern Nichtwissen. Es ist nicht Denken, sondern Empfangen. Der Wissende und Sichere wird stets versucht sein, das tastende Vertrauen durch vertraute Lehren zu ersetzen. Er geht den breiten Weg. Seine Denkgewohnheiten sind darauf ausgerichtet, die Welt, in der er lebt, eindeutig zu machen. Inspiration aber setzt Ambivalenz voraus. Da ist stets offen, was geschieht. Es ist die Natur dieser Unsicherheit, immer wieder Lücken zu erzeugen, Räume, in denen sich Chancen der Veränderung und Gelegenheiten auftun.

Du kannst das Inspirierte – das Rettende, das den Dingen eine Wendung gibt – buchstäblich nur anfangen, wenn du bereit

* Der Prophet Jesaja 55,8f

bist, ein Anfänger zu sein. Wenn du nicht wirst wie ein Anfänger, wirst du die inspirierte Wirklichkeit nicht sehen. Nur Anfänger haben das innere Recht, Neues anzufangen. Diejenigen aber, die sagen: „So geht das!", haben jedes Recht auf Inspiration verwirkt, denn so reden nur die Könner.

Wer den inspirierten Weg geht, hat den Mut, Unbekanntes anzufangen, und die Demut, ein Anfänger zu sein. Darin unterscheidet er sich von denen, die – in ihrer Sicherheit verharrend – nicht bereit sind, Irrwege zu gehen, und die darum gar keine Wege gehen. Der inspirierbare Mensch ist bereit, sich zu irren. Wer diese Bereitschaft nicht hat, irrt sich von Anfang an. Der inspirierbare Mensch beruft sich eben gerade nicht darauf, ein Könner zu sein, sondern darf getrost unsicher, fragend und unerfahren sein. Er beruft sich nicht auf seine Erfahrung (in der man ersticken kann!), sondern lässt sich aus ihr herausrufen „ins fremde Land". Das ist die seelische Herausforderung der Inspiration. Sie ist etwas vollkommen anderes als Intuition.

Der Selbstsichere, der nicht inspirierbar ist, wird nicht geführt, er springt lediglich von einer soliden Situation zur nächsten. Er folgt dem Gewohnten und verharrt im Vertrauten. Inspiration aber ist gelebte Bereitschaft für das Ungewohnte. Darum kann ein Mensch, der gewohnheitsmäßig Unsicherheiten vermeidet, nicht inspirierbar sein. Er bleibt sich seiner Sache sicher und geht den breiten Weg. Jesus sagt: „Wie schmal ist der Weg, der zum Leben führt, und wenige sind's, die ihn gehen." *

Mit einem Wort: Inspiration ist letztlich die vertrauensvolle Kapitulation vor Gott.

* Matthäusevangelium 7,14

: ÜBEN

Wie die Sehnsucht allein nicht ausreicht, um ein guter Musiker zu sein, sondern man das Spielen des Instrumentes auch üben muss, so ist es auch mit dem hörenden Gebet. Die Gnade, die wir empfangen, würde uns nicht ernst nehmen, würde sie auf unsere Treue verzichten. Das Gute geschieht am ehesten in der Einheit von Gnade und Arbeit.

Die frische Lackoberfläche einer Geige zu polieren, ist anstrengende Arbeit, doch sie hat etwas ungeheuer Sinnliches, denn sie lässt den Öllack leuchten, macht die Holzstrukturen erkennbar und die Wölbungsformen spürbar. Diese Erfahrung der Schönheit verwandelt die Arbeit. Und dennoch ist sie anstrengend.

Das inspirierte Leben darf anstrengend sein. Es ist die Bereitschaft, der geforderten Arbeit und der Verheißungen des Augenblickes treu zu sein. Es ist die Spannung zwischen Sehnsucht und Treue. Ohne Sehnsucht verliert die Treue ihre Leuchtkraft, ohne Treue verliert die Sehnsucht ihr Obdach. Wenn wir Gebet als eine Einheit von Gnade und Arbeit begreifen, werden wir weder seelisch erblinden noch im Innern obdachlos sein.

Es gibt, was die Übung des inspirierten Lebens betrifft, umfassende und praxisbezogene Werke.* Ich möchte hier nur acht kurze holzschnittartige Hinweise zum hörenden oder inspirierten Leben geben:

1. LIEBENDE GOTTESSUCHE. Das Ego** ist nicht an Gott, sondern an Erfahrungen interessiert – und seien es

* Unter den zahlreichen Hilfestellungen zur Einübung des inspirierten Hörens ist das Buch von Ilona Ingold „Hörst du mich?" ein behutsamer und tiefgründiger Praxisleitfaden.

** Das „Ego" ist kein innerer Feind, sondern ein Modus der Seele; es ist der Zustand der „nicht geführten" (nichtbetenden, nichtliebenden) Seele. Das religiöse Ego sucht nicht Gott, sondern Gotteserfahrungen – und darin sich selbst.

Gotteserfahrungen. Das A und O des hörenden Lebens: Suche nicht Gotteserfahrungen, sondern Gott. Es ist ein Gebot der Ehrfurcht, dass wir nicht versuchen, aus Gott eine spirituelle Erfahrung zu machen. „Neige Gott dein Herz zu und verweile in der liebenden Stille.“ Das inspirierte Hören ist weder eine spirituelle Technik noch die höhere Kunst der Meditation. Es ist keine Methode, sondern eine Gebetssprache der gespannten und erwartungsvollen Gottesliebe.

2. DIE SEELE STILLEN. Die Stimmen der Seele sind wie kleine Kinder, die sich in uns bemerkbar machen, wenn wir anfangen, still zu sein: Stimmen der Enttäuschung, die wir nicht wahrhaben wollten, Stimmen der Erschöpfung, wo wir es übertrieben haben, Stimmen der Wut, der Sorgen, der Ängste – und all die Eitelkeiten. Wenn wir Stille üben, werden wir diese Stimmen hören, am Ende aber schlafen sie wie kleine Kinder glücklich ein, und wir haben unsere Seele gestillt.

3. LIEBENDES SCHWEIGEN. Wir führen die Stimmen unserer Seele ins Gebet, wenn wir zuhören, was sie uns sagen. Gott schweigt, damit wir hören können. „Sei nur stille zu Gott, meine Seele.“ Es entsteht diese heilige Stille, wenn du die Stimmen deiner Seele gestillt hast, weil du zugehört hast. Wenn die Seele gestillt ist, entstehen oft Zeiten des liebenden Schweigens mit Gott. Diese Zeiten reinigen unsere inneren Ohren. Diese Zeit des Schweigens ist einzig erfüllt von einem Gott zugeneigten Herzen. Es sind eigentlich nicht Zeiten des Schweigens, sondern der schweigenden Liebe.

4. DIALOG. Unser Ohr wacht auf, wenn wir begreifen, dass das hörende Gebet etwas Dialogisches ist. Es ist kein Monolog der eigenen Anliegen. Wir betreten einen geistigen Raum, in dem

etwas Wechselseitiges geschieht. Darum lass zu, dass deine Liebe zu einem fragenden Gebet wird: „Mein Gott, was ist dir wichtig?“ Und wenn du etwas wahrnimmst, frage zurück: „Was möchtest du mir damit sagen?“ Das hörende Beten ist keine Zeichendeuterei und kein magisches Orakeln, sondern es ist ein Dialog mit der Liebe, die Gott ist. Darum sollen wir uns nicht mit schemenhaften Ahnungen zufriedengeben, sondern zurückfragen, was gemeint ist, wenn wir etwas nicht verstehen.

5. FRAGEN. Wenn wir keine Fragen haben, was sollte Gott reden? Gott wird nicht hineinplappern in ein dumpfes Herz, das keine Fragen hat. Im Buch des Daniel heißt es: „Als du von Herzen begehrtest zu verstehen, wurde dein Gebet erhört.“ Das ist die prophetische Liebe, die dem Hören vorausgeht. Und diese Liebe sagt auch: „Lass zu, dass der Himmel *dir* Fragen stellt.“ * Denn nur so trittst du in den Dialog ein.

6. KEINE SKRUPEL. Die Gabe des inspirierten Lebens ist keine Frage eines besonders edlen Charakters. Unsere moralische Reife ist keine Voraussetzung dafür, dass wir Gottes Stimme hören. Er redet zu den Unmündigen, er wendet sich den Schwachen zu. Der Mündige erkennt seine Unmündigkeit. Der Schwache erfährt seine Stärke in Gott. Wir müssen nicht vollkommen sein. Es reicht zu erkennen, wer in uns lebt. „So lebe nun nicht ich, sondern Christus lebt in mir.“ ** Dieser innere Christus teilt sich mit.

* Siehe unter vielen Beispielen am stärksten beim Propheten Sacharja.

** Galaterbrief 2,20

Schleske 5/2010

Die inneren Kinder
13,6 × 12,1 cm, 2010

7. LÄUTERUNG. Unser Herz wird gereinigt durch die Liebe. Durch sie wächst unsere innere Empfänglichkeit für Gott. Das liebende Herz läutert sich durch die Frage: „Mein Gott, was willst du mir sagen?" Es ist die Bereitschaft, dass das, was ich höre und begreife, „mir ans Herz greifen" – mich also verändern darf. Mit anderen Worten: Es geht nicht um eine Romantisierung unseres Glaubens, sondern um die Wahrhaftigkeit uns selbst gegenüber. Am Ende des Buches Daniel heißt es über das Herz der Hörenden: „Viele werden gereinigt, geläutert und geprüft werden." *

8. DAS UNERWARTETE. Ein Glaube, der nicht bereit ist, überrascht zu werden, ist auf eine religiöse Weise gottlos geworden. Gott darf anders reden, als es unserer gewohnten Erwartung und den gewohnten Orten und Situationen entspricht. Die Erwartbarkeit ist der Tod des Hörens.

And the people bowed and prayed
To the neon god they made.
And the sign flashed out its warning
In the words that it was forming.
And the sign said,
„The words of the prophets are written
on the subway walls
And tenement halls
And whispered in the sounds of silence."

Simon and Garfunkel [25]

* Der Prophet Daniel 12,10

: PRÜFEN

Ich möchte vier Kriterien nennen, die helfen, inspirierte Erfahrungen zu prüfen:

1. WEISHEIT. Es gibt nicht nur göttliche Quellen, aus denen der Mensch inspiriert werden kann. Inspiration ist wie ein Messer. Man kann mit einem Schnitzmesser eine Geige bauen, aber mit dem gleichen Messer auch einen Menschen töten. Das Messer selbst ist weder gut noch böse, sondern sein Gebrauch macht es gut oder böse. So ist es auch mit der Inspiration. Es reicht nicht aus, zu sagen oder zu glauben, dass das, was man erkannt hat, wahr ist. Nichts kann schärfer als die Wahrheit sein. Inspiration kann zerstörerisch sein. Nur die Weisheit zeigt, auf welche Weise das Inspirierte ein Werkzeug der Liebe ist.

2. FRIEDEN. Einer der wichtigsten geistlichen Lehrer unserer Zeit, Raniero Cantalamessa, sagt in seinem bahnbrechenden Werk über den Heiligen Geist: *„Der Friede des Geistes ist auch meistens eine ‚Stille nach dem Sturm' […] Der Feind Gottes bringt es fertig, fast alle Bewegungen und Zustände der Seele zu fälschen, sogar Visionen von Christus und den Engeln und Ekstasen. Das Einzige, was er absolut nicht nachahmen kann, ist der Friede des Herzens, so dass es zum sichersten Kriterium der Unterscheidung wird, zu sehen, ob etwas Bestimmtes den Frieden gibt oder nimmt. Der Friede ist das unverwechselbarste Zeichen für die Gegenwart Gottes. […] Der Heilige Geist führt uns zu dem Ort unserer Ruhe, der der Wille Gottes ist."*[26]

Dem Kriterium des Friedens entspricht die prüfende Frage: Ist es lebensfördernd? Was löst es aus? Treibt es in die Enge, erzeugt es Angst? Das ist nicht das Reden Gottes. Auch wenn

Erschütterung und Reue bisweilen ihr Recht in unserer Seele haben, ist das Reden Gottes doch von einer tiefen Freude, einer tröstenden Kraft und einem Frieden begleitet, der über alles hinausgeht, was wir verstehen. Die Frage, durch die wir die Geister unterscheiden, ist: Bringt es uns näher zu Christus?

3. BESCHEIDENHEIT. Wie können wir sicher sein, ob Gott zu uns gesprochen hat? Die Antwort ist einfach: Wir können nicht sicher sein, und wir sollten auch nicht versuchen, künstlich sicher zu sein. Sicherheit kann uns rechthaberisch, übergriffig, belehrend und überheblich machen. Es gibt eine heilige Unsicherheit, die uns tastend, hörend, demütig und empfänglich macht. Wir müssen uns unserer Sache nicht sicher sein. Es reicht, mit einem mutigen, liebenden und fragenden Herzen vor Gott zu sein.

4. UNVERGESSLICHKEIT. Was Gott zu uns gesprochen hat, wird auch nach Jahren nicht verblassen. Manche klugen Dinge dagegen sind schon am nächsten Tag vergessen.

Die Mystikerin Teresa von Ávila (geb. im Jahr 1515), die gemeinsam mit Katharina von Siena im Jahr 1970 von Papst Paul VI als erste Frau der Geschichte zur Kirchenlehrerin erhoben wurde, schreibt in großer Deutlichkeit und Tiefe in ihrem 1577 verfassten Werk „Moradas del Castillo Interior“ (Wohnungen der inneren Burg) über die Wege und Unterscheidung des inspirierten Lebens. Wie Cantalamessa spricht auch sie von der Stille nach dem Sturm. Dieser Sturm kann auch – so erlebe ich es – eine bestimmte Art von Herzklopfen sein, eine heilige Unruhe, von der man spürt, dass sie nicht seelisch ist, auch wenn die Seele, wie ein empfindliches Instrument, darauf reagiert.

Teresa schreibt: *„[Diese Erscheinungen] stehen plötzlich und unvermutet vor der Seele (wenn sie gerade am wenigsten an etwas* *denkt, das sich darauf bezieht); sie verursachen eine bange Aufregung im Innern, um sie nachher in seligen Frieden zu versetzen. […] Doch plötzlich folgt auf den Sturm die ruhigste Stille, und die Seele fühlt sich am Ziel hoher Wahrheit, wie kein irdischer Meister sie ihr lehren könnte. Sie bedarf fortan keines Unterrichtens mehr; denn die göttliche Weisheit selbst hat sich ihrer erbarmt und das Dunkel der Unwissenheit mit ihrem Licht verdrängt."*[27]

: DIE WERBENDE GNADE

Immer wieder habe ich den Eindruck, ein Beten, das nicht Routine, sondern Liebe ist, will sich durch Schweigen reinigen: Es ist jenes Schweigen, in dem nicht Lobpreis, sondern Ehrfurcht ist. Es ist fast wie eine notwendige Entschuldigung für das, was wir von Gott zu wissen glauben – als würden wir je erkennen. Die Erkenntnis, die ich meine, ist ja nicht religiöses Wissen; es geht nicht um meine oder irgendeine Religion. Natürlich dürfen wir das Geheimnis des Lebens (durch Riten) feiern und versuchen, es (durch Dogmen) zu verstehen – und nennen das Ergebnis häufig „Religion". Aber wir sollten dabei nie vergessen, dass gerade den Religiösen gesagt wird: Ich mag nicht eure Religion, nicht euer Judentum, nicht euer Christentum, sondern euer geisterfülltes Menschentum.*

Es ist billig und erfordert nichts weiter als Rechthaberei, über nicht beweisbare und nicht widerlegbare Wahrheiten unserer Religion oder Philosophie oder Weltanschauung zu streiten. Etwas ganz anderes aber ist es, durch ein hörendes und liebendes Herz die Wahrheit möglich zu machen, an die wir glauben. So geben wir einander Anteil an den Dingen, die uns tragen,

* Vgl. Der Prophet Amos 5,21–24; Der Prophet Jesaja 58,1–12 und viele andere

und den Quellen, aus denen wir leben. Das heißt in der alten Sprache: Wir bezeugen unseren Glauben. Wir beanspruchen keine Wahrheit, sondern geben einander Anteil an der Wahrheit, die uns in Anspruch nimmt. Alles Weitere liegt nicht an uns, sondern an der inneren Kraft, die unsere Wahrheit mit sich bringt. Nur so kann eine Zivilgesellschaft sich neu in ihren Überzeugungen stärken. Überzeugungen kommen nicht aus der Behauptung, sondern aus dem Zeugnis.

Den Religiösen, den Mächtigen, den Gebildeten wird seit jeher gesagt: Verachte deine Religion, deine Macht, deine Bildung gegenüber dem Heiligen, das an dir geschehen soll. „Gott hat den Heiligen Geist denen gegeben, die ihm gehorchen.“ * Gehorchen ist nicht Behaupten, sondern Horchen, es ist Hören. Es geschieht durch die Sinne des Herzens, die einzig darauf ausgerichtet sind, das Heilige zu erhören. Was für die Musik gilt, das gilt auch hier: Die Ohren reinigen sich durch die Stille. Es ist auch die Stille gegenüber den Dingen, die wir zu wissen glauben.

All die geistigen Sinne, die ich beschrieben habe – das Hören und Sehen des Herzens, die Gemeinschaft, die unerklärliche Gewissheit, die inspirierte Sehnsucht und all die anderen –, können erleuchtet werden. Das heißt, dass sie sich dem Geist Gottes anvertrauen.

So ist also dies dritte Kapitel ein Werben darum, dass wir uns mutiger vom Heiligen Geist in Anspruch nehmen lassen. Er unterwirft nicht, er geht nicht über uns hinweg, er klopft an als ein heiliges Werben, er ist die Gnade, die um uns wirbt. Indem wir ihr nachgeben, werden wir erkennen, wer Gott ist – nicht, weil wir es erkennen können, sondern, weil in diesem

* Apostelgeschichte des Lukas 5,32

Nachgeben sein Wille geschehen kann. Das ist es, was Jesus den Religiösen und Mächtigen sagt: „Wer Gottes Willen *tun will,* der wird erkennen“* – oder in der schroffen Unbestechlichkeit eines der großen Lehrer des Judentums, Leo Baeck: *„Übe, was Gott dir gebietet, dann weißt du, wer er ist.“*[28]

Die vier Wege der Erkenntnis lehren eine große Weite der menschlichen Vernunft: die theoriebildende Vernunft, die experimentierende Vernunft, die erspürende Vernunft, die empfängliche Vernunft. Sie sind wie die vier Resonanzgebiete der Geige, die gemeinsam einen guten Klang bilden. Ist eines zu schwach oder zu stark, büßt der Klang seine Schönheit ein: „Es darf nicht charismatisch sein“, sagen die Rationalisten. „Es muss höhere Erkenntnis sein“, sagen die Triumphalisten. „Es muss durch eindeutige Befunde belegbar sein“, sagen die Empiristen. „Es muss durch mein Erleben unmittelbar erfahrbar sein“, sagen die Intuitionisten.

Sie alle verkehren durch Einseitigkeit ihre Vernunft in Dummheit. Ein Wort des Apostels Paulus sagt: „In Demut achte einer den andern höher als sich selbst.“** Vielleicht kann dies Wort auch auf die Verfechter ihres je eigenen Weges hin gesprochen werden. Mit anderen Worten: Wenn du ein rationaler Mensch bist, dann achte die Intuition höher als deine Ratio, denn sie wird dir dienen. Wenn du eine charismatische Frömmigkeit lebst, dann vertraue nicht nur dem Himmel, sondern auch der Weisheit deiner Seele, und werde so nicht nur geistlich, sondern auch menschlich reif. Wenn du ein vernünftiger Mensch bist, dann halte dich für Gottesgaben offen, die höher sind als deine Vernunft. Denn allen gemeinsam muss doch

* Johannesevangelium 7,17
** Philipperbrief 2,3

gesagt werden: Wir wissen zu wenig über die geistigen Geheimnisse der Wirklichkeit, als dass wir uns Stolz und Überheblichkeit leisten könnten. Es ist gesünder, die Phänomene des Geistes erstaunt und bescheiden zur Kenntnis zu nehmen und darin zu wachsen, als über Dinge zu urteilen, die wir nicht verstehen. Das Typische, wenn Wissenschaft oder Religion ideologisch werden, ist stets ein Mangel an Achtung und Demut.

Ich glaube, es ist nicht eine moralische, sondern eine geistige Schuld, nicht an Inspiration, nicht an die souveränen Wechselwirkungen des Menschen mit dem Heiligen zu glauben. Die Phänomene reichen aus, um sich dem Weg der Inspiration zu öffnen – auch und gerade, weil wir sie noch nicht verstehen.

Aufgrund der Erfahrungen des inspirierten Weges bin ich zu der Überzeugung gelangt, dass das Gehirn des Menschen nicht nur ein Denkorgan, sondern mindestens ebenso ein Empfangsorgan ist. Es ist in diesen Momenten und Phasen in einem anderen geistigen Modus; es ist denkendes Beten oder betendes Denken. Es ist eine andere Art zu denken.*

: DER FÜNFTE WEG

Ich habe viele Jahre über die vier Wege nachgedacht, um die Vielfalt der Erfahrung besser zu verstehen. Vielleicht aber gibt es doch noch einen fünften Weg der Erkenntnis. Müsste man ihn beschreiben, so wären es nur diese drei Worte: „Ich werde erkannt.“ Es ist die Liebe selbst, die uns in das hineinverwandelt, was sie erkennt. Das Herz erkennt nicht, indem es über

* So sind wohl auch die eigentümlichen Worte im Neuen Testament zu verstehen, die von der transzendenten Dimension des Menschen sprechen. Die Immanenz Gottes bedeutet: „Christus lebt in mir“ (Galaterbrief 2,20); die Transzendenz des Menschen bedeutet: Dein Herz ist Teil und Eigentum des Himmels – in der biblischen Sprache: „Gott hat uns mit auferweckt und mit eingesetzt im Himmel“ (Epheserbrief 2,6. Vgl. Philipperbrief 3,20; Kolosserbrief 3,1).

die Dinge nachdenkt, sondern, indem es in sie eingeht und in ihnen lebt.

In dieser Erkenntnis des Herzens leben wir in Beziehung zu dem äußersten nur denkbaren Du: dem Du Gottes. Und wir erlangen diese Erkenntnis erst dann, wenn wir aufhören, für uns selbst nur ein Ich zu sein. Diesen Weg kann nur gehen, wer seinem Intellekt die Demütigung zumutet, nicht alles zu sein.

Es ist diese Art von Beziehung, die alles umkehrt. Ich spiele das Instrument. Aber ich erlebe: Die Musik spielt mich. Die Hand führt das Werkzeug. Aber ich erlebe: Das Werkzeug führt die Hand. Es erscheint alles umgekehrt. Diese Umkehrung der Erfahrung ist eine Umkehr, die tatsächlich nur durch die Liebe entsteht. Es ist eine beglückende Wechselseitigkeit:

Die Hand stellt sich dem Werkzeug zur Verfügung und das Werkzeug schenkt sich der Hand. Was in dem Moment geschieht, ist Beten. Meine Hand, die das Holz hobelt, das Rauschen der Ziehklinge, mein Auge, das über die Wölbung gleitet – die Hand und das Auge sind in diesem Moment die Gebete, die ich spreche. Es ist kein Wechsel zwischen Arbeit und Gebet, sondern das eine im andern. Es ist kein Gebetsleben neben dem Leben oder zusätzlich zum Leben. Es ist das Gebet des Lebens.

Es ist alles Ausdruck der einen Liebe, die mein Dasein will und der ich mit meinem Dasein diene. Das heißt es zu erkennen. Es bedeutet zu erkennen, was mich erkennt. Und das Erstaunliche ist dabei, dass in diesen Phasen die Dinge richtig werden.

KAPITEL 4

: Seelenführung

Die Berufung des Geistes

Im vorausgegangenen Kapitel war bei den inspirierten Sinnbildern schon die Rede davon: Es ging den großen philosophischen Schulen der Antike nicht vordergründig um die Klugheit des Denkens, sondern um die Weisheit der klugen Lebensbewältigung. Sie kannten den Begriff der Seelenführung. Man bezeichnete diese Lebenskunst als „Psychagogik", was vielleicht als die „Pädagogik im Umgang mit der eigenen Seelenwelt" verstanden werden kann. Die Weisheit jener Schulen erschöpfte sich nicht in einer lebensfernen Erkenntnistheorie, sondern hatte den Anspruch, alltäglich praktizierbare Lebensform zu sein.

Auch in der Spiritualität der Ostkirche wird die Weisheit des inneren Lebens seit jeher mit dem Begriff der „Seelenführung" benannt. Sie nimmt den Menschen sich selbst gegenüber in die Pflicht: „Bewahre deine Seele gut", sagt schon die Thora, „dass du nicht vergisst, was du erkannt hast." * Du bist dir gegeben. Du bist deiner eigenen Wahrheit anvertraut.

Demgegenüber hat der Begriff „Seelsorge", wie er im Kulturraum des heutigen Westens gemeinhin anstelle von „Seelenführung" gebräuchlich ist, einen schwächeren, geradezu entmündigenden Klang – als habe mich ein Seelsorger oder Therapeut in meinen seelischen Belangen zu versorgen und auszudeuten. Sosehr ein reifes Leben auch mit reifen und hilfreichen Menschen im Gespräch sein wird, liefert es sich doch

* 5. Buch Mose (Deuteronomium) 4,9

nicht bei einem Spezialisten für Seelendinge ab. Es ist eine Form der Selbstentmündigung, die Dinge des Seelenlebens einem anderen hinzuschütten und zu glauben, das könne die Wahrheit, Behutsamkeit, Klarheit und Wachsamkeit im Umgang mit sich selbst ersetzen – jene Aufgabe, die darin besteht, die eigene Seele zu führen. Ein guter und weiser Seelsorger oder Therapeut wird nie ersetzen, was ich mir selbst sein und werden soll: ein Freund meiner Seele.

Ich möchte in diesem vierten Kapitel einen Gedanken der Seelenführung entfalten und beziehe mich – wie schon im ersten Kapitel – auch dabei auf das Weisheitsbuch Kohelet:

*„Man mühe sich ab, wie man will, so hat man keinen Gewinn davon. Ich sah die Arbeit, die Gott den Menschen gegeben hat, dass sie sich damit plagen. Er hat alles schön gemacht zu seiner Zeit, auch hat er die Ewigkeit in ihr Herz gelegt; nur dass der Mensch nicht ergründen kann das Werk, das Gott tut, weder Anfang noch Ende. Da merkte ich, dass es nichts Besseres dabei gibt als fröhlich sein und sich gütlich tun in seinem Leben. Denn ein Mensch, der da isst und trinkt und hat guten Mut bei all seinem Mühen, das ist eine Gabe Gottes.“**

: DIE DREI WEISHEITSBÜCHER

Ich möchte diesen nüchternen und schnörkellosen Text nicht in seiner augenscheinlichen Banalität sehen, sondern ihn als eine heilsame Provokation verstehen. In Kohelet findet sich eine inspirierende, verstörende und auf eine eigentümliche Weise heilsame Kraft. Ich habe darüber immer wieder mit Rabbi Baruch diskutiert, einem meiner guten Freunde des

* Das Buch Kohelet 3,9–13

hebräischen Denkens. Als wir uns das erste Mal trafen – eine Freundin hat uns zusammengebracht –, redeten wir von fünf Uhr nachmittags bis drei Uhr nachts in großer Freude über all diese Dinge unseres Glaubens.

Ein ganzes Jahr lang lehrte Rabbi Baruch über das Hohelied der Liebe und sprach am ersten Tag allein drei Stunden über einen einzigen Vers: den ersten Vers des Buches, der stets der wichtigste sei: *„Er küsse mich mit dem Kuss seines Mundes."* Drei Mal, so sagt es die orthodoxe Tradition, hat Gott diese Welt geküsst. Natürlich streifte Baruch in diesem Jahr auch das Buch der Sprüche und das Buch Kohelet, die in der hebräischen Tradition gemeinsam mit dem Hohelied der Liebe Salomo zugeschrieben werden.

Es ist sicher hilfreich zu wissen, dass es orthodoxes Gemeingut ist, zu sagen: Es ist der junge, jugendliche Salomo, der das Hohelied der Liebe geschrieben hat – das „Lied der Lieder", wie die hebräische Tradition es nennt. Es ist der Salomo im mittleren Alter, der die gewaltigen Sprüche (in ihren 31 Kapiteln) geschrieben hat. Und es ist der alte Salomo, der das Buch Kohelet (den Sammler) geschrieben hat, auf das ich hier zugreifen will.

Alle drei Bücher muss man gemeinsam lesen und gemeinsam verstehen, sonst wird das einzelne Buch allzu befremdlich sein, und man wird an der vermeintlichen Resignation des alten Buches Kohelet ebenso Anstoß nehmen wie am vermeintlichen Schwärmen des jungen Hohelieds der Liebe. Es sind – so diese jüdisch-orthodoxe Lesart – drei Lebensalter, die uns in diesen drei Büchern begegnen.

„Er küsse mich mit dem Kuss seines Mundes, denn deine Liebe ist lieblicher als Wein."* Wie kann man, wenn man vom

* Das Hohelied Salomos 1,1

Leben ernüchtert ist, solch eine Romantik des Hoheliedes ertragen? Kann man dann noch so von Gott schwärmen? Wird dem Menschen, der in seinem Glauben und in seiner Erfahrung älter geworden ist, solch eine Romantisierung des Lebens nicht längst vergangen sein? Führen die geistlichen Enttäuschungen und die seelischen Verletzungen nicht geradewegs in den Text des Buches Kohelet?

„Mühe dich ab, wie viel du willst, du hast doch keinen Gewinn davon." – Die Arbeit ist eine Plage. Fahre deine Erwartungen an das Leben herunter, sonst wirst du nur enttäuscht. Wenn es dir gelingt, sei fröhlich. Lass gut sein. Iss und trink und sei guten Mutes. Das ist schon sehr viel.

Wie anders als die brennenden Verse des Hohelieds der Liebe klingen diese abgeklärten Worte! Wird ein Mensch, der auf diese erschreckende Weise in seinem Glauben alt geworden ist, noch singen können, wie es im jungen Lied der Lieder am Ende heißt: „Lege mich wie ein Siegel auf dein Herz. Denn Liebe ist stark wie der Tod und Leidenschaft unwiderstehlich wie das Totenreich. Ihre Glut ist feurig wie eine Flamme des Ewigen."*

Ich habe den Eindruck, diese drei Weisheitsbücher, die notwendig zusammengehören, stehen nicht nur für drei Lebensalter, sondern auch für drei unterschiedliche Ausdrucksformen der Liebe. Die junge Liebe: Mit ganzer Leidenschaft sollst du Gott lieben! Die erwachsene Liebe: Mit ganzer Weisheit sollst du lieben! Und die reife Liebe: Mit ganzer Treue sollst du lieben! Es ist gut, wenn unsere Liebe jung bleibt, erwachsen ist und reif werden darf.

Sagt nicht der junge Salomo im zweiten Kapitel des Hohelieds: „Ich bin krank vor Liebe", und wird nicht diese Krankheit,

* Das Hohelied Salomos 8,6

wie er nach Jahrzehnten erkennt, durch eine *andere* Form der Liebe geheilt? Die junge Liebe des Glaubens braucht eine nüchterne Liebe, um zu wachsen. Denn wenn wir älter werden, unser Glaube aber nicht mit unserm Leben mitwachsen kann, wird das, was wir einmal liebten, uns womöglich fremd. Der Glaube ist ja nichts, was man *hat*, sondern er ist die Lebensbewegung selbst. Darum sollen wir nicht in den Sehnsüchten und Erfahrungen und dem Verständnis der früheren Jahre stehen bleiben.

Die Unterschiede zwischen dem Hohelied der Liebe und dem Buch Kohelet sind eine Predigt für sich. Sie sagen: Lass deinen Glauben immer wieder neu werden, lass ihn mit deinem Leben wachsen und reifer werden. Denn sonst hat dein Glaube mit der Lebenskunst des Alltags über kurz oder lang nicht mehr viel zu tun.

: DIE ZWEITE NAIVITÄT

In der Kunst spricht man immer wieder von einer *zweiten Naivität*, die nötig ist, um als reifer Mensch Künstler bleiben zu können – und das heißt: neugierig, offen, experimentierfreudig, empfänglich, kreativ und geistig jung.

Picasso sagte als alter Mann – und wer seine Bilder kennt, weiß, wovon er spricht: *„Als ich dreizehn Jahre alt war, konnte ich malen wie die großen Meister, aber ich habe ein Leben lang gebraucht, um zu malen wie ein Kind."*

So ist es auch im Glauben. Wir meinen, wir seien erwachsen geworden, weil wir nüchtern, abgeklärt und vermeintlich realistisch geworden sind. Aber wie viel Nüchternheit ist in Wahrheit die Resignation eines Menschen, der aufgehört hat, mit seinem ganzen Leben das Geheimnis Gottes zu ergründen! Vor allem unsere sorgsam gehegten und gepflegten Enttäuschungen, die wir nicht loslassen, hindern den Glauben daran, zu wachsen und zu reifen und sich in das Geheimnis Gottes hinein zu entfalten.

Wenn Picasso sagt, er habe sein Leben lang gebraucht, um zu malen wie ein Kind, dann ist das kein Rückfall ins Kindische, sondern es ist der Durchbruch zu einer neuen, gereiften, zweiten Naivität.

Darin kann die Kunst ein Gleichnis sein. Was heißt es denn, zu glauben wie ein Kind? Nicht als ein Rückfall ins Kindische, sondern als eine gereifte, zweite Naivität: Das ist ein Mensch, der sich allen Erfahrungen zum Trotz im Umgang mit Gott ein fragendes, suchendes, forschendes Herz bewahrt hat. Er hat die offenen Augen des Kindes. Wenn wir all unserer Bildung und Erfahrung zum Trotz nicht werden wie die Kinder, werden wir von der Nähe Gottes nichts mehr verstehen. Diese Nähe kann niemand festhalten. Denn der glühende Glaube und die leidenschaftliche Liebe der ersten Jahre sind kein Besitz. Aber kündigt sich dies nicht sogar im *jungen* Buch des Salomo schon als eine Vorahnung an? Wie es dort im Hohelied im dritten Kapitel heißt: „Habt ihr nicht gesehen, den meine Seele liebt? Ich suchte, aber ich fand ihn nicht.“ *

Der reife Salomo hat erfahren, dass gerade diese Suche eine Form der Liebe ist. Wir meinen in der Romantik unseres jungen Glaubens: An Gott zu glauben, heißt, Gott gefunden zu haben. Aber wenn wir älter werden, wissen wir: Zu glauben heißt, sich nicht *abgefunden* zu haben. Es heißt, sich nicht an Gott und diese Welt gewöhnt zu haben. Unsere Fragen sollen uns zu Suchenden machen, unsere Visionen zu Hoffenden, unsere Sehnsucht zu Liebenden. Um den Augenaufschlag des Lebens zu sehen und ihn zu erwidern, braucht man einen

* Das Hohelied Salomos 3,3

liebenden und suchenden Geist. Wie der junge Salomo es sagt: „Du hast mir das Herz genommen mit einem einzigen Blick deiner Augen.“ * Blickt uns das Leben in seiner inneren Schönheit und seinem Geheimnis noch an?

Was ist ein Glaube wert, wenn ihm die suchende Liebe abhandenkam? Wer Gott finden will, der darf die liebende Suche nicht durch ein religiöses Bekenntnis oder durch theologische Bildung ersetzen. Wenn die Glut der Gottesliebe in uns erkaltet ist, dann bleibt das, was einmal Glaube war, als die kalte Asche einer religiösen Lehrmeinung in uns zurück.

Ich fühle mich weder bei denen zu Hause, deren Bekenntnis darin besteht, dass sie suchen, noch bei denen, die sagen, dass sie Gott gefunden und darum ihre Suche beendet haben. Ich suche nicht nach Gott, sondern *mit* Gott. Das ist etwas anderes. Wir irren nicht suchend umher, sondern werden aufgesucht. Dieser Weg lebt von der Sehnsucht danach, dass das, wovon wir leben, sich uns zu erkennen geben wird.

Wie also steht es um unsere zweite Naivität? Haben wir unsere erste Liebe verloren und sind jetzt abgeklärte Menschen? Das Buch Kohelet wirbt darum, dass die Ernüchterten und Enttäuschten und Verletzten doch zu dieser zweiten Naivität finden, von der Picasso sagte, er habe in seiner Kunst ein Leben lang nach ihr gesucht. Er sagte über das Wesen des Künstlers: *„Jedes Kind ist ein Künstler. Das Problem ist nur, wie man ein Künstler bleibt, wenn man älter wird.“*

Wie sehr erinnert das an das Jesuswort: „Wenn ihr nicht werdet wie die Kinder, werdet ihr das Reich Gottes nicht sehen.“ **

* Das Hohelied Salomos 4,9
** Lukasevangelium 18,17

Wer durch Schmerz und manch eine Ernüchterung hindurch zu jener zweiten Naivität gefunden hat, der hat zu einem neuen, bedingungslosen Vertrauen gefunden. Er taucht in Gott ein wie ein Kind. Er kommt als jemand, der sich lieben lässt. In ebendiesem Geheimnis des Kindes – dass es sich lieben lässt – liegt die ganze Vollmacht des Menschen. Über die Stärke, die das bedeutet, geht nichts hinaus.

: DIE NOTWENDIGE VERLETZBARKEIT

Dem älter werdenden Glauben muss gesagt werden, dass er werden soll wie ein Kind. Nicht die erste Naivität des Kinderglaubens, in dem die Welt noch gut war und Gott der liebe Gott war, sondern eine Reife, die durch Enttäuschungen und Ernüchterungen und Erschütterungen hindurchgegangen ist und die zu jener Kraft in uns geworden ist, in der wir die Liebe und die Güte Gottes in unserer Welt als etwas Verletzbares begreifen. Denn es ist eine notwendige Verletzbarkeit, die der Liebe innewohnt.

Das ist die zweite Naivität, in der wir beschlossen haben, *dennoch* zu lieben, *dennoch* zu hoffen, *dennoch* zu vertrauen. Solch einer zweiten Naivität wohnt die reife Liebe dessen inne, der nicht aufgehört hat, verletzbar zu sein. Vieles, was in unseren Beziehungen zu anderen Menschen und auch in unserer Beziehung zu Gott schiefgeht, liegt daran, dass wir unsere Verletzungen ausklammern und sie in Enttäuschungen abkapseln, die wir uns nicht eingestehen. Uneingestandene Enttäuschungen aber lassen das Herz erblinden. Wir werden blind, weil wir nicht mehr verletzt werden wollen. Ein Mensch, der beschlossen hat, nicht mehr verletzt oder enttäuscht zu werden, hat auf eine ernüchterte Weise beschlossen, nicht mehr zu lieben.

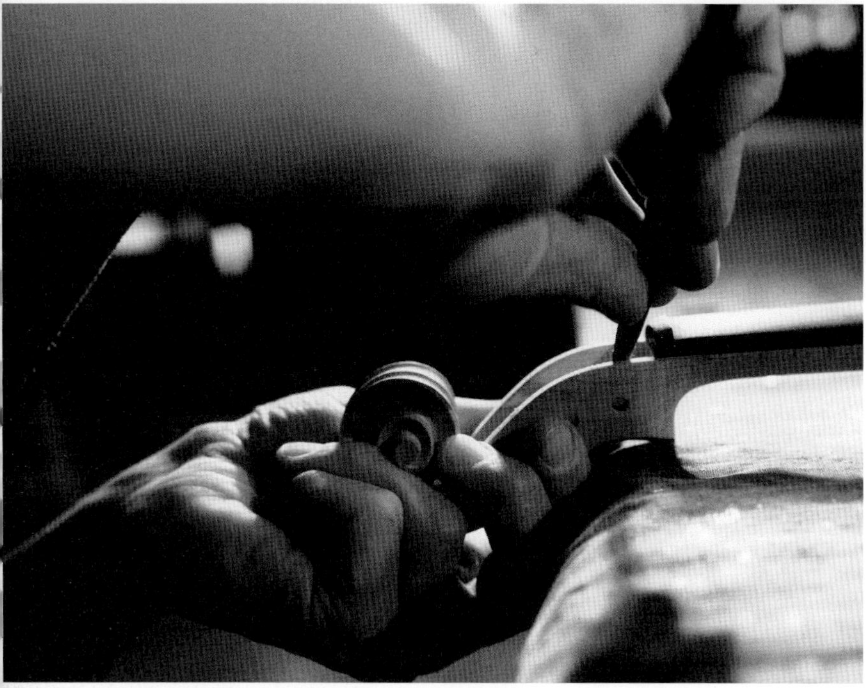

Die zweite Naivität glaubt an die Liebe und an die Güte, die uns beständig umgibt, aber sie tut es nicht mehr (wie in jungen Jahren und wie im jungen Buch des Salomo) in einer schwärmerischen Weise, sondern in der Ehrfurcht dessen, der verletzbar geblieben ist und der darum fähig ist, Gemeinschaft mit der verletzbaren Anwesenheit Gottes zu haben. Gottes *Wesen* ist nicht verletzbar. Gottes *Anwesenheit* aber ist das Verletzbarste, das man in dieser Welt je verletzen kann, denn es ist die Anwesenheit der Liebe. In ihr hat Gott – wie das Buch Kohelet es sagt – „die Ewigkeit in unser Herz gelegt".

Wir sehen die Ewigkeit nicht. Und dennoch heißt es, Ewigkeit sei in unser Herz gelegt. Es ist, als würde man mir mit Blick auf meine Geigen sagen: „Du hast Klang in ihr Holz gelegt." Der Klang kommt nicht als eine neue Substanz hinzu, man sieht den Klang nicht. Die Geige bleibt Holz und wir sehen nur das Holz. Der Klang ist vielmehr die Potenzialität der Geige, er ist ihre Möglichkeit. Die Geige kann klingen, und sie hört dabei doch nicht auf, Holz zu sein.

So ist die Ewigkeit in unser Herz gelegt: Du kannst klingen. Der Klang der Ewigkeit ist die Liebe, in all ihrer Vollmacht und Verletzbarkeit. In diesem Klang der Ewigkeit nehmen wir Anteil an Gott in unserer Welt. Und wie ein Musiker, der die Geige spielt, nimmt Gott Anteil an unserem Klang: seine Wahrheit in unserem Verhalten; seine Gerechtigkeit in unseren Verhältnissen; seine Behutsamkeit in der Achtung, die wir einander entgegenbringen; seine Gegenwart in unserer Aufmerksamkeit, seine Barmherzigkeit darin, dass wir einander die Dinge nicht nachtragen, sondern lernen zu vergeben.

All dies hat nicht mit romantischen Befindlichkeiten, sondern mit Ehrfurcht zu tun. Ehrfurcht ist eine in den Ernüchterungen des Lebens gereifte Form der Liebe. Mit diesem

Hinweis auf die Notwendigkeit der Ehrfurcht setzt Kohelet eine Zäsur, die man nicht unterschlagen darf. Da heißt es: „Ich merkte, dass alles, was Gott tut, das besteht für ewig; man kann nichts dazutun noch wegtun. Das alles tut Gott, dass man sich vor ihm fürchten soll.“ *

Der erwachsene Glaube weiß, dass das Lebendige des Glaubens nicht nur aus Vertrauen, sondern auch aus Ehrfurcht besteht. Der reife Glaube ist nicht nur Vertrauen, sondern er ist auch eine Verneigung der Seele vor dem Geheimnis Gottes. Erst dann, wenn unser Glaube nicht nur das Vertraute, sondern auch die Gottesfurcht kennt, wird in ihm die alles umfassende Bereitschaft erwachsen, sich dem Dasein auch in seiner Krisenhaftigkeit zu stellen. Zu wissen, dass mein Leben anders sein darf, als ich es mir wünsche, und zu wissen, dass auch Gott anders sein darf, als mein Glaube es ihm erlauben will – das ist die Verneigung meiner Seele vor Gott. Es ist Gottesfurcht. Doch gerade die Gottesfurcht steht ja nicht außerhalb meiner Liebe, sondern ist der sehr ernste Teil ihres Wesens.

Darum habe ich am Anfang gesagt, dass die drei Weisheitsbücher (das Hohelied, die Sprüche und das Buch Kohelet), die innerhalb der hebräischen Tradition auf die drei Lebensalter des Salomo verweisen, auch drei unterschiedliche Wesenszüge der Gottesliebe beschreiben. Im Buch Kohelet haben wir es mit einer reifen, alt gewordenen Liebe zu tun.

Der junge Mensch wird vom Leben (zunächst von seinen Eltern) wie von selbst versorgt. Der reife Mensch lässt sich die Quellen zeigen, aus denen er leben soll. Es ist ein Zeichen von Reife und Stärke, dass ich weiß, was mich stärkt, und dass ich aus diesen Quellen lebe.

* Buch Kohelet 3,14

Diese Quelle wird bei manch einem der Lobpreis sein, der Gesang, die Musik. Denn Musik – das weiß meine Seele – ist doch immer in Klang gegossenes Gebet. Es ist ein Liebesspiel der Seele, dass wir musizieren. Es ist das nutzlos Schöne, das unsere Seele formt. Im zweiten Kapitel habe ich darüber geschrieben. Erst in diesen Begegnungen, wenn die Seele ihren Ausdruck findet und dadurch andere Seelen berührt, spüre ich die Bedeutung dieses Wortes: „Er hat alles schön gemacht zu seiner Zeit."

Bei anderen ist diese Quelle, aus der sie schöpfen, die Gemeinschaft mit Freunden des Glaubens, es sind gute und tiefe Gespräche, es ist der Dialog. Und wehe, diese Menschen sind zu lange allein! Wieder bei anderen öffnet sich die Quelle, aus der sie leben, in den Zeiten, in denen sie in der liebenden Stille vor Gott sind. Und wehe, diese Menschen sind zu wenig allein. Wieder bei anderen sind es die Wege in die Natur, der Tanz, der kreative Ausdruck des Künstlers. Oder das praktische und tatkräftige Anpacken, wenn Dinge auf die Beine gestellt, verändert und den Müden und Erschöpften zur Hilfe werden. – Es ist ein Geheimnis, dass unsere Quellkraft nie etwas anderes sein kann als das, wodurch wir diesem Leben unsere Liebe zeigen. Das ist es, was Christus ein reifes Leben fragt: „Wofür brennst du? Wie willst du mir deine Liebe zeigen?"

In der „Legende des Baalschem" heißt es: Jenes Brennen *„erschließt dem Leben seinen Sinn. Ohne es hat auch der Himmel keinen Sinn und kein Wesen. Wenn ein Mensch die ganze Lehre und alle Gebote erfüllt hat, aber die Wonne und das Brennen nicht gehabt hat: wenn er stirbt und hinübergeht, öffnet man ihm das Paradies, aber weil er in der Welt die Wonne nicht gefühlt hat, fühlt er auch die Wonne des Paradieses nicht."*[29]

Das Weisheitsbuch stellt unausgesprochen die einfache Frage: „Hast du vergessen, wofür du brennst? Hast du vergessen, was

Glück bedeutet? Warum pflegst du nicht die Quellen deines Glücks?“

Es kommt im Buch Kohelet so erschütternd einfach und banal daher: „Er soll fröhlich sein und sich gütlich tun in seinem Leben. Denn ein Mensch, der isst und trinkt und hat guten Mut, das ist eine Gabe Gottes.“ Mit anderen Worten: Du sollst wissen, was dir gut tut. Hast du es vergessen?

Gerade diese scheinbare Banalität soll uns gesagt werden. Denn es gibt trügerische Propheten und falsche Lehrer des Lebens, die lehren, sich aus dem Leiblichen und Bedürftigen förmlich herauszubeten, um das „wahre Leben“ zu erfahren. Darum dies nüchterne Wort aus Kohelet: „Iss und trink!“ Als Jesus das Mädchen vom Tod erweckt hatte, sagte er: „Gebt ihr zu essen.“* Die Evangelien predigen keine weltflüchtige und keine seelenwidrige Spiritualität!

: DAS DREIFACHE GLÜCK

Weisheitstexte wie die des Kohelet greifen uns auf eine verstörend heilsame Weise ans Herz. Sie sagen: Ihr seid euch gegeben. Ihr sollt achtsam sein, dass es eurem Leib, eurer Seele und eurem Geist gut geht. Darum iss und trink, und schlafe genug und bewege dich und rieche die Kraft des Frühlings … Und sage Nein, wenn du Nein sagen sollst (um deine Berufung zu schützen!) … Und sei (um deiner Seele willen!) nicht nur nützlich, sondern „tu dich gütlich in deinem Leben“. Hast du diese Güte dir selbst gegenüber verlernt? Arme Seele, dann hat sie den Grund ihrer Freude verloren.

Das Buch Kohelet spricht (anders als das Hohelied) über die Kunst des reifen Menschen, der in Einheit mit sich selbst lebt

* Markusevangelium 5,43

und der das menschliche Glück zu achten, zu schützen und zu führen weiß. Aus diesem Grund lesen wir im Buch Kohelet auch wieder und wieder, wie es ist, wenn ein Mensch den Zugang zu seinem Glück verloren hat. Im zweiten Kapitel: „Darum verdross es mich zu leben" und: „Da ließ ich mein Herz verzweifeln". Verzweiflung wird im Innern zugelassen.

Der reife Mensch weiß: „Wehe, wenn ich über eine zu lange Zeit meine Quellen verlasse; wehe, wenn ich sie nicht pflege und vernachlässige, aus ihnen zu leben." Denn alle Erfahrung von Glück hat damit zu tun, dass wir lernen, aus den Quellen zu leben, die uns gezeigt wurden. Wer mit Gott lebt, lässt sich die Quellen zeigen, aus denen er leben kann. Er vernachlässigt sie nicht. Das ist die Kunst der Seelenführung.

Der reife Mensch weiß, dass das Innerste seiner Seele die Gotteskraft ist, aber gerade darum delegiert er sich nicht weg an Gott, als sei er ein unmündiges Kleinkind und Gott müsse für ihn sorgen, sondern er empfängt sich von Gott. *„Du bist dir gegeben!"* Darum führe und schütze deine Seele.

Wenn die Weisheit des Buches Kohelet von der Kunst der Seelenführung spricht, tut sie dies gemeinsam mit vielen Weisheitstexten der Antike, die der Lebensbewältigung des Menschen dienen. Darum konfrontiert die Weisheit den Menschen mit der Frage: Was ist Glück? Das Griechentum (und mit ihm auch das Neue Testament*) spricht von einer dreifachen Einheit des Menschen aus *Leib, Seele* und *Geist*. Deshalb ist es wohl sinnvoll, auch von einer dreifältigen Dimension des Glücks zu sprechen. Im Sinne des Buches Kohelet könnte man sagen: Das Glück des Leibes ist *Wohlbefinden*. Darum sollst du darauf

* So heißt es in einem der frühesten Paulusbriefe des Neuen Testaments: „Er aber, der Gott des Friedens, heilige euch durch und durch und bewahre euren Geist samt Seele und Leib" (1.Thessalonicherbrief 5,23).

achten, wie es dir geht. Das Glück der Seele ist *Freude*. Darum sollst du um die Quellen deiner Freude wissen. Das Glück des Geistes aber ist *Sinn*. Diese Art des Glücks wirst du nur erfahren, wenn du den Sinn deines Daseins zu spüren bekommst.

Deswegen all die Nichtigkeiten, die sich durch das Buch Kohelet ziehen; deswegen diese Leere, diese Sinnlosigkeit und Unerfülltheit, die darin nach uns greift. Denn die Weisheit dieses Buches sagt: Wenn du den Sinn deines Daseins nicht zu spüren bekommst, wenn du also ohne das Glück des Geistes bist, dann kann auch das größte Glück der Seele und das größte Glück des Leibes diese Leere nicht ausfüllen. Mit anderen Worten: Du kannst kein erfülltes Leben haben, wenn du nicht fragst, was sich durch dich erfüllen soll.

Darum führe deine Seele in die Lebensschule Gottes, wie es bei Jesaja über das Glück des Menschendaseins heißt: „Ich bin der Ewige, dein Gott, der dich lehrt, was dir hilft, und dich leitet auf dem Weg, den du gehst."* In solch einer inneren Führung Gottes zu sein, das ist es, was das Buch Kohelet sagt: „Er hat die Ewigkeit in ihr Herz gelegt."

* Der Prophet Jesaja 48,17

KAPITEL 5

: Weisheit

Das neue Denken

Im folgenden Kapitel geht es um die Erfahrungen der *Schechina*. Wollte ich – selbst auf die Gefahr hin, kitschig oder rührselig zu klingen – in einem einzigen Satz sagen, was ich damit verbinde, so ist es die Erfahrung, wie mein Herz sich neu in Gott verliebt hat.

Die Schechina kommt aus der Erfahrungswelt des Judentums, und ich werde im Laufe des Kapitels ausführlich darauf eingehen. Ich habe das Kapitel geschrieben, um ein tieferes Verständnis – oder eine Weisheit – dafür anzustoßen, was es bedeutet, dass die Gottespräsenz in unserer Welt und unserem Leben zunehmen und auch abnehmen kann. Es ist die Erfahrung einer heiligen und höchst verletzbaren Gegenwart. Die Begriffe „Schechina" und „Heiliger Geist" sind für mich keine lehrhaften religiösen Größen, sondern Lebenserfahrungen. Sie lassen sich nicht lehren, ohne darin zu leben. Von meinem Pilgerweg mit dem Heiligen Geist und Erfahrungen der Schechina möchte ich also im Folgenden schreiben.

Im Maß unserer Gottesliebe werden wir Gott immer weniger fragmentiert und immer mehr als Ganzes wahrnehmen. Gott ist gegenwärtig. Und wir werden lernen, synchron mit ihm zu sein.

Das Johannesevangelium führt den Menschen zu dieser Gleichzeitigkeit, die man Erleuchtung nennen kann, indem es ihn in die Gegenwart des Lichts führt: Es ist der Mensch, der in allen Dingen und mit allen Sinnen erkennt, was Gott tut, und der diesem heiligen Geschehen seine Gedanken, Worte und Hände gibt, damit das Erkannte in einer liebenden Einheit und Gemeinsamkeit mit Gott ins Leben kommt. So verwandeln sich die Anregungen des Himmels durch uns in gelebtes Leben. Das ist die wahre Wandlung, die Gabe Gottes an diese Welt. Solch ein Leben beruht auf den erleuchteten Sinnen des Herzens, von denen Jesus sagt: „Selig sind, die reinen Herzens sind, denn sie werden Gott schauen." *

Diese Seligpreisung ist nicht nur ein Wort, das Jesus sagte, sondern sie ist die Wirklichkeit, die Jesus zu dem machte, der er war. Er lebte aus der vollkommenen inneren Gottesschau und handelte dem entsprechend, was er sah. Besonders das Johannesevangelium zeigt Jesus in der Vollendung dessen, was der Mensch sein kann: Wir sehen die vollendete Kommunion (innere Einheit) und vollkommene Kooperation (äußeres Handeln) mit Gott. So sagte Jesus über sich selbst: „Der Sohn kann nichts von sich aus tun, sondern nur, was er den Vater tun sieht; denn was dieser tut, das tut gleicherweise auch der Sohn. Denn der Vater zeigt dem Sohn alles, was er tut." **

In der Sprache des Geigenbaus bedeutet das: Hier ist von einer Resonanz die Rede: Das eine bringt das andere hervor. Es ist die Wechselwirkung zweier Kräfte, die sich gegenseitig zur Geltung bringen. So, wie während einer jeden Schwingung die potenzielle Energie (das ist die „Energie des Möglichen") und die kinetische Energie (die „Energie der Bewegung") sich gegenseitig unentwegt Anteil aneinander geben und dadurch Klang erschaffen, ist es auch hier: Kommunion und Kooperation, Gottesschau und Gottesliebe, Erkennen und Tun bringen sich gegenseitig hervor.

* Matthäusevangelium 5,8
** Johannesevangelium 5,19

Das wesentliche Merkmal der Spiritualität Jesu war das Wechselspiel zwischen Ohnmacht und Vollmacht. Wenn wir das eben zitierte Wort anschauen, so ist es die Ohnmacht: „Der Sohn kann nichts von sich aus tun" und die daraus empfangene Vollmacht: „Was er den Vater tun sieht, das tut gleicherweise auch der Sohn."

Vollmacht lässt sich nicht erlernen, sie beruht auf Gnade und sollte uns nicht kümmern. Worin wir uns aber zu üben haben, ist das Lernprogramm jener heiligen Ohnmacht, die nicht Schwäche bedeutet. Denn sie lebt aus einem inneren Schauen, in ihr wissen wir, dass wir „nichts von uns aus tun". Es bedeutet, dass wir unser Dasein der Gottesliebe weihen, die in allen Dingen um uns wirbt und durch uns handeln will. Darum gehen wir mit allen Dingen ins Gebet, um „von Gott gelehrt"* zu werden. Das Jesuswort „Wer an mich glaubt, der wird die Werke auch tun, die ich tue"** bedeutet sinngemäß: „Stellt mich nicht auf einen heiligen Sockel, sondern lernt, durch euer Vertrauen auf meine Weise zu leben. Denn ihr sollt lernen, in dem gleichen Heiligen Geist zu leben wie auch ich."

Doch wir müssen sehen, dass die Augen unseres Herzens sich trüben können und dass dann das gemeinsame Leben mit Gott nur sehr unvollkommen möglich ist. Wir machen verletzende Erfahrungen in dieser Welt, die uns die Einsicht und die Kraft rauben, in der berufenen Weise zu leben.

Darum ist jede Heilung eine Reinigung. Es ist die Reinigung des Geistes von verkehrtem Denken und die Reinigung der Seele von verletzenden Erfahrungen, die noch keine Vergebung erfahren haben und darum noch immer destruktiv

* Johannesevangelium 8,28; vgl. 8,38
** Johannesevangelium 14,12

wirksam sind. Verkehrtes Denken und unversöhnte Erfahrungen trüben die Augen des Herzens, und so kommt es zu jener kläglichen Fragmentierung unseres Daseins, das von Gott vielleicht berührt, aber nicht geführt, von Gott angesprochen, aber nicht durchdrungen ist. Gedanken, die der Wahrheit Gottes fern sind, sind Keime der Unerlöstheit, von denen unser Leben geheilt werden soll. In ebenjenes Heilwerden des inneren Menschen ist ein Wort aus dem 1. Makkabäerbuch hineingesprochen, das man in einem tieferen Schriftsinn* hören kann:

„Weil unsere Feinde verjagt sind,
lasst uns hinaufziehen
und das Heiligtum wieder reinigen
*und weihen.“***

Wir sind berufen, ein Heiligtum des göttlichen Lebens, ein Tempel Gottes, zu sein, doch dazu müssen die Feinde vertrieben sein: das falsche Denken und die unversöhnten Erfahrungen.

Durch die Quellerfahrungen der Vergebung ziehen wir aus den finsteren Tiefen hinauf ins Heiligtum, erfahren die reinigende Wirkung einer gütigen Kraft und Weisheit, der wir begegnen und der wir ein verändertes Dasein weihen. Das gereinigte und gottgeweihte Dasein ist heil, und es wird der äußeren Lebenswelt, der wir begegnen, ein „Heiland“ sein. Ja, es ist eine geradezu natürliche Folge, dass wir eine segnende Kraft empfangen werden, wenn unsere Seele in dieser Weise durch Erfahrungen der Vergebung gereinigt und geweiht ist. Es wird

* Auch das Judentum kennt (längst vor der Alten Kirche) den „vierfachen Schriftsinn“. Nach dem ersten, dem Literalsinn („Was steht geschrieben?“), ist der zweite Schriftsinn der metaphorische Sinn („Was klingt darin an?“). In diesem zweiten Schriftsinn möchte ich den Vers aus dem Makkabäerbuch betrachten.

** 1. Makkabäerbuch 4,36b

Segen von uns ausgehen, weil etwas Heilsames in uns geschehen ist.

Die verkehrten Gedanken und die unversöhnten Erfahrungen verbreiten kein Heil. Was in dir nicht vergeben ist, wird durch dich unweigerlich verletzend sein. Wie das Wort aus dem Makkabäerbuch sagt, müssen wir in jene Tiefen hinabsteigen, wo Vergebung zugesprochen werden kann. Wir werden erstaunt sein, wie viel wir zu vergeben haben und wie viel auch uns vergeben wird. Es ist zu wenig, wenn wir meinen, Vergebung sei lediglich ein Willensakt, und es reiche aus, „aus Gehorsam" zu vergeben, nicht aber von ganzer Seele.

Vor einigen Jahren habe ich auf drastische Weise erlebt, wie sehr es nötig war, dass heilsame Vergebungskräfte die Seele erreichen.

: DER KREISCHENDE RABENSCHWARM

Wie jedes Jahr war ich mit einigen meiner väterlichen Freunde für eine Woche beim Skifahren. Diese gemeinsamen Zeiten hatten oft eine außergewöhnliche Kraft. Vor dem Frühstück hielten wir jeden Tag eine gemeinsame Andacht, lasen in der Bibel, tauschten uns über das Gelesene aus, hatten Stille und gemeinsames Gebet. Dann genossen wir die Berge, die Sonne, den Schnee.

Jürgen war ein leidenschaftlicher Koch, so genossen wir die Abende und die gemeinsame gemütliche und festliche Zeit. Anschließend war an jedem Abend stets ein anderer dran, aus den Erfahrungen des vergangenen Jahres zu berichten.

Ich hatte in diesem Jahr viel Ungutes in unserer Gemeinde und bittere Enttäuschungen mit Menschen erlebt. Selbst die traumatischen Anfangsjahre meiner Existenzgründung mit all den beißenden Sorgen waren nicht so schlimm gewesen wie die Wunden, die ich durch Machtkämpfe und fromm kaschierte Übergriffigkeiten in der Gemeinde durchlitten hatte.

Ich dachte eigentlich, ich hätte die zurückliegenden furchtbaren Monate recht gut überwunden, doch was ich erzählte, machte offensichtlich einen anderen Eindruck. Denn als ich geendet hatte, meldete sich Rudolf zu Wort. Rudolf ist ein wirklicher Brudermensch, und man merkt bei ihm durch und durch, dass er es gut mit einem meint. Er spüre, so sagte er, in meinen Worten eine derartige Bitterkeit, dass es ihn regelrecht schüttle! Das zu hören, erstaunte mich. Ich wollte ihn und mich reflexartig beschwichtigen, so schlimm sei es alles nicht gewesen, und ich hätte die Sache längst hinter mir gelassen.

Wie recht Rudolf hatte, erkannte ich aber spätestens, als ich in die Gesichter der anderen Freunde sah. Es herrschte betretene Stille. Dann bat ich sie, mit mir zu beten, um diese Dinge vor Gott abzulegen. Ich sprach vor ihnen im Gebet laut aus, dass ich den Menschen, die mich in dieser Sache verletzt hatten, von Herzen vergebe. (Zwei der Freunde legten mir währenddessen die Hände auf, um mich zu segnen).

Kaum hatte ich die Worte ausgesprochen, sah ich vor meinem inneren Auge, wie ein ganzer Schwarm pechschwarzer Raben laut kreischend aus meinem Herzen floh. Und ich sah und spürte, wie ein strahlend weißer, reiner und scheuer Vogel sich in einer sanften Kraft auf meiner rechten Schulter niederließ: die Gegenwart des Heiligen Geistes.

Dieses innere Spüren und Sehen blieb etwa eine Woche lang ununterbrochen bestehen. Alles veränderte sich. Ich merkte, wie ich an den folgenden Tagen die Dinge ruhiger tat und in einem selbstverständlichen und ganz mühelosen inneren Hören blieb. Tatsächlich entstand in mir eine regelrechte Verliebtheit in Gott. Während dieser Tage erschrak ich mehr als sonst, wenn Menschen schlecht über andere Menschen sprachen. Ich spürte, wenn der Heilige Geist unruhig wurde, und spürte, wenn ein tiefer Friede auf mir war. Dies alles war so nah wie der eigene Atem, und es war ein großes inneres Glück, in dieser Kraft zu bleiben und während der Tage an vielen Stellen diese unmittelbare Gegenwart zu erleben: Reden des Geistes, Warnungen und Mahnungen (einmal während des Autofahrens), die zur Bewahrung und Führung wurden.

Es war eine Zeit der anhaltenden Gottesnähe, eine große und sanfte Kraft. Es kann kein Zufall sein, dass der Epheserbrief sagt: „Betrübt nicht den Heiligen Geist", um noch im gleichen Atemzug zu sagen: „Alle Bitterkeit und Grimm sei fern von euch. Seid untereinander gütig und barmherzig und vergebt einer dem andern, wie auch Gott euch vergeben hat in Christus." *

: DER ANKER DES DASEINS

Es gibt eine Gnade, die uns dahinführt, dass derartige Erfahrungen kein Einzelfall bleiben, sondern zur Lebensform werden. Es ist die Gnade des betenden Lebens. Zu dieser Lebensform möchte ich einige Anmerkungen machen: Ich könnte ohne Gebet nicht mehr leben. Täglich spüre ich einen Durst, eine Sehnsucht, die mich untertags immer wieder aus meiner Werkstatt heraus in das kleine Nebenzimmer treibt, mich aufatmen und still werden lässt und mich in diese Sanftheit und Ruhe Gottes kleidet. Man muss es mir nicht sagen, es ist ein Drang, eine Sucht, ich brauche Gott. Hier schöpfe ich – manchmal gerade angesichts von Bedrückungen, Widrigkeiten und Anfechtungen – ein Ja zum Leben. Die Gebetszeiten sind Quelle meiner Liebe.

* Epheserbrief 4,30f

Unser Intellekt denkt, aber unser Geist empfängt. Mit Gott in dieser Klarheit und Sanftheit verbunden zu sein, heißt, sich jener Empfänglichkeit bewusst zu sein und den eigenen Geist als einen Raum zu verstehen, den wir Gott öffnen. Das Wunder des Gebets ist die Liebe, die so entsteht. Dass wir Liebe und Gottesnähe empfangen, ist in der Tat der überwältigendste Gottesbeweis, den der innere Mensch erlebt. Im Gebet empfangen wir Liebe und die Liebe läutert unser Gebet. Das Wesentliche des Gebets ist diese Wechselseitigkeit, es ist ein Austausch. Die Herzen neigen sich einander in Liebe zu, und es entsteht eine heilige Stille, eine liebende Stille, die man durch nichts – auch nicht durch Worte – zerstören mag. Es ist einander zugeneigtes, liebendes Schweigen mit Gott. Und eben darin empfangen wir etwas, in dem wir eine Unerschöpflichkeit erahnen. Wir werden nicht leer, sondern werden überreich erfüllt. Liebe ist nicht leer, sondern überreich liebende Fülle.

Ich atme langsam, nichts darf die Stille der zugeneigten Herzen stören. Durch das Gebet wird Liebe empfangen. Wir werden zur Liebe. Dass das Empfangene in den Tag fließt, in das alltägliche Geschehen, heißt, dass wir der Welt, der wir gegeben sind, die Gottesliebe schenken, die wir empfangen haben, und es geschieht eine andere, eine geheiligte Gegenwart. Geheiligt durch die Liebe des empfänglichen Menschen. Niemand gibt etwas, das er nicht empfangen hat. Wir empfangen Zukunft und spenden sie der Gegenwart. Das heißt, dass wir hineingreifen in das Potenzialfeld des Heiligen, einzig das liebende Herz greift hinein und empfängt das Heilige, das es der Gegenwart schenken kann. So wird die Gegenwart befreit, weil sie Gott empfängt. Das ist die Befreiung, die Erlösung, zu der wir berufen sind. Auch du wirst zu einem Erlöser gemacht, anders würdest du das Wort „Christus in dir“ * nicht glauben.

Darum kann man den Nächsten nicht lieben, ohne seine Gegenwart zu lieben; und man kann die Gegenwart nicht lieben, ohne Gott zu lieben; und da wir Gott im Gebet empfangen, kann man die Welt des Nächsten nicht lieben und ihr das Berufene nicht geben, ohne im Gebet zu sein. Im Gebet spiegelt sich das Gesetz der Ewigkeit, es ist das Wechselspiel der Liebenden. Indem du liebst, dehnst du die Gegenwart Gottes auf andere aus, darum ist Gebet ein Akt der Liebe. Du empfängst Gott, und du empfängst dich selbst, denn du begreifst, dass dein Geist reine Empfänglichkeit ist. All dies ist das „Kämmerchen“, von dem Jesus spricht. ** Wir brauchen diesen unbedingten Rückzug zu Gott.

In einem jeden Herzen liegt der Schlüssel der Ewigkeit. Er erschließt dem Leben seinen ganzen Sinn. Wenn du zu dieser Liebe kommst, bist du hinaufgestiegen und bleibst in jenem Heiligtum, von dem das Wort aus dem Makkabäerbuch spricht. Du bleibst in der Kommunion. Du bleibst in diesem Raum der zugeneigten Herzen, auch wenn du nun aufstehst und in den Tag gehst. Du musst nichts bitten, denn du empfängst. Und da du in der empfangenden Liebe bleibst, hast du die Bitte Gottes erhört. Du erhörst Gott, wenn du betest. Solches Beten ist eine Berechtigung. Es ist die Berechtigung, nicht in deinem eigenen, sondern im Namen Gottes zu leben.

„Nicht das ist Demut, wenn einer sich übersehr erniedrigt und vergisst, dass der Mensch durch Wort und Tat den überfließenden

* Galaterbrief 2,20
** Matthäusevangelium 6,6

Segen herabzubringen vermag. Das Böse ist vielmehr, wenn du vergisst, dass du ein Königssohn, eine Königstochter bist.“[30]

Das Ego spricht: „Gut, dass du fähig bist, gering von dir zu denken, denn diese Haltung hält dich Gott fern.“ Der Heilige Geist aber spricht: „Denke nicht zu wenig von dem, was du bist.“

Es wäre arrogant, nicht zu glauben, dass du heilig bist – nicht zu glauben, dass du der Gottesschau würdig und zur Gottesliebe fähig bist. Du bist es, wenn du den Glauben an Christus in dir angenommen hast. Wie man eine Tür öffnet, um einen Gast einzulassen, so muss dein Glaube es erlauben. Darum weise die Arroganz zurück, die dir vorgaukelt, du seist nicht heilig, und die dich anstiftet, ohne Christus zu leben. Es wäre arrogant, nicht sein zu wollen, was Gott dich sein lässt: In wahrer Demut wirst du erkennen, dass du heilig bist, da du ganz und gar in der Zuneigung Gottes bist. Darum neige dein Herz. Wenn es schwach wird oder du dies alles in den Enttäuschungen und Widrigkeiten der Welt vergisst, dann geh zurück ins Gebet. Du kannst in dieser Welt nur bestehen, wenn das Gebet der Anker deines Daseins ist – darin übe dich. Das Gebet ist die Hauptschlagader des Lebens.

Wir können segnend und gebend sein, wenn wir Gott empfangen. Wir sollten nicht von uns fordern, dass wir etwas geben, was wir nicht empfangen haben. Darum geht dem segnenden Leben das Beten voraus. Diese Kommunion der Liebe ist das Wesentliche des Glaubens. Denn was immer wir in den Geschehnissen des Lebens (explizit oder implizit) von Gott wahrnehmen, hören und sehen – es kommt nicht durch eine spirituelle Technik, sondern durch die Liebe. Das liebende Beten und das liebende Leben sind das Lernprogramm Gottes, das uns auf den Weg Jesu führt.

: ERLÖSUNG UND ERGEBENHEIT

Das Nichtsegnende, das Nichtversöhnte in uns, das diesen Weg der inneren Erlösung nicht geht, wird in den äußeren Begegnungen und Geschehnissen stets etwas Angriffiges und Unduldsames, etwas Ungeduldiges, Enges, Richtendes, Besserwisserisches und Verachtendes haben. Denn das Unerlöste ist noch immer im Kampf mit den inneren Feinden verstrickt.

Ein Leben, das nicht in der Liebe ist, kostet ungeheure Kraft, denn es fühlt in sich selbst Feindschaft, es fühlt eine Zerrissenheit der Stimmen, die mit sich selbst im Streit und uneins sind: die Stimme des Selbstmitleids, die das Opferdenken in uns manifestiert; die Stimme der Unwürdigkeit, die uns einredet, wir seien Gott fern; die Stimme der Schuldgefühle, die uns weismachen wollen, wir würden Gott nicht genügen – als hätte Gott Freude daran, wenn wir uns um unsere Schuldgefühle drehen und diese damit zu unserem Gott erklären. Wie oft haben wir zwar anderen Menschen verziehen, aber haben es versäumt, auch uns selbst zu vergeben, und darum in unserer Seele nicht innere Akzeptanz, sondern seelische Selbstablehnung gepflanzt. So beginnen wir, einen unseligen Opferstatus zu kultivieren, und erlauben dem Selbstmitleid, die seelischen Verwundungen zu manifestieren. So bleiben wir in den Kampf mit unseren Feinden verstrickt.

Es ist eine überwältigende Erfahrung, wenn wir erleben, dass es nicht mühevoll ist, die Feinde zu vertreiben. Es ist kein Kampf. Das Erstaunliche, das ich lernte, war die Mühelosigkeit, in der die Bitterkeit überwunden war. Durch den Akt der Vergebung wurde sie aufgescheucht wie eine erschrockene

Vogelschar. Diese Erfahrung hat mich Entscheidendes über das Wesen des Bösen gelehrt.

Wir verehren das Böse fatalerweise häufig gerade dadurch, dass wir es angestrengt bekämpfen. Das Böse liebt diesen Kriegszustand. So zieht es all unsere Aufmerksamkeit auf sich. Dadurch beten wir es ungewollt und doch magisch an. Wenn wir den Weg der geistlichen Heilung gehen, wird das Böse nicht bekämpft, es wird schlicht bedeutungslos. Denn die Liebe erlöst, indem sie auflöst, was uns gebunden hat. Das ist das Wesen der Vergebung. Wir vertreiben die Feinde nicht durch den Kampf. Das heißt: Bezwinge nicht das Böse in dir, sondern fördere das Gute in dir. Lebe mit der Autorität eines segnenden Herzens.

Der wahre Kampf des Lebens bedeutet, sich endlich zu ergeben: Wir geben einer Gnade nach, die uns zu den Quellen unseres wahren Wesens führt.

Man spürt es einem Menschen ab, wenn er aus der Nähe Gottes kommt. Da ist eine segnende Ausstrahlung, ein segnendes Herz, ein Duft der Gottesgegenwart. Es sind Menschen, die unwillkürlich den Glauben zu Gott hin stärken.

Wir brauchen den Weg in die Tiefen nicht zu fürchten, denn die Weisheit unserer Seele wird uns führen. Weit tiefer und reicher als das unentwegte Plappern unseres Verstandes ist eine Intelligenz in uns, von der wir nicht ahnten, dass es sie gibt. Es ist die Weisheit der Seele. Wenn wir auf Gottes kreative Weise Heilung unseres inneren Lebens erfahren, steigen wir durch einen Frieden gereinigt hinauf in das Heiligtum einer erlösten und vom Wahn befreiten Seele.

Vergebung ist eine behutsam in uns wirkende Kraft. Sie sagt: Stelle dich der Geschichte, die deine Seele dir erzählt. Sie wird dich an Menschen und Begegnungen erinnern, aber auch an Umstände und Situationen deines Lebens, denen du noch nicht in der gebotenen Tiefe vergeben hast. All diese Erinnerungen, die im hörenden und schauenden Beten geschehen, stellen am Ende nur diese eine Frage: „Willst du vergeben?" Durch die Herzenshaltung der vergebenden Seele nehmen wir Anteil an der sanften und demütigen Gottespräsenz – wir nehmen Anteil an der „Schechina".

: DIE SCHECHINA

Unsere Gottesliebe wird sich erneuern, und wir werden ein neues inneres Brennen feststellen, wenn wir aus den Erfahrungen der Schechina leben. Sie ist Inbegriff der Unmittelbarkeit und der realen Gottesgegenwart.

Der Begriff der Schechina hat sich im Judentum seit zwei Jahrtausenden entwickelt. Das Substantiv kommt in der Bibel nicht vor, häufig aber begegnet uns die sprachliche Wurzel im Verb *schachan*. Es bedeutet „wohnen" oder – noch treffender – „zelten". Die Gegenwart des Ewigen erwies sich darin, dass er mitten unter dem Volk in der Stiftshütte „zeltete" – in jenem hebräischen Zeltheiligtum aus goldüberzogenem Akazienholz und „feiner Leinwand, von blauem und rotem Purpur und von Scharlach". Dort ließ sich die Herrlichkeit Gottes *(Khebod Adonai)* nieder, wie es bei Mose heißt: „Und sie sollen mir ein Heiligtum machen, dass ich unter ihnen wohne." *

Der Talmud kommentiert diese Thorastelle mit den Worten: *„Das Mischkan, die Stiftshütte, ist errichtet worden, damit*

* 2. Buch Mose (Exodus) 25,8

die Schechina bei den Unteren weilt."[31] Darin ist die sprachliche Nähe zwischen *schachan* (zelten) und *Schechina* (Wohnen Gottes) begründet.

Auch ist bedeutsam, dass der Prolog des Johannesevangeliums, der die innerste Bedeutung Christi beschreibt, unter den unterschiedlichen Begriffen für „wohnen" denjenigen gewählt hat, der üblicherweise für „zelten" verwendet wird: „Er wohnte unter uns und wir sahen seine Herrlichkeit" – wörtlich: „Er schlug sein Zelt auf unter uns ..."*

Die Schechina lässt uns immer wieder erfahren, dass die Herrlichkeit Gottes sich auf uns „niederlassen" kann und Situationen sich dadurch vollkommen verändern. Ohne die Schechina wäre Gott für uns nur ein wahrer Gedanke, den wir denken können. Durch die Schechina aber erfahren wir die Wahrheit in einer Unmittelbarkeit, denn sie hat die Ausstrahlung Gottes: eine Heiligkeit, eine Sanftheit und Ruhe, ein tiefes Daseinsglück, einen ungeahnten Frieden. Die Schechina ist nicht etwa ein intellektueller Gedanke oder ein religiöses Konzept, sondern sie ist eine sinnliche Erfahrung, sie ist die Ausstrahlung des Heiligen, eine Mitteilung des Transzendenten, sie befreit den Glauben davon, nur eine Idee zu sein; durch sie schenkt sich Gott.

Die Schechina ist immer Gott selbst, der in einer bestimmten Situation, einem Vorgang, einem Ort anwesend ist. „Fürwahr, der Ewige ist gegenwärtig an diesem Ort, und ich wusste es nicht. Furcht überkam Jakob und er sagte: Wie Ehrfurcht gebietend ist doch dieser Ort! Dieser Ort ist nichts anderes denn ein Gotteshaus und das Tor des Himmels."**

* Johannesevangelium 1,14

** 1. Buch Mose (Genesis) 28,16f

Jeder Augenblick kann ein Ort Gottes sein. Die Seele reagiert auf diese Zuneigung Gottes durch ihre innerste Sehnsucht und es geschieht etwas Ehrfurcht Gebietendes. „Möge doch die Schechina des Ewigen unter uns wandeln."* Wie durch die Freude, die wir an einem Menschen haben, dieser in uns wohnt, ist es auch mit der Schechina, die uns die Freude Gottes schenkt. Es ist die Erfahrung, dass sich das Herz neu in Gott verlieben kann. Dass der Mensch – wie es im Talmud heißt – der Schechina nachfolgen kann, ist nur möglich, da die Seele durch diese Berührung in die Gottesliebe hinein verwandelt wird. So heißt es im Talmud: *„Wandle in den Wegen Gottes und du gehst der Schechina nach, wie Gott barmherzig ist, so auch du."***

: DAS CHARISMA DER VERLETZLICHKEIT

Die Schechina hat niemals etwas Unterwerfendes, sondern stets etwas Werbendes. Sie wirbt darum, dass unser Herz erkennt, was ihm geboten ist, und dass wir es tun – und sei es, dass wir eine Bitterkeit ablegen, die uns gegen all die Segnungen der Gottesgegenwart abgedichtet hat.

Ein Wort des rabbinischen Judentums sagt: *„Obschon die Schechina im Himmel ist, sie schaut und durchforscht die Menschen."**** Wir müssen dieses Suchende und Werbende der Schechina verstehen. Sie erforscht, was unser Herz erlaubt; sie wird stets fragen, wie nah sie uns kommen kann, sie wird warten,

* 2. Buch Mose (Exodus) 34,9

** Dies ist kein explizit talmudisches Zitat, sondern die Schlussfolgerung der dortigen Diskussion – siehe besonders Sota 14a. Es besagt, „dass man den Handlungen des Heiligen folge. Denn der Heilige sprach: Jeder, der entsprechend meiner Taten handelt, wird mir gleich sein [...]. Es will sagen, dass man den Handlungen des Heiligen, gepriesen sei er, folge. Wie er die Nackten kleidet ..., Kranke besucht ..., Trauernde tröstet ..., Tote begräbt ..., so auch du." (Rabbi Chama b. Chania, Babylonischer Talmud Sota 14a.).
Vgl. Zadoq ben Ahron: „Talmud Lexikon", Isenburg 2006, S. 833.

*** Midrasch Rabba Schemot 2,2. Ganz ähnlich das neutestamentliche Wort über den Heiligen Geist: „Der Geist erforscht alle Dinge, auch die Tiefen der Gottheit" (1. Korintherbrief 2,10).

dass sie sich niederlassen kann und dass sie uns wie Ton in den Händen eines Töpfers als eine geliebte Seele Gottes formen kann. Wo immer wir die Schechina erfahren, entsteht tatsächlich so etwas wie eine neue Gottverliebtheit.

Es ist wichtig, dass wir dieses innere Formen von Schönheit als etwas Verletzliches verstehen. Denn wo immer entscheidende Dinge geschehen, begegnet uns das Charisma der Verletzlichkeit. Es ist die notwendige Verletzbarkeit der Menschenseele, denn nur das Verletzbare ist fähig zur Liebe. Überall dort, wo wirkliche Schönheit entsteht, müssen wir eine verletzbare Gegenwart akzeptieren. Die Schönheit von Beziehungen, die Schönheit der Hingabe und des Glaubens, die Schönheit des Klanges – in alldem ist nichts Ordinäres, sondern eine heilige Verletzlichkeit.

Besonders anschaulich ist diese Erfahrung in der Formung des Klanges: In meinem Atelier erlebe ich, mit welcher Leidenschaft Musiker den Klang ihrer Instrumente formen. Die ganze Schönheit des Klanges entfaltet sich an der Kontaktstelle zwischen dem Geigenbogen und der schwingenden Saite. Hier entsteht der Ton, und in seinen Schwingungen erwächst eine heilsame Wärme, ein Glanz, eine Feinheit und eine leuchtende Farbigkeit. Doch es ist wichtig zu sehen: Gerade diese Stelle ist unendlich verletzlich – und eben nur darum kann diese Schönheit entstehen. Es dauert oft Jahre, bis ein Schüler die Tongebung beherrscht. Keine Stelle ist verletzlicher als dieser Kontaktpunkt der entstehenden Schwingung. Zu viel Druck, und der Ton wird kratzen; zu wenig Druck, und es entsteht ein Pfeifen; zu nah am Steg, und der Ton bricht weg; zu weit vom Steg entfernt, und der Ton verliert seine Kraft.

Der rechte Umgang mit dem entstehenden Klang ist anspruchsvoll, da er verletzlich ist. Und nur, weil er verletzlich ist, kann diese Schönheit entstehen. Verletzlichkeit ist nur ein anderer Begriff für Empfänglichkeit. Das Entscheidende spielt sich immer in der Verletzlichkeit ab. Diese Formgebung von Schönheit im Klang hat etwas Gleichnishaftes, denn ebenso ist es auch mit der liebenden Kontaktstelle zu Gott, die wir „Glauben" nennen.

Da ist nichts Grobes, nichts Monolithisches, sondern etwas Zerbrechliches, etwas, das sich nicht bauen, sondern nur aufschlagen lässt. Der liebende Glaube gleicht viel eher einem Zelt, das man aufschlägt, als einem Tempel, den man unumstößlich erbauen kann. All dem, was „religiös" werden und damit Gottes habhaft werden will, muss die Stiftshütte eine Provokation der Demut sein: Der Ort der Gottesbegegnung war keine Festung, kein Tempel, kein Lehrgebäude, kein Palast. Sondern er war ein Zelt.

Wir wünschen uns gesicherte Gedankengebäude – errichtet aus den Steinen unserer dogmatischen Wahrheiten oder weltanschaulichen Überzeugungen. Wir wünschen uns ein festes Haus der religiösen Weltanschauung, denn wir wollen uns unserer Sache sicher sein. Der Glaube aber hat Zeltcharakter. „Der Heilige zeltet unter uns." Geschlossene Lehrsysteme sind menschlich erdachte Konstruktionen, die fortschreitend widerlegt werden, denn sie genügen lediglich der Widerspruchsfreiheit ihrer Zeit.* Aber sie genügen nicht Christus. Christus ist kein Lehrsystem, sondern die sich (fortschreitend entfaltende) Wahrheit des Menschendaseins.**

* Jedes widerspruchsfreie Gedankengebäude ist vergänglich, denn es ist einer zeitbedingten (und damit vergänglichen) Logik unterworfen. Längst hat heute die Quanten-Logik („sowohl als auch") die über Jahrhunderte gültige klassische Boolsche-Logik („entweder-oder") infrage gestellt.

** Siehe Johannesevangelium 16,12–13: „Ich habe euch noch viel zu sagen; aber ihr könnt es jetzt nicht ertragen. Wenn aber jener, der Geist der Wahrheit, kommen wird, wird er euch in alle Wahrheit leiten. Denn er wird nicht aus sich selber reden; sondern was er hören wird, das wird er reden, und was zukünftig ist, wird er euch verkündigen."

Wenn wir den Weg Christi gehen, erfahren wir den Glauben als etwas Geführtes und zugleich Verwundbares, als eine suchende Liebe, die darin besteht, die Gegenwart Gottes zu erforschen. Es ist wie die Geige, die durch ihre Resonanzen die Erregungen der schwingenden Saite „erhört" und „erforscht" und sie so in Klang verwandelt. Klang ist nichts anderes als durch Resonanzen gefärbte Anregung. Der liebende Glaube ist die Bereitschaft, Gott zu erhören. Es tut also der Wahrheit Gottes keinen Abbruch, dass wir sie durch unseren Glauben und unser Charisma färben. Im Gegenteil: Es ist das Wesen der Schönheit. Die Demut und Freude Gottes lässt es zu.

Die Erfahrungen der Schechina werden uns von den ordinären Glaubensvorstellungen befreien, die wir mit Blick auf die Allmacht oder den Willen Gottes in uns tragen. Wann immer wir die Annäherungen der Schechina erfahren, werden wir vor jener ungeheuren Verletzlichkeit fast erschrecken; sie hat eine Demut, Sanftmut, Zartheit, die wir geradezu schützen wollen.

Ja, die Schechina erlöst Gott in unseren Herzen. Sie erkennt das Dumpfe, Scharfe und Schrille, den unschönen Ton, all die Geisteshaltungen, Gewohnheiten und Gedanken, die sie verstoßen. Sie wird uns nicht näher kommen, als die Abwehrschilde unseres inneren Lebens es ihr erlauben – die Bitterkeit, die Sorgen, die Resignation, die Rechthaberei und all die anderen Härten und Verstockungen des inneren Menschen. Die Schechina bricht nicht durch jene Schichten hindurch in unser Menschsein ein.

„Vier Menschenklassen", heißt es, *„werden der Schechina nicht teilhaftig: die Spötter, die Lügner, die Heuchler und die Verleumder."*[32] Rabbi Jizchak sagt: *„Es steht geschrieben: Die Gerechten werden das Land ererben und darauf immer wohnen"*, um ironisch weiterzufragen: *„Was werden die Frevler tun? Schweben sie in der Luft? Nein, sondern die Frevler lassen die Schechina nicht auf Erden ruhen."*[33]

Seit jeher wird die Nähe der Schechina und die Reinheit des inneren Menschen als ein göttlicher und menschlicher Aspekt der Liebe gesehen – so auch im eingangs zitierten Jesuswort: „Selig sind, die reinen Herzens sind, denn sie werden Gott schauen."

In einem talmudischen Kommentar zu Exodus 2,7 heißt es: *„Da sprach die Schwester des Mose zur Tochter des Pharao: ‚Soll ich gehen und dir eine stillende Frau von den Hebräerinnen rufen?' Weshalb gerade von den Hebräerinnen? Das lehrt, dass man Mose bei allen Ägypterinnen herumreichte, er aber saugte nicht. Er sprach: ‚Ein Mund, der einst mit der Schechina reden wird, soll etwas Unreines saugen?'"*[34]

: DAS WECHSELSPIEL DER LIEBE

Die Schechina hat etwas Sanftes und Reines, sie greift nicht an. Was immer sie sucht – sie wird es niemals unterwerfen, sie wird fragen, wie nah sie dem Geliebten und Gesuchten kommen kann. Das bedeutet, dass wir durch den Glauben an Gott zu einer verletzbaren Schönheit berufen sind. Es ist eine im Tiefsten charismatische Verletzlichkeit und sie beruht auf Gegenseitigkeit. Charis (die Gnade) heißt auch „Anmut des Schönen". Was ohne Gnade ist, hat in unserer Welt stets etwas Angriffiges, etwas Harsches und Unterwerfendes. Da ist ein schlechter Klang und zu viel Druck und die Dinge brechen weg. Wo aber die Schechina wirksam wird, da nehmen wir Anteil an Gottes Wesen. Ein Glaube, der das Ordinäre in seinem Gottesverständnis abgelegt hat, wird beides sehen – die Belastbarkeit Gottes und die Verletzbarkeit Gottes: Gottes *Wesen* ist unantastbar, Gottes *Anwesenheit* aber ist in die Hände unseres Glaubens gelegt. Denn es ist eine verletzbare Anwesenheit. Wir sind verantwortlich für die Anwesenheit Gottes in unserer Welt.

Doch anstatt uns dieser Gottesberufung zu stellen, rufen wir Gott unseren Zweifel entgegen: „Wie wenig ist es, dass vor langer Zeit Christus erschien!" – und ich höre, wie mir gesagt werden soll: „Täusche dich nicht. Es vergeht kein Geschlecht, in dem nicht Christus erscheint. In jeder Generation sehe ich Menschen, in denen Christus Gestalt gewinnt. Es ist euer Glaube, der das Ausmaß erlaubt, in dem es geschieht."

In Jesus war das Maß des Christus, das unser Menschendasein annehmen kann, vollendet. Darum nannte Jesus sich selbst den „Menschensohn". Aber wir sollten ihn nicht verherrlichen, ohne zu glauben, dass Christus auch in uns Gestalt gewinnen will. Der Apostel Paulus sagt: „Ich lebe, doch nun nicht ich, sondern Christus lebt in mir." *

Diese glaubende Liebe ist gleichbedeutend mit Vertrauen. Darum will ich mich nicht zu einem falschen Lobpreis verführen lassen und Christus verherrlichen, ohne ihn in mir zu glauben. Er war immer da, längst bevor er in Jesus Gestalt gewann, denn „durch ihn sind alle Dinge erschaffen" **. Er ist die Hingabe Gottes. Das heißt, dass das Ausmaß Gottes in einem jeden Menschen und einem jeden Geschlecht zunehmen und abnehmen kann. Es ist ein verkehrter Lobpreis, sich selbst klein und Christus groß zu machen. Denn der wahre Lobpreis ist das geheiligte Leben, in dem sich Christus mehr und mehr verwirklichen kann. Nur so machst du Christus groß, wenn er in dir zunehmen kann.

Darin schwingt eine wesentliche Frage mit, durch die der Glaube sich heiligt. Es ist die Frage, in welchem Ausmaß wir

* Galaterbrief 2,20
** Johannesevangelium 1,3.10

in unserem Leben, in unseren Gemeinschaften, in unserer Zeit und unserer Kultur die Schechina erlauben. Nichts ist verletzlicher als das. Dass wir Anteil nehmen an Gottes Anwesenheit, ist der unendlich verletzbare Sinn unseres Daseins. Es ist eine liebende Gemeinsamkeit, eine heilige Gleichzeitigkeit, ein gemeinsamer Klang. Es ist das Geheimnis, dass wir die Liebe Gottes dadurch erfahren, dass wir ein Teil von ihr werden. Das ist der Kontaktpunkt zwischen dem Bogen und der schwingenden Saite. Durch die Liebe, die aus der Nähe der Schechina kommt, werden wir in jedem Augenblick unseres Lebens lernen, mit der Anwesenheit des Heiligen und Ewigen zu kooperieren. Es bedeutet, dass unser Herz sich für das Ruhen der Schechina geheiligt hat.

Es ist wie jene Erfahrung, die ich damals gemacht habe, dass sie sich als etwas Reines und Heiliges meiner rechten Schulter näherte und darauf ruhte. Doch wir haben alle Bitterkeit und Eitelkeit, Kleinglauben und Sorgen abzulegen. Es ist nicht so, dass wir in alldem je ein heiliges oder ausreichendes Maß erfüllen könnten, viel eher rufen wir: „Ich glaube, hilf meinem Unglauben.* Ich vergebe, hilf meiner Bitterkeit. Ich vertraue, hilf meinen Sorgen. Ich nehme mich meiner angeschlagenen Seele an, hilf meiner Gebrochenheit. Ich richte mich auf, hilf meiner Niedergeschlagenheit …“ Es ist nicht gefordert, dass wir uns bemühen, würdig zu sein, denn schon die Bemühung zeigt, dass wir unsere wahre Würde vergessen haben. Es ist einzig gefordert, dass wir zu einem Offenbarungseid des Herzens fähig sind.

Versuche nicht, heilig zu sein, sondern schütte dein Herz vor Gott aus. Ergreife in deinem Selbstprozess die Flucht nach

* Markusevangelium 9,24

vorn, die Flucht in die Arme Gottes. Denn wo wohnt die Schechina? Im Buch Jesaja lesen wir: „So spricht der Hohe und Erhabene, der ewig wohnt, dessen Name heilig ist: ‚Ich wohne in der Höhe und im Heiligtum und bei dem, der zerschlagenen und gebeugten Gemütes ist, zu erquicken den Mut des Gebeugten und zu beleben das Herz des Niedergeschlagenen.'" *

So, wie wir keinen Zugriff auf die Sonne haben und doch fähig sind, uns ihren Strahlen zu entziehen, sodass sie uns nicht länger erwärmen, nicht erleuchten, nicht berühren, ebenso ist es auch mit der Schechina: Wir können uns durch verkehrtes Denken und durch Sünde (ungeheilte Erfahrung) selbst in den Schatten stellen und uns den wärmenden Strahlen der Sonne entziehen. Wir können die sinnliche Ausstrahlung Gottes in unserer Welt „dämpfen" **.

Einige Strömungen des Judentums sagen, die göttlichen Urkräfte gehen von der Schechina aus wie die Sonnenstrahlen von der Sonne: *„Ein Heide fragte einmal den Patriarchen R. Gamaliel: ‚Ihr behauptet, dass an jedem Orte, wo zehn Israeliten zur Andacht beisammen sind, die Gottheit (Schechina) anwesend sei, wie viel Gottheiten muss es da geben?' Er entgegnete: ‚Du siehst die Strahlen der Sonne an allen Orten leuchten. Die Sonne ist einer der vielen Diener Gottes und vermag dies, sollte es Gott unmöglich sein?'"*[35]

Wie wir die wärmenden Sonnenstrahlen empfinden, so lassen sich in der Anwesenheit des Heiligen auch all die Wesenszüge der Schechina – Frieden, Ruhe, Liebe, Behutsamkeit, Dankbarkeit, Demut und Sanftheit – empfinden. Dazu aber ist es nötig, dass wir ihrem Werben nachgeben und uns der Gnade des

* Der Prophet Jesaja 57,15
** Vgl. 1. Thessalonicherbrief 5,19: „Den Geist Gottes dämpft nicht."

Heiligen ergeben. Der Glaube ist ja nichts anderes als das Glück, vor Gott getrost zu kapitulieren.

: NICHT VERSTEHEN, SONDERN ERKENNEN

Meine Freunde nahmen mich damals ernst, als sie mir sagten, dass eine gewaltige Bitterkeit in meinen Worten zu spüren sei. In diesem Augenblick legte Gott behutsam den Finger seines Geistes auf eine Wunde und fragte mich, was ich ihm nun erlaube.

Seit diesen Tagen entstand in mir ein neuer Grundbegriff des Glaubens; es ist der einfache Satz: „Glauben heißt erlauben." Sich dem heilenden Weg der Vergebung zu verweigern, würde bedeuten, die Schechina von sich zu stoßen oder – im Sprachgebrauch des Neuen Testaments – den Heiligen Geist zu verletzen.* Das Neue Testament spricht von diesem Schmerz des Heiligen Geistes in ganz ähnlichen Worten wie das Judentum von der verstoßenen Schechina. Sie wird die Schichten unserer Abwehr erspüren und diese nicht durchbrechen; sie wird erkennen, was uns entspricht; sie wird erkennen, wo sie sich zurückziehen muss, und wird dennoch warten, was unsere Seele ihr erlaubt. Sie lässt sich hindern. Warum haben wir nicht den Mut, die Schechina oder den Heiligen Geist zu fragen: „Was hindert dich, mir näher zu kommen?" Warum achten wir nicht darauf, was dann geschieht? Haben wir nicht Ohren, die wir Gott ans Herz legen können, und Augen, die sich im Gebet schließen, damit sie sehen?

* Im Epheserbrief (4,30) heißt es: „Betrübt nicht den Heiligen Geist Gottes." Für das Wort „betrübt" steht im Urtext ein Begriff, der einen intensiven Schmerz beschreibt, wie er in der Bibel auch für die Geburtswehen der Frau verwendet wird – siehe Genesis (1.Mose) 3,16. Besonders drastisch ist von den Geburtsschmerzen des Heiligen im Jesaja-Buch die Rede. „So spricht der Herr: Ich schwieg wohl eine lange Zeit, war still und hielt an mich. Nun aber will ich schreien wie eine Gebärende, ich will laut rufen und schreien" (42,14). Ich gehe darauf ausführlicher im nachfolgenden Kapitel ein.

Es ist beeindruckend, welche ähnlichen Wirkungen, Wesenszüge und Ausstrahlungen die unterschiedlichen Offenbarungstraditionen und Theologien wahlweise der Schechina oder dem Heiligen Geist zuschreiben. In dogmatischer Schärfe beide voneinander unterscheiden zu wollen, ist vermessen. Es wäre der absurde Versuch, eine systematische Lehre von den „inneren Angelegenheiten Gottes" formulieren zu wollen.

Aus gutem Grund unterscheidet die Bibel zwischen Erkennen und Verstehen. Im Erkennen ist stets eine Dimension der Liebe enthalten, im Verstehen lediglich ein Akt des Intellekts. Es ist nicht möglich, Gott zu verstehen, aber es ist möglich, Gott zu *erkennen*, wie er sich uns zu erkennen gibt. Im Verstehen ist kein Wechselspiel, es ist lediglich das, was wir selbst durchdenken, es bleibt für sich allein. Erkennen aber beruht auf einer Wechselseitigkeit. Es ist ein intuitives und inspiriertes Spiel der Liebe: Mir wird gezeigt, was ich zu erkennen habe. Ich werde auf den Zustand meines Herzens verwiesen, denn hier entscheidet sich, was mir von Gott zuteilwerden kann.

Der Weg der Gotteserkenntnis spricht: Du kannst nur erkennen, was du liebst. Du kannst Gott nur näherkommen, wenn du ihm ähnlicher wirst. Mich interessiert nicht, was jemand von Gott „weiß", sondern wie er Gott liebt und was er dadurch erkennt und tut. Die Liebe macht uns zu suchenden und reifen Menschen, denn allein durch die Liebe finden wir in die Welt hinein, für die wir geschaffen sind. Nicht durch das, was wir wissen, sondern allein durch das, was wir lieben, werden wir uns verwandeln und so reife Diener unserer Berufung sein.

Darum: Lass dir dein Herz zeigen, und stelle die Frage, was die Schechina oder den Heiligen Geist daran hindert, sich dir zu nahen. Wenn wir tun, was wir erkennen, wird die Gabe und die Liebe zunehmen. Indem wir die Schechina lieben, lebt unser Leben seinen wahren Gottesdienst. Sprechen und Entsprechen, Wort und Antwort, Logos und Dialogos – es ist ein Wechselspiel der Liebe.*

: DIE WOLKE DER MÖGLICHKEITEN

Seit ich in dieser Weise und durch jene Erfahrung für die Schechina aufmerksam geworden bin, hat sich mein Glaube verändert. Statt zu fragen: „Ist Gott da?", halte ich es viel eher für angemessen, dass wir fragen: „In welchem Ausmaß ist Gott da?" Das Herz des Menschen, das innere Leben einer Gemeinschaft, die Verhältnisse einer Gesellschaft, die Geisteshaltung einer Zeit – sie alle kommunizieren unablässig mit der Schechina, und sie erlauben oder verweigern ihr Maß an Gottesherrlichkeit.

Sicher dürfen wir daher mangelnde Gottesnähe nicht einfach individualisieren. Ob und in welchem Ausmaß „die Zeit erfüllt" ist und die „Herrlichkeit Gottes nahe herbeigekommen"** ist, liegt nicht nur am Zustand des Einzelnen, sondern mehr noch am Zustand (biblisch: an der „Gerechtigkeit") der Gesellschaft. Die moderne (und erst recht postmoderne) Individualisierung des Menschen darf uns nicht zu verkehrten Annahmen verführen. Um der Lebensfähigkeit der Egospezies Mensch willen ist es nötig zu sehen, dass die Erfahrung von Gottesnähe keine Privatpietät des Einzelnen, sondern eine Frucht des gemeinsamen Lebens ist.

Die Bibel offenbart die Gottesbeziehung des Menschen als etwas Persönliches, nicht aber als etwas Privates. Immer wieder

* Siehe auch Johannesevangelium 14,21.23

** So die ersten öffentlichen Worte Jesu gemäß Markusevangelium 1,15 redet die Bibel von der menschlichen Lebensgemeinschaft als einem lebendigen Organismus, den Gott zu spüren bekommt. Der Himmel erfährt (oder spürt) die Gemeinschaft des Lebens als einen mystischen Leib oder Körper, das heißt als die Qualität unserer Gemeinschaften und unserer Beziehungen. Es mag dem individualistischen Geist unserer Zeit nicht lieb sein, aber die Bibel spricht weit häufiger im Plural „Ihr" als im Singular „Du". Was die Schechina von uns erfährt, ist die Vernetzung des Lebens, es ist die innere Achtung oder die Verletzung der Verhältnisse. „Ihr lasst mich erfahren, wie ihr zueinander steht und wer ihr seid." Denn alles Leben ist Beziehung.

Der prophetisch brennende Glaube widersetzt sich der Privatisierung, die Gott lediglich auf das Herz des Einzelnen reduzieren will. Das Ergebnis wäre eine egozentrisch frömmelnde Befindlichkeitsreligion: „Ich und mein Gott". Es ist von daher eine abgründige Versuchung, die Erfahrungen der Gottesnähe lediglich sich selbst zuzuschreiben oder – wenn sie ausbleiben – sich selbst abzusprechen. Wir dürfen Gott nicht individualisieren, denn Gott offenbart sich im Innenraum der Welt als das verletzliche Phänomen des gemeinsamen Lebens. Hier verbirgt sich die Verheißung der Schechina. Hier wirkt sie sich aus.

Seit Langem schon ruhte kein Gott mehr
an diesem Ort, den unser Glaube
geschändet. Ist Gott nicht denen nah,
die ihn erkennen, ohne ihn zu kennen?
Und ist er nicht denen feind und fern,
die sich an ihm vergreifen,
da sie unbehelligt glauben und
unverwundet lieben wollen?

Die Nähe und Dichte der Gottespräsenz kann zunehmen und sie kann abnehmen. Die Schechina kann sich annähern und sie kann sich zurückziehen. Wir kennen aus unserer Geschichte die finsteren Zeiten, in denen sie sich bis zur fast vollständigen Gottesfinsternis entziehen musste – wie es beim Propheten Jesaja heißt: „Ich kleide den Himmel mit Dunkel und hülle ihn in Trauer." *

Unser Leid kommt aus dem Leid der Schechina; denn wie könnte die Liebe nicht verletzbar sein? Sie wird verletzt in dem Augenblick, da sie nicht erwidert wird und somit etwas geschieht, was dem Ewigen nicht entspricht. Das Johannesevangelium sagt: Gott schlug durch Christus das Zelt seiner Gegenwart unter uns auf – „er wohnte unter uns, und wir sahen seine Herrlichkeit, voller Gnade und Wahrheit". Am Ende des gleichen Evangeliums heißt es: „Die Soldaten flochten eine Krone aus Dornen und setzten sie auf sein Haupt und legten ihm ein Purpurgewand an [...] und schlugen ihm ins Gesicht [...]. Und Jesus kam heraus und trug die Dornenkrone und das Purpurgewand." ** Da begegnet uns wieder der purpurfarbene Stoff des Zeltheiligtums. So hatten wir uns die Herrlichkeit Gottes nicht vorgestellt. Jesus steht da als die geschändete Schechina.

Vielleicht ist es mit Blick auf das Gesagte nötig, den Klang der Bibel nicht als ein Moralisieren „von oben herab" zu hören, sondern als ein Werben um die Zunahme der Schechina. Jesus nennt in der Bergpredigt *** neun Schichten der menschlichen Abwehr gegen die Nähe der Schechina. Auch innerhalb des Judentums wird immer wieder gesagt, die Schechina nähere und

* Der Prophet Jesaja 50,3

** Johannesevangelium 19,2ff

*** Matthäusevangelium 5–7

entferne sich in neun Schritten.[36] In beidem schwingt die gleiche Einsicht – es ist die Verheißung einer heiligen Nähe, die uns fragt: „Was wirst du mir erlauben? Was wirst du an heiliger Gottesgegenwart möglich machen? Was werde ich bei dir vorfinden und was kann ich dir darum werden?" Es ist diese Grundfrage: „Wie nah komme ich an dich heran?"

Die Schechina ließ sich als eine Wolke herab auf das Zeltheiligtum. Das Heilige – so heißt es im Judentum – ist eine „Wolke der Möglichkeiten". Hierin erahnen wir das eigentlich Heilige des Lebens: Unser Herz greift in das Potenzialfeld des Möglichen hinein und bringt zur Welt, was unserem Herzen entspricht.* So manifestiert sich aus der Fülle der Möglichkeiten das, was wir gemeinhin „Gegenwart" nennen – und es geschieht. Es ist die Geburt des Möglichen im Jetzt der Gegenwart.

Ein Herz, das voller Aggressionen ist, wird aus der Wolke der Möglichkeiten das ins Leben rufen, was seiner Aggression entspricht; ein Herz voller Angst wird in jeder Situation ins Leben rufen, was seiner Angst entspricht; ein Herz voller Unerlöstheit und Bitterkeit wird aus dem Potenzialfeld des Möglichen ins Leben rufen, was seiner Bitterkeit entspricht, und es entsteht ein bitteres Jetzt. Das Geschehen ist nicht vorherbestimmt, wir greifen vielmehr in Verheißungen hinein – oder daran vorbei. Es ist, wie Paulus sagt: „Was der Mensch sät, das wird er ernten."** Wer verletzt ist, wird verletzen. So reproduzieren wir uns selbst. Die Welt spiegelt nur das, was wir im

* Im Bereich der Quantenphilosophie würde man sagen: Die Zukunft ist ein brodelndes Potenzialfeld, ein potenzielles Möglichkeitsfeld. Es ist im Grunde das Gleiche gemeint. Die Quantenphysik hat bis heute nur sehr vorsichtig angefangen, die (seit Aristoteles eingeübten) klassischen Wirklichkeitsvorstellungen zu revidieren. Zur Vertiefung siehe: Hans-Peter Dürr: „Auch die Wissenschaft spricht nur in Gleichnissen", Freiburg 2010.

** Galaterbrief 6,7

Herzen haben. Darum fordert die Wahrung des Lebens einen geisterfüllten Angriff auf die Verwahrlosung des Menschen.

In der Bergpredigt spricht Jesus von den Schichten der Verwahrlosung, die die Schechina auf Abstand halten: das Verlies der *Bitterkeit;* die Quälgeister der *Sorgen;* die *Kleinkrämerei* des Aufrechnens – all das, was ohne jede Freigiebigkeit und Großzügigkeit ist; die *Rechthaberei;* der Budenzauber der *Geltungssucht,* die dich mit Erfolgsversprechungen lockt und zum Raubbau an deiner eigenen Seele treibt; die *Maßlosigkeit,* die deinen Willen schwächt; die *Verbissenheit,* die alle Dinge überzieht, aber ohne Weisheit ist, da sie nicht wahrnimmt, was durch Gottes Geist geschieht; die *Habgier,* die deinen inneren Kompass völlig verwirrt und dir die Gelassenheit raubt; die Schärfe deiner *Kritiksucht,* die wie Feuer in deinen Augen brennt und dich blind macht für dich selbst.

Es reicht nicht aus oder wäre gar zynisch, die Bergpredigt lediglich als einen moralischen Appell zu hören – als wolle sie von höherer Warte aus den moralisch Unterlegenen sagen: „So sollst du sein!", oder gar: „Sieh endlich ein, wie wenig richtig du bist – und wie sehr du darum der Gnade bedarfst!" Als sei es nötig, uns vorab mit dem Wissen um unsere charakterliche Mangelhaftigkeit ausreichend zu schwächen, um uns anschließend – quasi wehrlos gemacht – durch die Verkündigung einer vermeintlichen Gnade gönnerhaft aufzurichten. Es wäre ein überheblicher und befremdlicher Klang, wenn Gnade lediglich ein Begnadigungsakt des moralisch Überlegenen wäre, der selbstherrlich vor allem auf sich selbst verwiese (sinngemäß: „Ich, der ich so gnädig bin, nehme dich, der du es nicht verdient hast, dennoch an!"). Gnade ist bei Christus etwas anderes. Sie hat nichts Gönnerhaftes. Sie ist die unbedingte Lebenskraft, aus der *alle* – Sünder wie Gerechte – leben. Sie ist demütig, denn sie überwältigt nicht, und sie vereinnahmt nicht, sondern sie wirbt darum, dass die unmittelbare Gottespräsenz im Leben eines jeden Menschen zunehmen kann.

Wie die Wirbel eines Instrumentes dessen Saiten stimmen, damit das Instrument gut klingen kann, so dient die Bergpredigt in ihren neun Aspekten der Stimmigkeit des Menschen. Sie sagt: „Tue dies, und lasse jenes bleiben, und du wirst merken, dass dein Leben an Stimmigkeit gewinnt. Wenn du es beachtest, werden jene Wahrheiten des inneren Lebens dich ‚stimmen'."

Der gestimmte Klang, der in deinem Leben zunehmen kann, ist ein freier und weiter Klang. Hinter dem Gebot der Umkehr steht niemals eine beleidigte Schechina, sondern viel eher eine leidende Schechina. Sie ist wie ein Liebeskummer Gottes, der darauf wartet, sich dem Leben des Menschen zu nahen – niemals aber über den Menschen hinweg.

Durch die neunfache Umkehr, wie sie die Bergpredigt beschreibt, ist dem Menschen gezeigt, wie er die verheißene Gottespräsenz inniger und wirksamer in sich aufnehmen kann. Die Gnade hat Weite, aber niemals Unverbindlichkeit, denn sie führt uns an den Sinn unseres Daseins; sie hat Innigkeit, aber niemals Enge, denn sie weitet den Blick unseres Herzens für die Schönheit Gottes in dieser Welt. Enge ist ja nur die Angst dessen, der sich vor der Weite fürchtet, so, wie umgekehrt Unverbindlichkeit nur die Angst dessen ist, der sich vor der Innigkeit fürchtet.

Die Gnade wirbt darum, dass wir die vielschichtigen Ängste der Seele verlieren. Denn jede Sünde hat ihren Grund in einer ihr entsprechenden Angst. Die Gnade spricht: Fürchte dich nicht davor, Gott näher und inniger an dich heranzulassen. Nie wird etwas anderes geschehen, als dass sich verwirklicht, was du durch Gott bist. Denn du wirst weder dich selbst noch

Gott um deinetwillen lieben, sondern du wirst beginnen, deine Seele um Gottes willen zu lieben.

Wir erkennen die Nähe der Schechina an den Tränen der Reue und den Tränen der Liebe. Denn die Schechina will unsere Seele mit Gott berühren; sie will uns fühlen lassen, dass Gott bei uns wohnt, was auch immer geschieht. Die Weisheit unserer Seele wird uns das Ungefühlte fühlen und das Vergessene erinnern lassen. Denn sie kennt den Weg ihrer Heilung. Sie wird das Uneingestandene und das Nichtversöhnte durch die Macht der Vergebung Schritt für Schritt ans Licht führen.

Solange Vergebung noch nicht in der gebotenen Tiefe in unserer Seele wirksam war, werden wir durch unser Handeln und unser Geschick nur unentwegt unsere Verletzungen reproduzieren. Wenn unser Körper dies tut, kommt es zur Krankheit. Doch gerade das kann bedeuten, dass unser Körper sich aufgemacht hat, unser falsches Denken zu erschüttern und unsere ungeheilten Erfahrungen ans Licht zu bringen.

Das reine Herz lebt in einer liebenden Kommunion und Kooperation mit Gott, es greift in eine heilige Wolke der Möglichkeiten und bringt ins Leben, was Gott zuvor bereitet hat, dass es geschieht*. Solch einem Geschehen geht die Heilung von Sünde voraus – es ist die Heilung vom Prinzip der Selbstmaximierung. Der durch die Gottesliebe geheilte Mensch erkennt: Das Spannende bin nicht ich, sondern das, was in der liebenden Kooperation mit Gott geschieht. Es ist das heilige Wechselspiel, das wir eine Gottesbeziehung nennen. Alles Geschehen, alle Materie, alles Leben ist Beziehung.

Hier ist es wohl nötig, dass unser Denken wieder stärker von einer hebräischen Lebensempfindung durchdrungen wird. Die

* Vgl. Epheserbrief 2,10

Bibel dokumentiert keinen griechischen Götterplan, sondern sie offenbart jene heilige Wolke der Möglichkeiten, die mit den Geschehnissen des Menschseins kommuniziert. Aber ebendies ist doch das Wesentliche des Glaubens und der Grund unserer Würde, dass wir begreifen: Der Himmel hat in allen Geschehnissen die Mitwirkung des menschlichen Herzens beschlossen.

Das hörende Herz ist der wahre Künstler des Lebens, denn was im Herzen vor sich geht, ist schöpferisches Erlauben dessen, was geschehen kann. Mit dem Herzen zu glauben, bedeutet, göttliche Wirklichkeit zu erlauben. Es ist der Raum, den wir geben. Das Herz erschafft keine Wirklichkeit, es räumt sie vielmehr ein. Es räumt aus Äonen heiliger und unheiliger Wirklichkeiten diejenige ein, die nun geschehen kann. So verkörpert sich aus einer Wolke der Möglichkeiten die *eine*, die hier und jetzt geschieht. Wirksame Realität – „und es geschah!" Das bedeutet Gegenwart. „Sieh gen Himmel und zähle die Sterne, kannst du sie zählen?" * Alles Zukünftige ist von einer atemberaubenden Potenzialität, unzählig wie die Sterne am Himmel, vielfältig und verschieden, naheliegend und fern. Kannst du sie zählen?

Der Mensch wird nicht kraft eines göttlichen Gebieters verplant, sondern ist berufen, kraft des Glaubens ein heiliges Geschehen ins Leben zu rufen. Ein göttlicher Plan, der sich das Leben einverleibt, hätte nichts Heiliges an sich, sondern wäre lediglich Zeugnis von Unterwerfung und Okkupation. Heilig ist vielmehr jene Wolke der Möglichkeiten, in die der liebende Glaube hineingreift und Heilsames, Gutes, Aufrichtendes,

* 1. Buch Mose (Genesis) 15,5

Wohltuendes, Segensreiches zur Welt bringen kann. Dieser Vorgang, der in einem jeden Augenblick zukünftiges Geschehen in Gegenwart verwandelt, ist zutiefst heilig. Man nennt diesen Vorgang „Leben".

Was also bedeutet dieses innige Erkennen der Schechina, die nichts Gewaltiges, sondern etwas Sanftes, und nichts Eroberndes, sondern so häufig den Schmerz der Verstoßenen an sich hat? Wir dürfen die Allmacht Gottes nicht dahingehend verstehen, als wäre da eine beziehungslose Macht, die das Recht hätte, die Berufung der geistigen Schöpfung zur Liebe zu übergehen; als hätte sie das Recht, die Berufungsgeschichte dieser Welt in eine Unterwerfungsgeschichte zu verkehren. Sie achtet das Herz, jenen abgründigen und doch bleibend berufenen Ort. Die Türen der Menschenherzen können nur von innen her geöffnet werden, sie werden nicht aufgerissen. Niemand erzwingt von außen, was geschieht. In all diesen heiligen und unendlich demütigen Dingen gilt vielmehr ein Wort, das im Buch der Offenbarung geschrieben steht: „Siehe, ich stehe vor der Tür und klopfe an. Wer meine Stimme hört und auftut, zu dem werde ich eingehen." *

Gott bricht nicht ein. Es widerspräche dem Wesen der Schechina. Der reife Glaube weiß: Gott ist in seiner Herrlichkeit nicht einfach da.

Ich habe mich damals nicht selbst gesegnet – kein Mensch kann dies tun –, sondern ich wurde durch väterliche Freunde gesegnet. Wann immer Gottessegen wirksam wird, werden wir die Liebe nicht als Forderung, sondern als Geschenk und Gabe erfahren. Wir werden die Quelle einer unermesslichen Güte

* Die Offenbarung des Johannes 3,20

erleben. Es ist die Liebe, in der unsere Seele ihren Ursprung hat. Wir leben aus dieser Liebe, die uns ständig umgibt und der wir uns in einem jeden Augenblick unseres Daseins mühelos schenken können. Und es wird die gleiche unermessliche Liebe sein, der wir uns einst zurückgeben werden.

Darum verschließe dich nicht. Wenn in einer verletzenden Erfahrung deines Herzens – in Enttäuschung, Bitterkeit, Unverständnis oder Angst – Heilung geschieht, ist eine weitere Tiefe in dir für Gott gewonnen, ein Raum, der sich mit Leben aus Gott erfüllen wird. So wirst du zu einer Quelle werden, von der „Ströme lebendigen Wassers fließen"* – wie Jesus es am höchsten Tag des Festes im Tempel ausgerufen hat. Es ist das gereinigte und geweihte Heiligtum deines Lebens, von dem diese Kraft und Wirkung Gottes ausgehen wird, jener heilige Strom aus dem Tempel, der alles gesund und fruchtbar macht, was er berührt. Solch einem Leben ist – wie Jesus es sagt – „heute Heil widerfahren"**.

Wenn das Heil dieser Liebe ein Leben verändert, wird der Mensch ein anderer sein. Er wird wohltuend und segnend sein. Auch er wird ab jenem Heute ein „Heiland" sein. Es gibt dieses glückselige Heute. Es bedeutet, dass in deiner Tiefe etwas Durchlässiges zu Gott hin entstanden ist. Es bedeutet, dass das Heil des ewigen Lebens dich tatsächlich erreicht hat. Lass es geschehen.

* Johannesevangelium 7,38. Zur Vision des heiligen Stroms aus dem Tempel siehe Der Prophet Hesekiel 47ff.

** Lukasevangelium 19,9

KAPITEL 6

: Eros

Die Liebe zum Leben

Klassischerweise ist viel vom *Ethos* des Lebens die Rede: das geglückte Tun. Ebenso wichtig aber ist der *Eros* des Lebens: das glückliche Sein.

Die Erfahrung, die ich im Folgenden beschreibe, hat gewiss im Sinn, den Glauben von einem kränkelnden Gottesverständnis zu befreien. Der kranke Glaube fragt viel, was er tun soll, aber er begreift nicht, was er eigentlich ist. Er sieht eine angeschlagene Welt einem übermächtigen Gott gegenüber – ein Gott, der viel zu viel will und viel zu wenig eingreift. Der Eros des Glaubens aber begreift, wie selbstverständlich der Gotteswille ist und wie sehr alles auf eine verletzbare und überwältigend richtige Weise mit Gott verbunden ist.

: DER FRAGENDE GLAUBE

Es werden bisweilen nicht viele Worte sein, die wir zu beten haben, manchmal nur ein einziger Satz. Aber es wird eine Freude im Himmel sein, wenn Gott die Fragen unseres Herzens beten hört. Und er sagt – nach all den vielen Worten, die wir allzu oft beten – über ein einziges ehrliches Wort oder einen Satz: „Endlich habe ich dich gehört!"

Denn nicht die Bewegung unserer Lippen, sondern die Bewegung unseres Herzens dringt in die Nähe Gottes vor – wie der heilige Augustinus sinngemäß sagt: *„Das Herz betet stets, auch wenn die Zunge schweigt."*[37]

Ich glaube, unser Herz kann nur so weit Gemeinschaft mit Gott haben, wie es sich zu erkennen gibt. Das bedeutet, die Feigheit des Glaubens ebenso aufzugeben wie die Feigheit des Zweifels. Der feige Unglaube versteckt sich in seinen Zweifeln, der feige Glaube versteckt sich in seinen Gebeten. Es sind diese unterwürfigen, höflichen und anbiedernden Gebete, die letztlich respektlos sind. Nur das fragende Gebet rechnet damit, dass Gott sich mitteilt. Unsere Fragen bezeugen, was wir von Herzen suchen. Wie kann Gott uns lehren, wenn wir keine Fragen haben? (Soll Gott etwa frontal daherplappern wie ein schlechter Lehrer, der gar nicht erkennt, welche Fragen da sind und der – schlimmer noch – unfähig ist, gute Fragen zu provozieren?)

Es liegt an uns selbst, den Himmel als unseren Lehrer zu gewinnen und ihm durch ein leidenschaftlich fragendes Herz manch ein Geheimnis des Lebens abzutrotzen. Wer diese Herzenssuche nicht kennt, wird auch kein Recht und keinen Zugang zu seinem wahren Lehrer haben.

Mein Glaube ist keine Quelle der Sicherheit, er ist eine Gott zugewandte, fragende Liebe. Lieber will ich Gott mit einer Klage oder einer Frage in den Ohren liegen, als ihn mit einem festen Glauben und einem aufgesetzten Lobpreis abzuspeisen.

Tschuang-Tse (300 v. Chr.) sagte in einem seiner Gleichnisse: *„Bäume und Kräuter sind weich, wenn sie entstehen, aber dürr und hart, wenn sie sterben.“* [38]

Nur das fragende Herz ist weich. Denn die Fragen machen den inneren Menschen unsicher. Nur die Unsicherheit aber macht ihn formbar. Wie sollte der Himmel je einen festen Glauben formen? Er würde zerbrechen. Solch ein Glaube steht in der Gefahr, Gott zu verlieren. Er mag auf Emotionen oder Traditionen beruhen, in der Krise aber wird er von Zweifeln befallen, denn sein Wissen war aus zweiter Hand. Er kennt nicht das Gespräch und das Glück des forschenden und fragenden Herzens.

: DIE DREISTIGKEIT DER GOTTESLIEBE

Stockholm. Internationale Konferenz für Musikalische Akustik. Viele Vorträge, gute Begegnungen mit langjährigen Bekannten. Anregende Diskussionen über Forschungsergebnisse, vor allem im Bereich der Schwingungsphänomene und der Psychoakustik. Ich genoss den freien Nachmittag, war endlich allein. Inmitten der Kulisse der historischen Altstadt saß ich am Rand eines belebten Platzes. Die öffentlichen Diskussionen über den Abhörskandal des US-Geheimdienstes NSA waren zu dieser Zeit auf dem medialen Höhepunkt. Allerorts herrschte Entrüstung über die ungeheuerliche Affäre.

Während ich die Menschen und das Geschehen beobachtete, geschah ein Moment des „frechen Glaubens“ – wie es mir von Zeit zu Zeit passiert. Ungewollt rutschte mir etwas aus dem Herzen; es war wohl aus der Dreistigkeit der Gottesliebe geboren. Heute, da ich es beschreiben will und nach einem Wort dafür suche, freue ich mich über das Wort Chuzpe. Es kommt vom hebräischen chuzpà. Das Begriffslexikon sagt, Chuzpe ist eine *„zielgerichtete, intelligente Unverschämtheit, charmante Penetranz und unwiderstehliche Dreistigkeit“*.

Was mir beim Nachdenken über den Geheimdienstskandal in ebensolch einer chuzpà herausrutschte, war in etwa Folgendes: „Bist nicht eigentlich du, Gott, der allergrößte denkbare Abhörskandal!? Ist es denn nicht ein Ärgernis, dessen Ausmaß unfassbar ist, dass du unablässig in unsere Herzen hineinhörst? Dass du – wie ein Psalm es sagt – um jedes Wort auf unseren Lippen weißt, noch ehe wir es sagen, da du die Gedanken unseres Herzens kennst? Und selbst die geheimsten unserer Gedanken sind dir nicht verborgen, wie es im Psalm heißt: ‚Er kennt ja die Heimlichkeit des Herzens.' * Ist es nicht entwürdigend und kränkend, dass wir unablässig von dir abgehört, erkannt, beobachtet, belauscht werden? Habe ich denn nicht ein eigenes Leben? Ist es nicht respektlos, derart distanzlos zu sein, meine Privatsphäre nicht zu wahren und durch ständiges Mitwissen meine Würde zu missachten? Wie kommst du eigentlich dazu, dich in mich einzumischen und in das hineinzuhören, was mich bewegt?"

Schon während des Betens machte mir das Gebet insgeheim große Freude, denn ich spürte ein sonderbares inneres Wissen, dass Gott antworten würde, und ich war gespannt darauf. Ich meinte die Frage nicht im Scherz, auch nicht im Zorn, vielmehr empfand ich es als angemessen, dies selbstbewusst zu fragen. Es war am Rande des belebten Platzes, ich saß auf einer Bank, Straßenmusiker spielten auf Steel Drums, Kinder aßen Eis und wuschen sich ihre klebrigen Finger am Brunnen. Neben mir sah ich im Geist einen Strauch mit Dornen.

Als ich so fragte und über die Dreistigkeit der Frage verwundert war, sprach Gott mir ruhig lächelnd ins Herz: „Martin, schau diesen Dornbusch an, den du im Geist neben dir siehst. Wenn du mit deinem Finger in eine seiner Dornen greifst, dann ist es nicht nötig, dass du deinen Finger abhörst. Du spürst seinen Schmerz. Du musst ihn nicht abhören, um ihn zu spüren, er teilt sich dir mit. So muss auch ich euch nicht abhören. Ich spüre euch. Euer Leben teilt sich mit."

* Psalm 44,22

: DAS GEWEBE DER SEGNUNGEN

Ich war erschüttert und mir stiegen Tränen in die Augen. Denn in diesem Augenblick spürte ich, wie sehr wir unablässig mit Gott verbunden sind, und ich sah, wie verletzbar diese Verbindung ist. Ich sah, dass wir Anteil an Gott haben, der das Leben ist. Gott muss uns nicht abhören, denn unser Leben teilt sich mit. Alles teilt sich mit und ist in beiden Welten wirksam. Unsere Liebe nimmt unwillkürlich Anteil an Gott, der die Liebe ist...

In jenem Augenblick sah ich ein alles umfassendes Gewebe des gemeinsamen Lebens, ein geistiges Gewebe, dessen Verknüpfungen höchst lebendig und ständig in Bewegung waren. Es erinnerte an die Synapsen des Gehirns. Eine gewaltige geistige Skulptur. Da gab es dichte Momente des Glaubens, die unwillkürlich Verbindungen zum Himmel schufen; es gab Knotenpunkte, Konzentrationen des Mitfühlens und der Liebe. An anderen Orten war Leere, fehlende Dichte, Mangel an Kraft.

Dieses gewaltige Gewebe des gemeinsamen Lebens mit Gott war von einer fragilen Schönheit und einer großen Verletzbarkeit, aber es war unzerstörbar und vermittelte den Eindruck, dass es eine ungeheure Behutsamkeit und Ehrfurcht verlangt. Ich spürte die Verantwortung für eine ungekannte Behutsamkeit mit Gott. Herzen wendeten sich einander zu, und so kam es zu Verdichtungen des Heiligen; an anderen Stellen gaben sie sich preis, und es entstand Leiden. Dinge wurden gestärkt und geschwächt, gesegnet und verletzt, verherrlicht und preisgegeben.

Ich sah: Unser Sinn ist liebende Einheit. Wir bilden miteinander einen lebendigen geistigen Organismus, in dem jeder – wie die Organe eines Körpers – seine Gabe, Aufgabe und

Bedeutung für das Ganze hat. Leben ist Verbundenheit. Wir sind eingewoben und verbunden in einem ständigen Wechselspiel zwischen Himmel und Erde. Der Himmel ist das geistige Universum, das mit dem materiellen Universum unablässig in Beziehung steht, er ist der unsichtbare Anteil der Wirklichkeit, er umgibt uns. Der Himmel ist nicht jenseitig, sondern gleichzeitig; nicht fern, sondern nah. Er ist aller Welten Gegenwart.

Wenn die Bibel sagt: „In Gott leben und weben und sind wir"*, dann spricht sie von einem geistigen Gewebe, in das wir eingebunden sind. Es ist eine schöpferische Weisheit und Kraft am Werk, die unentwegt im Maß der liebenden Herzen Geschehnisse und Menschen miteinander vernetzt und verwebt. Alles geschieht durch die Wechselwirkungen zwischen beiden Welten. Die sichtbaren, bunten Fäden des Lebens und die unsichtbaren Fäden der Gnade bilden ein Geflecht, das auf dem Webstuhl des liebenden Vertrauens gewoben wird.

Das Gewebe des Lebens ist durchzogen von ebenjenen unsichtbaren Kettfäden der Gnade. Sie ermöglichen, tragen und fügen, was wir leben und sind. Auf eine vielfache Weise – durch Mitfühlen und Mitdenken, Fürbitte und Fürsorge – nehmen wir Anteil an den Kräften der Gnade. Darum haben wir Anteil an Gott. Durch Mitfühlen nimmt unsere Seele Anteil an Gott, durch Mitdenken unsere Vernunft, durch Fürbitte unser Geist, durch Fürsorge unser Tun. So nehmen wir Anteil an den wirksamen Kräften des Segens. Es ist eine gewaltige Struktur oder Skulptur der Segnungen, durch die Himmel und Erde miteinander verbunden sind. Unentwegt sind segnende und schöpferische Kräfte wirksam, die darum werben, dass wir An-

* Apostelgeschichte des Lukas 17,28

teil nehmen. Wir werden nicht abgehört, sondern wir haben Anteil an Gott, wie es heißt: „Ein Gott und Vater aller, der da ist über allen und durch alle und in allen.“ * Was sich zwischen Menschen abspielt, nimmt Anteil an Gott, denn es geschieht alles in einem lebendigen und verletzbaren Wechselspiel. Der Himmel verknüpft die segnenden Herzen zu einem lebendigen Geschehen.

Wir leben anders, und alles ist verändert, wenn wir das eine Leben begreifen, das wir gemeinsam bilden und sind. Wir sind nicht die kleinen quecksilbernen Egos, für die wir uns halten, die zersprengt und zerschlagen zusammen- und auseinanderfliehen, blinken, rinnen und irren, ohne Einheit und Bestand. Sondern wir sind durch eine geistige, beständige Struktur miteinander verbunden. Es ist das Geheimnis, dass die Gedanken unserer Herzen unablässig in den Himmel beten und durch ihn wirksam werden. Dass wir einer für den andern in unseren Gedanken hoffen und glauben, wird unwillkürlich die Verhältnisse verändern, in denen wir leben. Dass wir einander dienen, fördern und helfen, wird das Verhalten bestimmen, das wir leben.

Ebendiese Einheit von Verhältnissen und Verhalten ist das Zeugnis Gottes in uns und durch uns, es ist die Einheit von Innen und Außen, von Herz und Handeln, von Segnen und Dienen – und wie man es sonst noch sagen mag. Es geschieht durch dich, weil es in dir geschieht, und es geschieht in dir, weil es durch dich geschieht. Quelle und Fluss.

Das hat mich jener Tag gelehrt: Hüte dich vor einer trügerischen Spiritualität, die Gott nur „in dir“, nicht aber „durch dich“ sucht. Durch segnende Gedanken und lebensförderndes Handeln stärkt ein Mensch unwillkürlich die ihm eigene Aura des

* Epheserbrief 4,6, vgl. 4,15

Lebens, die ihn umströmt und die wie eine geistige Verdichtung von segnender Kraft und Gottespräsenz um ihn herum entsteht – eine Aura des Segens. Diese Verdichtung Gottes ist nicht für dich, sondern um deiner segnenden Wirkung willen da.

Manche Dinge, die uns empören und ärgern, werden störend in uns eindringen – es sei denn, wir segnen die Menschen und die Geschehnisse, wenn wir merken, dass ihr negatives Potenzial unsere Ruhe in Gott zu stören beginnt. Unser Gebet ist stets der geistige Ort, an dem wir mit Vertrauen angereichert werden, es ist der Quellort, an dem wir die Kraft empfangen, den Störungen zu widerstehen. Wir können uns in dieser hoch gestörten Welt nicht anders schützen als durch Segen. Segnende Gedanken sind innere Werkzeuge, die in uns am Werk sind und die erschaffen, wer wir sind.

Alle Heiligen Schriften sagen: Die Gedanken deines Herzens sind die formende Kraft deines inneren Lebens. Sie sind deine Autorität. In ihnen ist deine Ausstrahlung Gottes. Was Gott durch dich ist, kommt von deinem segnenden Herzen. Wie die Sonne Photonen aussendet, so ist das Herz dein Licht, durch das du Leben ausstrahlst, das Gott durch dich verschenkt. Was wir von Welt zu Welt und von Ewigkeit zu Ewigkeit sein werden, werden wir in dem Maße sein, in dem wir all unser Sein und Werden als eine Erfüllung Gottes durchlebt haben. Es gibt keinen größeren Lohn als Gott selbst.

Was wir von Gott sehen, wird heiligen, wer wir sind. Darum sagt auch der Erste Johannesbrief: „Wenn es offenbar wird, werden wir ihm gleich sein; denn wir werden ihn sehen, wie er ist.“ * Das heißt, dass die Gottesschau nur in dem Maße möglich ist, in dem etwas in uns gefunden wird, was Gott entspricht. In dem

* 1. Johannesbrief 3,2

Maße, in dem wir die Heiligung unseres Lebens zulassen, werden wir den Heiligen sehen. Darum haben wir in ebendiesem Zulassen von Ewigkeit zu Ewigkeit einen weiten Weg zu gehen. Wir geben der Gnade nach, die unser Leben formt.

Es ist eine wundervolle Bestimmung. Wir dürfen Gott verwirklichen und Gott verwirklicht sich in uns. Die höchste Kunst der Gottesverwirklichung begründet, wozu es sich lohnt, zu leben. Es ist das Zusammenspiel mit Gott.

Wir fragen: „Warum sollten wir für etwas beten, wenn Gott doch allmächtig ist?" Wer so fragt, missachtet das Wechselspiel der Liebe. Wir fragen: „Kann es nicht einfacher gehen?" Gott aber sagt: „Nein, es soll durch euch geschehen. Es soll gereinigt und geheiligt und durch euch wirksam sein. Ich gehe über euch nicht hinweg. Ich habe dich in diese Welt geschickt, damit du dies Zusammenspiel mit mir erlernst. Es ist das dir zugewiesene Leben."

Seit jenem Tag verstehe ich die Dinge auf eine andere Art. Mein Glaube ist zu einem tieferen Empfinden und Einverständnis mit Gott geworden. Zu glauben, Gott würde unser Leben nicht zu spüren bekommen, wäre der Glaube an eine Art Amnesie der Wirklichkeit. Es wäre der Glaube an die Bewusstlosigkeit dessen, der uns Bewusstsein gab.

Der Kopf spürt die Verletzung des Fingers am Ort der Verletzung. Gemeinsam nehmen wir Anteil am Leid, dem Unrecht und Unglauben, den Enttäuschungen und Verletzungen. Aber wir strecken uns auch gemeinsam mit Gott aus, strecken uns nach seiner Leidenschaft, seinem Herzen und seiner Sehnsucht aus und verfolgen in Hingabe und Glauben seinen Willen. Es wäre Sünde (Absonderung), zu meinen, wir seien dabei etwas Besonderes, anstatt das Besondere des gemeinsamen Lebens zu sehen, an dem wir durch die Liebe Anteil haben.

Manches ist einseitig. Wir haben Dinge empfangen, die wir nicht zurückgeben können, und wir stehen im Guten in der Schuld eines anderen. Doch diese einseitige Verbindung wird durch Dankbarkeit geheiligt: Wir dürfen einwilligen, dass ein anderer für uns da ist oder für uns da war. So wird das Einseitige zu etwas Wechselseitigem gemacht; die Verbindungen in jenem Gefüge werden durch Dankbarkeit gestärkt. Und auch derjenige, der uns etwas Gutes tat, hat mit dem Guten, das aus Gott ist, sein Leben geweiht. Denn die Bedürftigkeit des Lebens ist einzig deshalb da, damit (als eine Berufung der Gottesverwirklichung) Fürsorge entsteht.

Den Sinn unseres Daseins finden wir darum nur durch unseren Anteil am gemeinsamen Leben. Denn wir sind Teil in einem Gewebe der Segnungen. Die darin wirksamen Kräfte sind wie das Blutsystem des Körpers, das aus Arterien und Venen besteht – das heißt aus einem ständigen *Geben und Nehmen*.

Wir dürfen den Zustand des Segens nicht an Gott wegdelegieren. Durch Nachlässigkeit, Bitterkeit, schlechtes Reden und Unversöhnlichkeit beschädigen wir den Segen, der unter uns möglich ist. Weil wir verletzende Erfahrungen nicht loslassen, schreiben sie sich in unsere Seele ein, und wir nehmen einander gefangen, da wir einander nicht vergeben – das ist mit den beiden Jesusworten gesagt: „Wenn ihr jemandes Sünden vergebt, sind seine Sünden vergeben; wenn ihr sie haltet, sind sie gehalten“ *, und: „Was immer ihr auf Erden bindet, wird auch im Himmel gebunden sein; und was immer ihr auf Erden löst, wird auch im Himmel gelöst sein.“ **

Diese Worte weisen darauf hin, dass wir eine Verantwortung für den Zustand jenes geistigen Gefüges der Segnungen

* Johannesevangelium 20,23
** Matthäusevangelium 16,19; 18,18

haben. Diese Verantwortung wird unwillkürlich die Borniertheit und Billigkeit eines Glaubens verstören, der sich zu einem kleinen Würstchen macht und die Dinge auf die Allmacht Gottes abzuschieben wagt. Der dramatische Einfluss auf den Himmel, von dem in diesen Bibelworten die Rede ist, deutet auf eine empfindliche Wechselwirkung, einen Wirkungszusammenhang, zwischen dem Sichtbaren und dem Unsichtbaren hin, an dem wir beteiligt sind. Es spitzt sich in der Frage zu: In welchem Ausmaß willst du die Wirksamkeit des göttlichen Segens erlauben? Reinige dein Herz und dein Handeln, denn sie sind Gefäße Gottes.

Manches widerfährt uns auf eine schmerzliche Weise – etwa, wenn wir die Schuld oder Verfehlung eines anderen zu spüren bekommen. Doch auch dies hat mit den Verbindungen jenes Gewebes zu tun und gerade dann ist uns eine Verantwortung gegeben.

Wo keine Vergebung ist, weicht die Liebe und so auch das Leben. Die Liebe bildet das Leben. Nicht zu lieben, ist die Weigerung, sich mit Gott zu verbinden. Nicht zu vergeben, ist die Weigerung, sich vom Bösen zu erlösen. Wenn wir die Sünde unserer Mitmenschen vergeben, die uns verletzt hat, wird sie sich verwandeln. Nicht, dass Sünde durch Vergebung aufhört, Sünde zu sein, aber sie wird nicht länger die Kraft haben, uns zu verletzen – ja, noch mehr: Jede vergebene Sünde wird das Recht haben, unser Leben zu Gott hin zu verwandeln, sie wird unser Leben heiligen. So sind Dankbarkeit und Vergebung die stärksten geistigen Kräfte in jenem Gewebe des Lebens.

Wir hatten die Tage zuvor auf der Konferenz viel über Musikinstrumente gesprochen. So dachte ich während des Nachsinnens auf jener Bank auch an meinen Beruf. Als Geigenbauer muss ich meine Instrumente nicht künstlich oder zusätzlich abhören. Es wäre absurd, wenn meine Geigen mich fragten, warum ich sie abhöre. Ich habe sie erschaffen; alles in mir sucht in ihnen einen guten Klang. Das ist die ganze Bedeutung dessen, warum es sie gibt.

Eine einzige Resonanz, deren Amplitude über das Ziel hinausschießt, kann die Einheit und Abstimmung des ganzen Spektrums verderben. Ich weiß, wie eine gute Geige klingt. Meine Instrumente lassen mich unwillkürlich ihre Unstimmigkeiten hören. Man muss es mir nicht erst erklären. Sie machen sich hörbar.

Was es heißt, dass Gott uns zu hören bekommt, davon spricht der Apostel Paulus in dem unfassbaren Wort, das uns sagt: Der Heilige Geist „seufzt in uns“ und „er vertritt uns vor Gott“.* Es ist die geistige Wirklichkeit („Heiliger Geist“), die nicht nur unser Herz, sondern „auch die Tiefen der Gottheit erforscht“.** Wie sollte es auch anders sein – unsere Herzen sind ein Teil des Himmels. Sie sind nicht unser Eigentum. Auch jenes Wort, dass der Heilige Geist die Tiefen der Gottheit erforscht, zeigt, auf welche Weise wir mit Gott verbunden sind. Wir werden vom Leben erforscht.

Wir lassen Gott spüren, wie es um uns steht. Darum heißt es im Neuen Testament, dass es möglich ist, den Heiligen Geist

* Römerbrief 8,26
** 1. Korintherbrief 2,10

zu „betrüben"* und zu „dämpfen"**. Für das in der deutschen Übersetzung verharmlosende Wort „betrüben" steht im Urtext ein Wort, das die altgriechische Sprache für die Geburtswehen einer Frau verwendet hat! Im vorausgegangenen Kapitel über die Schechina ist es bereits angeklungen. Es schwingt darin ein Wort aus dem Propheten Jesaja mit, das dramatisch deutlich macht: Gott identifiziert sich mit dem Schmerz der Gebärenden, denn in einem jeden Augenblick wird unsere Welt aus Gott geboren. So heißt es bei Jesaja: „Ich schwieg wohl eine lange Zeit, war still und hielt an mich. Nun aber will ich schreien wie eine Gebärende, ich will laut rufen und schreien."***

Das zweite Wort, das ebenfalls von der Verletzlichkeit des Heiligen spricht („den Geist dämpft nicht"), ist ein Wort aus der Welt des Klanges. Den Geist zu dämpfen, bedeutet, ein verstimmtes Instrument zu sein. Falsche Geisteshaltungen verstimmen das Herz. Es ist eine Form der Verwahrlosung gegenüber dem Heiligen, sodass man nicht wahrnimmt, was „in der Luft liegt" – sei es, dass man dem Heiligen Geist keinen Glauben schenkt oder ihm nicht gehorcht. Wer nicht glaubt, empfängt nichts. Wer nicht gehorcht, verwirklicht nichts. So lässt ein Mensch, der den Geist Gottes dämpft, die ihm verheißenen Möglichkeiten ins Leere laufen. Allem Heilsamen geht ein innerer Gehorsam gegenüber dem Heiligen voraus. Dazu aber ist es nötig, die Verwahrlosungen des inneren Lebens zu überwinden. Denn „Verwahrlosung" heißt: Du bist deine Wahrheit los – du dämpfst sie.

Gott bespitzelt uns nicht. Er durchlebt, was es heißt, dass unser gemeinsames Leben ihn verherrlicht oder preisgibt, ihn segnet oder entstellt – wie das Buch Hiob es poetisch über ein ganzes

* Epheserbrief 4,30

** 1. Thessalonicherbrief 5,19

*** Der Prophet Jesaja 42,14

Kapitel ausfaltet: Die Weisheit Gottes ergründet das Leben.* Das ist der Grund, warum es uns gibt. Wenn wir diese ungeheure Gottesnähe verinnerlichen, werden wir eine neue Behutsamkeit mit Gott erlernen, wir werden eine Achtung und Aufmerksamkeit gewinnen, die dem Heiligen angemessen ist. Wir werden uns nicht nur fragen, wie es uns geht, sondern werden fragen, wie es Gott mit uns geht. Wir werden begreifen, dass wir Gott unser Leben spüren lassen. Das heißt, dass wir Gott durchleben. Wir sind Erfahrungen Gottes.

Das *Ethos* des Glaubens ist das, was wir tun; der *Eros* des Glaubens aber ist das, was wir sind. Ich will das Ethos nicht abwerten, aber ich weigere mich, Ethos ohne Eros zu leben. Sich von Gott berufen zu lassen, das ist Ethos; sich von Gott lieben zu lassen, das ist Eros. Der Himmel wird nicht annehmen, was wir durch Unwahrhaftigkeit tun, aber er wird immer lieben, wer wir in Wahrheit sind. Wir können schuldig werden, aber wir *sind* nicht schuldig; wir können etwas Verkehrtes tun, aber wir sind nicht verkehrt; wir können Mangel leiden, aber wir sind nicht mangelhaft.

Die Erfahrung auf jener Bank hat mich tiefer gelehrt, wer wir in Wahrheit miteinander sind. So stand ich nach all diesen Notizen auf, wischte mir die Tränen ab, nahm Abschied von jenem unsichtbaren Dornbusch und ging weiter.

Auf einem Nebenplatz fand ich Ruhe unter dem Schatten einer Kastanie. Sie beschirmte mit ihrem mächtigen Blätterdach den halben Platz und auch hier war Gott. Doch alles war auf einmal anders, es war heller, intensiver und auf eine Art leuchtender als zuvor. Alles hatte sich verändert. Wie die jungen Eltern sich dort freuten, so freute sich Gott in ihnen an ihrem Kind, das

* Das Buch Hiob 28

wohl gerade erst Laufen gelernt hatte und unbeholfen, aber hoch konzentriert seinem kleinen Fahrzeug hinterherstolperte. Man kann an einem wunderbaren Ort im Schatten einer Kastanie sitzen, muss nichts essen und nichts trinken, denn man trinkt von Gott. So tat ich es, ließ die Luft durch meine Kehle strömen und trank Schluck für Schluck von diesem wunderbaren Heiligen Geist.

In einem Psalm heißt es: „Deine Gegenwart ist wie der Tau“ *, und in einem anderen Psalm – noch schöner: „Die Himmel troffen vor Gott.“ **

* Psalm 133,3
** Psalm 68,9

KAPITEL 7

: Mystik

Die Quellen der Kraft

Die Quellen der Kraft, von denen ich hier erzählen möchte – die Stille, die Schöpfung, das Gebet, die Heilige Schrift, Freundschaft, Muße, Rituale, Wunder –, sind in ihrer Auswahl und Gewichtung fragmentarisch. Ich schreibe nicht allgemein über mystische Erfahrungen, sondern nur über das, was ich selbst sagen kann, weil ich darin lebe. Vieles, was ich mit der Mystik der Gotteserfahrung verbinde, habe ich auch in den vorausgegangenen Kapiteln schon gesagt.

Tabgha, am Nordufer des Sees Genezareth. Im Morgengrauen in dieser Höhle am Fuß des Berges der Seligpreisungen mit Blick nach Südosten über den See Genezareth: Die Wolken beginnen im Sonnenaufgang, rosa zu leuchten. Beten heißt warten und verweilen, es heißt, gemeinsam mit Gott zu schweigen und diese Zeitlosigkeit über alles zu lieben. Es ist die Liebe der gemeinsamen Gegenwart. Unter mir das Plätschern eines Zuflusses, der den See mit Wasser speist. Es hat über Nacht geregnet. Die Vögel sind längst wach. In der Höhle Reste von Kerzen. Fadenförmig ziehen Schwärme von Kormoranen nach Westen über den See. Die aufbrechende Natur feiert das Leben. Es tut der Seele gut. Sie nimmt Anteil an diesem Leben aus Gott.

Wenn unserem Leben die Stille fehlt, wird unsere Seele dem Druck der Welt nicht standhalten, und unsere Alltage werden fragen: Gott, wo bist du?

: STILLE

Ich glaube, die wundervollste Form des Betens ist, wenn wir das schweigende Gebet erlernen. Es heißt nicht, dass wir nichts sagen, sondern dass wir Gott wortlos unser Herz zuneigen.

Man merkt einer Seele an, ob sie weiß, was Stille vor Gott bedeutet. Was ist die heilige Stille? Es bedeutet, wunschlos in Gott zu ruhen. Da wird unsere Seele in einen Raum wunschlosen Vertrauens geführt. Wir müssen nicht leer werden, müssen nicht loslassen. Der Raum ist nicht leer, er ist erfüllt. In der heiligen Stille wird das Gebot zur Erfahrung, es wird ganz von selbst erfüllt: „Du sollst deinen Gott lieb haben von ganzem Herzen, von ganzer Seele und mit all deiner Kraft." Wenn Gottes Gegenwart uns einnimmt, uns in diese Stille hineinnimmt, wünschen wir nichts. Dann sagt meine Seele: „Ich wünsche nichts, denn ich habe alles."

Was einzig geschieht, ist, dass wir liebend eins werden mit dem Namen Gottes, der heißt: Ich bin da. Da ruht die Seele in einer großen Stille, alles wird still in diesem wunschlosen Glück. Die Seele wird gestillt von einer alles umhüllenden, liebenden Gegenwart. Darum heißt es in einem Psalm: „Kehre zurück, meine Seele, in deine Ruhe, denn der Herr hat dir Gutes getan."*

: IM STROM DES GEISTES

Wir verlieren den natürlichen Fluss des Geistes, wenn wir zu viel wollen. Ich habe das durch ein inneres Bild gelernt. Seit Jahren werde ich immer wieder an dieses Bild erinnert und dadurch von der Unruhe und Getriebenheit zurück in einen

* Psalm 116,7

Zustand der inneren Führung gebracht. Es sind nur einige Augenblicke und Atemzüge nötig, in denen ich mir das Bild innerlich erneut ansehe. Am Ende dieser Vergegenwärtigung steht immer die Dankbarkeit, die das Bild bejaht („Ja, so soll es sein!"). Diese Dankbarkeit ist wichtig. Sie ist eine der großen Kräfte der Seelenführung. Dem Verstand mag es ausreichen, Dinge lediglich zur Kenntnis zu nehmen, die Seele aber kann die Dinge, die sie sich aneignen möchte, nur durch Dankbarkeit aufnehmen und bewahren.

Es geht ja nicht darum, dass wir ständig neue Bilder und Einsichten haben, sondern darum dass wir lernen, ihnen treu zu sein. Die Einsichten, die uns der Himmel schenkt, werden uns über viele Jahre oder sogar ein Leben lang begleiten. Sie werden uns zur Seelenführung; sie sind ein Schatz des inneren Lebens. Wir können sie uns schenken lassen. Das ist die Mystik des empfänglichen Lebens.

Das Bild, das meine Seele in die Lebensruhe führt, ist folgendes: Ich sah im Gebet einen Mann in einem Hamsterrad. Er war wie gehetzt und setzte seine letzte Kraft dafür ein, das Rad anzutreiben. Er glaubte, es sei an ihm, das Rad in Bewegung zu halten, denn er merkte nicht, dass es in Wahrheit das Rad war, das *ihn* antrieb und am Laufen hielt. Es drehte sich von selbst und war zu nichts nütze. Es brauchte die Kraft des Mannes auf.

Auf einmal verblasste das Hamsterrad und verwandelte sich in ein Wasserrad. Es war das Bild eines großen Mühlrads, das sich treu im fließenden Wasser drehte. Ich wusste, ich war das Mühlrad. Ungeduldig sagte ich: „Ich will, dass es schneller geht!"

Da hörte ich die Stimme Jesu: „Nein, es geht nicht schneller. Reibe dich nicht auf. Du kannst nicht aus eigener Kraft die Dinge schneller drehen. Du musst nicht weiter sein, du musst

Schleske 3/2010

Die heilige Stille
12,2 × 16,2 cm, 2010

nicht schneller sein, du musst nicht besser sein. Aber ich suche deine Treue, wie die Treue des Mühlrads im fließenden Wasser. Sieh den Mühlstein an. Er mahlt das Korn zu Mehl und dieses wird den Menschen zum Leben. Dreh dich im Fluss, synchron mit dem Fluss des Heiligen Geistes. Nicht schneller und nicht langsamer."

Dies Bild bringt sich in meinen Alltagen von Zeit zu Zeit wie von selbst in Erinnerung: Selbst beim Spazierengehen kann ich auf den Strom des Geistes achten und – indem ich dann eine Spur langsamer gehe – selbst meine Wege als eine Kontemplation des Vertrauens verstehen.

So habe ich gelernt, auf die Fließgeschwindigkeit zu achten, in der die Dinge geschehen. Später stieß ich auf ein Gedicht des Lyrikers Angelus Silesius (1624–1677), der schrieb:

> *„Die Unruh kommt von dir,*
> *nichts ist, das dich bewegt,*
> *du selbst bist das Rad,*
> *das aus sich selbst läuft*
> *und keine Ruhe hat."*

Der Heilige Geist wird im Alltagslärm des Lebens unsere Hektik nicht vergrößern. Er wird sich nicht aufdrängen, sondern wird warten, dass wir uns niederlassen. Im Hebräischen heißt er *Ruach*, der heilige Atem. Die Inspiration und Kraft, die wir erfahren sollen, passt mit der Atemlosigkeit unserer Zeit nur schwer zusammen. Aber wir sind dem Hamsterrad nicht ausgeliefert. Es liegt an uns, unser Leben anders zu begreifen und uns täglich darin zu üben, dass das Atmen und Hören Raum und Recht bekommen.

: GELASSENHEIT

Von Meister Eckhart (1260–1328) stammt die Wortschöpfung des uns heute ganz geläufigen Wortes „Gelassenheit“. Er beschrieb es so: Ein Mensch kam nach einer langen Wanderung an einen einsamen Gebirgssee. Die Oberfläche des Sees war spiegelglatt und reflektierte auf eine vollkommene und ungestörte Weise den Himmel. Dass der See so ruhig war, hatte einen einzigen Grund: Er wurde nicht gestört. Es war niemand da, der ihn aufgewühlt und darin herumgerührt hätte. Das ist der Grund der Gelassenheit: Der See wurde in Ruhe gelassen; er wurde *gelassen*.

Wir haben uns den Irrglauben angewöhnt, man könne die wichtigen Dinge *machen*. Gelassenheit aber kann man nicht machen. Das würde bedeuten, den See aufzuwühlen, um ihn zur Ruhe zu bringen. Wie der See, so kann auch die Seele nicht ruhig gemacht werden. Sie wird ruhig, weil sie gelassen wird. Wir wühlen sie nicht auf: Wir reden ihr nicht ständig ein, wie die Welt und unser Leben zu sein hätten. Diese Vorstellungen wühlen und rühren uns auf. Woher wissen wir denn so genau, wie die Dinge zu sein haben? *Gelassenheit* entsteht weder dadurch, dass wir alles „machen“, noch dadurch, dass wir alles „loslassen“, sondern dadurch, dass wir uns der Weisheit und Führung Gottes *überlassen*. Das ist die Quelle der Gelassenheit.

Man kann die Lebenssumme des Meister Eckhart wohl in dem Wort zusammenfassen: „Lass dich. Und lass dich Gott.“

Ich weiß, dass große Lehrer wie Leo Baeck – den ich sehr verehre und dessen gewaltiges Werk „Das Wesen des Judentums“ zu den wenigen Büchern gehört, die ich ständig um mich habe – dem Christentum vorgeworfen haben, zu einer bloßen Befindlichkeitsreligion geworden zu sein. Ich möchte es trotzdem sagen: Wenn ich merke, dass sich durch einen

Gedanken – wie etwa den zur Gelassenheit – etwas in mir anders anzufühlen beginnt, dann beginnt der Glaube in ebendiesem Augenblick, meine Seele zu tränken. Es ist gut, wenn wir das zulassen und auf diese Weise lernen, was es bedeutet, wenn der Glaube der Seele etwas zu sagen hat. Es ist ein Akt der Seelenführung.

: GESCHWISTER DES LEBENS

Der Waldboden ist abschüssig, die Birke leicht nach hinten geneigt. Ich sitze mit dem Rücken an diesen Baum gelehnt, blicke in das Tempeldach des Himmels und der Blätter über mir. Diese Birke ist eine regelmäßige Freundin der Stille. Ich weiß nicht, warum gerade Birken meinen Geist derart berühren. Ihr Friede dringt in jeden Gedanken ein, und wenn man zuhören kann, vergessen sie sich in der Liebe des Augenblicks.

Es ist Spätnachmittag nach einer durchwachten, traurigen Nacht. Schon ist es Herbst geworden. Ein Sonnenstrahl durchflutet die Zeit mit diesen stillen Freundinnen. Ihre Erhabenheit und ihr Schweigen sind von einer Beständigkeit, der keine Unruhe widerstehen kann. So gehe ich nach einiger Zeit getröstet und gestärkt in die Werkstatt zurück. Traurigkeit ist nicht schlimm, wenn sie uns nicht unglücklich macht. Im Maschinenraum stehen die nächsten Geigendecken an.

Ich werde beim Schreiben an das Grubmühlerfeld erinnert, an dem meine alte Werkstatt lag. Wann immer ich meine Hand in die Rindenfurche einer der elf urgewaltigen alten Eichen dort legte, legte ich meine Hand in das Geheimnis Gottes. Was ich berührte, war kein totes Holz. Die Eichen wollen leben, und indem sie es tun, geben sie Antwort auf Gott. Es ist das gleiche Leben in ihnen wie in mir. In den Millionen Tracheiden des gewaltigen Baumes ist das Gleiche, das auch in meinen Fasern ist: Wir sind am Leben.

Gewaltige Lebensbrüder. Lebensschwestern. Ich spüre und berühre eure Kraft. Es ist das Leben aus Gott. Diese Berührung ist ein Lobpreis des Lebens. Es ist das Gegenteil von Sünde. Denn Sünde bedeutet, den Dialog des Geistes zu versäumen, es bedeutet, die Ehrfurcht vor dem gemeinsamen Leben zu verlieren.

Willst du Gott begegnen, dann erwarte ihn nicht als Existenz inmitten der Welt, sondern inmitten der Existenz der Welt. Gott ist nicht neben den Dingen. Sieh einen Menschen an. Höre den Gesang des Vogels. Streiche über das helle Buchenblatt im Mai. Willst du etwas von der Existenz Gottes begreifen, dann lass dich vom Leben ergreifen. Sie alle loben in ihrer Lebendigkeit und Sinnlichkeit das Leben. Leben und Sinn sind Gottes Namen.

Ist dir das zu wenig? Zu wenig von Gott? Wenn du nicht in die Augen des Menschen gesehen hast, nicht hineingehört hast in den Gesang des Vogels, nicht verstummt bist über dem Blatt, das sich im Frühjahr aus der Knospe herausgefaltet hat – wenn du nicht berührt bist vom Leben, dann hast du kein Recht, nach Gott zu fragen. Wer zum Staunen und Danken nicht fähig ist, der wird auch zum Glauben und Lieben kaum fähig sein.

Du willst, dass Gott eingreift in dein Leben? Dann beginne, vom Leben selbst ergriffen zu sein. Du willst, dass Gott sich dir zeigt? Dann liebe Gott im Offensichtlichen. Das Weiterführende mag kommen, aber du solltest Gott erlauben, dir zunächst das Naheliegende ans Herz zu legen. Hast du einmal zwei Minuten, fünf Minuten nur deine Hand an einen Baum gelegt, die Augen geschlossen und das Leben und seinen

Charakter in ihm gespürt? Dann bist du auf eine sehr gesunde Weise klein geworden.

: DIE MYSTIK DER HEILIGEN SCHRIFTEN

Heute lese ich die Bibel oftmals mit geöffneten Händen – so, wie man frisches Wasser erwartet. Es ist gut, ihre Worte betend und liebend zu lesen als ein weites Fenster an Inspiration und Gottesnähe. Ich knie mich dabei manchmal hin, als ein Ausdruck, dass ich von einer Quelle empfangen darf, die größer ist, als ich es bin. Dann öffne ich meine Hände, als würde ich eine Schale tragen. In diese nach oben geöffneten Hände lege ich die Bibel. Ich lese einen Abschnitt oder auch nur einen Vers, aber ich tue es in dem körperlichen Bewusstsein, als hätte ich eine Schale in der Hand, aus der ich frisches Wasser trinke. So trinke ich die Worte.

So, wie es ist, wenn ich den Klang eines Instrumentes höre, besteht auch beim Eintauchen in die heiligen Schriften mein Kopf nur noch aus zwei riesig großen Ohren. Da geht es nicht zuerst darum, nachzudenken, sondern zu hören. Nur noch hören. Alles Denken hat seine Zeit.

Es ist wichtig zu wissen, dass man die Weisheit durch eigene Klügeleien leicht übertönen kann; die Schriften werden dann nicht schreien, sondern verstummen. Viel wichtiger, als alle Dinge zu erklären, ist es, sich selbst zu klären. Wenn die Kammern in uns mit Unrat, Schmutz und Herkömmlichkeiten, aber nicht mit den Weisheitsschätzen der Heiligen Schrift gefüllt sind, aus welchem Schatz sollte der Heilige Geist schöpfen? Die Worte, die wir aufnehmen, werden an die Wände des Herzens geschrieben. Dort wird der Heilige Geist sie lesen und zur rechten Zeit ins Leben bringen.

Ich habe gemerkt, dass ich, ohne es zu wollen, die Bibeltexte häufig summend lese. Ich weiß nicht, warum. Vermutlich ist es eine Form der Liebe. Wir nehmen fleißig und summend wie die Bienen in der Heiligen Schrift alles auf* und der Heilige Geist macht in uns dann Honig daraus. Der wird den Menschen, die mit uns zu tun haben, zur Stärkung, zur Freude, zur Medizin. Wenn wir nichts aufgenommen haben, hat der Heilige Geist nicht viel in uns und durch uns zu tun.

: DAS UNVERSTÄNDLICHE VERSTEHEN

Ich vertraue mich im Umgang mit der Bibel dem eigentümlichen Geheimnis an, dass man die Bibel tatsächlich verstehen kann, ohne sie zu verstehen. Musst du denn begreifen, auf welche Weise die Synapsen deines Gehirns feuern und wie alles aufgebaut ist, um recht zu denken? Und musst du die Resonanzen einer Geige benennen und den Standort ihres Baumes kennen, um meisterhaft auf ihr zu spielen? Es ist nicht wichtig, dass du alle Geheimnisse begreifst und auf alle Fragen eine Antwort weißt. Wir überheben uns am Leben, wenn wir meinen, die wesentlichen Fragen ließen sich beantworten – als hätten die Fragen nicht den Sinn und das Recht, durchlebt zu werden!

Der englische Schauspieler Nigel Goodwin (Genesis Arts), der ein geistlicher Vater vieler Künstler ist, sagte einmal, als wir gemeinsam beim Essen waren: *„Kunst hat mit Fragen zu tun, weniger mit Antworten."* Und später: *„Gott hat mehr Interesse an unseren Fragen als an unseren Antworten."*[39]

* Siehe ähnlich auch die Gedichte des islamischen Sufi-Mystikers Dschalāl ad-Dīn ar-Rūmī (1207–1273).

Eine Antwort hebt die Frage auf. Doch was du durchlebst, verwandelt dein Herz. Nur dort wird man lesen, was du begriffen hast. So bereitet uns Gott einen Frieden im Angesicht unserer Fragen, wenn wir begreifen, wozu die Frage uns dienen soll. Gott wird dich dermaleinst nicht fragen, auf wie viele Dinge du eine Antwort wusstest, sondern, welche Antworten du gelebt hast.

: GOTT SENDET SEIN WORT

Vor einigen Jahren wurde ich während einer Gebetszeit im Gottesdienst von einem starken Bild getroffen. Obwohl ich die Augen geschlossen hatte, war es hell und klar wie ein Kinofilm. Ich habe anschließend aufgeschrieben, was ich sah. Die Gemeinde war innig im Lobpreis. (Ich habe oft viel eher Sehnsucht nach Stille und Schweigen als nach Lob und Gesang, aber ich „leihe" mir dann den Glauben derer, die so unbeschwert loben und singen.) In dem Lied, das sie sangen, hieß es an einer Stelle: „Du, Herr, regierst!"

Dieser Vers stach mir ins Herz. Es war wie ein innerer Aufschrei: „Mein Gott, wie regierst du denn? Was ist denn sichtbar von deiner Herrschaft und deiner Herrlichkeit? Wie kann ich solch ein Lied denn singen, ohne dich und mich zu belügen! Geschieht nicht so viel Leidvolles in unserer Welt? Soll mein Lobpreis das Schwere verschweigen? Ich will dieses Lied gern glauben und deine Liebe regieren sehen. Aber ich sehe es nicht!" Dieser innere Schmerz war ein Gebet in mir, wie ein Kampf mit Gott – und die anderen sangen seelenruhig weiter.

In diesem Moment entstand ein Film in mir. Es war, als ob sich Gott von seinem Thron erhob und fragte: „Wie will ich regieren in dieser Zeit?"

Diese Frage erfüllte den Himmel und es entstand eine große Stille. Da antwortete eine Stimme: „Durch die Herzen derer, die dein Wort in sich tragen – durch die Herzen deiner erlösten Kinder, die dein Wort in sich tragen."

Da hob Gott seinen mächtigen Arm und sandte sein Wort wie zwei irdene, unverbrüchliche Steintafeln* und sprach: „Mein Wort ist ewig, fest und unvergänglich, doch will ich es hineinopfern in eure Herzen."

Die beiden Schrifttafeln wurden förmlich zur Erde geschleudert, doch verwandelten sie sich in die Flügel eines Vogels. Er zog weite Kreise und suchte Herzen, in die er das Wort legen konnte. Er fragte: „Wo sind die Herzen, die das Wort des Herrn in sich tragen wollen? Nehmt und esst. Denn das Wort soll an die Wände eures Herzens geschrieben werden. Nehmt und esst. Denn mein Gesetz will ich in eure Herzen schreiben. Nehmt und esst. Denn ihr sollt meine lebendige Botschaft sein."

: AN TOTEN BUCHSTABEN SAUGEN

Die Bibel ist ein Instrument Gottes, das in uns einen Resonanzboden finden will. Sie bleibt stumm, wenn sie in uns kein hörendes Herz vorfindet, weil wir ihr Geheimnis nicht mehr lieben.

Es gibt eine chinesische Weisheitslehre, die in dieser Hinsicht etwas Wesentliches sagt. Sie liest sich wie ein Gleichnis für eine Kultur, die sich an toten Buchstaben festgesaugt hat, aber es ist kein Leben mehr darin. Die Geschichte erzählte einst Khung-Tse (Konfuzius) dem Fürsten des Staates Lu: *„Als ich*

* Was ein Widerspruch sein muss. Denn entweder sind sie irden oder ehern. Aber so habe ich es gesehen. Es steht wohl für das Zerbrechliche und zugleich Unvergängliche.

auf einer Sendung nach dem Staate Thschu unterwegs war, sah ich eine Brut junger Schweine, die an ihrer toten Mutter saugten. Nach einer Weile sahen sie sie an, und dann verließen alle den Leichnam und rannten davon. Denn ihre Mutter blickte ihnen nicht mehr zu, und sie schien ihnen nicht mehr von ihrer Art zu sein. Was sie geliebt hatten, war ihre Mutter; nicht der Körper, der sie enthielt, sondern das, was den Körper dazu machte, was er war.“[40]

So saugen wir uns an Worten fest, die unsere Kultur einst großgezogen haben. Wir streiten uns quiekend über Schulmeinungen und saugen uns an exegetischen Feinheiten fest. Aber wir vergessen zu fragen, welches Leben die Worte in sich haben und ob wir dem Geist eigentlich noch folgen, dem das Wort ein demütiger Sendbote ist. Wir saugen an totem Wissen, aber es blickt uns nicht mehr an.

Wir haben versäumt, den Geist zu lieben, der das Ohr unseres Herzens erweckt und uns in alle Wahrheit leitet. So ist uns die Heilige Schrift weggestorben. Man kann eine Weile noch daran saugen und wie die Ferkel sich darüber streiten.

Das Dramatische ist nicht, dass wir zu wenig wissen, sondern, dass das, was wir wissen, uns zu wenig verändert. Wissen ist nur der Notensatz, Erkenntnis aber ist der Klang, den wir hören, wenn wir die Noten spielen. Es ist wichtig, dass wir lernen, Wissen und Erkenntnis zu unterscheiden.

Nicht unser Wissen, sondern unsere Liebe bestimmt, welche Gestalt das Erkennen bei uns annimmt und ob wir daraus geistliches Leben empfangen. Es ist der Inbegriff unserer Verlorenheit, dass wir alles klug erklären und doch unerlöst über den Dingen stehen. Wenn Kopf und Herz nicht eins werden in der Liebe und im Erforschen dessen, was wir berühren, dann bleiben wir unglückliche Ausbeuter des eigenen und fremden

Lebens. Da stehen wir über den Dingen, aber wir erkennen sie nicht um ihrer selbst willen – das wäre Liebe –, sondern um unsertwillen. Und was wir berühren, wird gottlos.

Das liebende Erkennen steht nicht über den Dingen, sondern es geht in sie ein. Wenn dies geschieht, wird eine grundsätzliche Wahrheit des Menschendaseins deutlich – nämlich die, dass wir das Wesen einer Sache erst dann erkannt haben, wenn sie uns verändert hat. Geschieht dies nicht, haben wir wohl viel Wissen, aber wir haben nichts begriffen.

Wir werden nach den Zeiten der Stille und der hörenden Liebe zurückkehren in die Ansprüche und Anforderungen der Welt. Doch es ist ähnlich, wie wenn man nach einem Konzert gestärkt den Saal verlässt.

: DIE FREUNDE

Einen solchen „Konzertsaal" möchte ich beschreiben: Seit gut zwanzig Jahren treffe ich mich wöchentlich in aller Früh mit acht Freunden. Dass diese Treffen von Anfang an eine große Kraft entfaltet haben, lag sicher daran, dass wir deutlich begrenzt haben, was wir wollten und was nicht. Wir wollten nicht fragen: „Wie geht es dir?", wollten weder miteinander beten noch sonst irgendwelchen frommen Erwartbarkeiten Genüge tun, sondern schlicht – nach einem kurzen Cappuccino – gemeinsam ein Kapitel aus der Bibel lesen und dann nach fünfzehn Minuten strenger Stille die verbleibende halbe Stunde über das Gelesene reden.

Trotz dieser heilsam konzentrierten Absicht ließ es sich nicht ganz vermeiden, dass wir im Laufe der Jahre enge Freunde geworden sind. Natürlich spüren wir, wenn es dem anderen nicht gut geht, und natürlich wird dann darüber geredet und, wenn es geboten erscheint, auch segnend für ihn gebetet – aber diese

Ausnahmen sind eben nicht vorgesehen und haben gerade darum einen besonderen Charme und immer wieder eine Kraft gehabt.

So haben wir weite Teile der Bibel miteinander bedacht und uns über die Jahre gut kennengelernt. Das große Vorrecht dabei ist die Verschiedenheit. Ich weiß, dass ich die Sichtweise der anderen brauche. Ein Schiff kann nicht in sich selbst vor Anker gehen. Wer alle Dinge nur mit sich selbst ausmacht, dessen Wahrheit wird bestenfalls ein Treibanker sein. Darum liebe ich die offenen Worte der Freunde. Unsere Wahrheit ist nichts wert, wenn sie uns keinen Widerstand leistet. Der Widerstand ist wie die Kraft, die das Ankertau zu spüren bekommt, aber das geschieht erst dann, wenn es nötig ist – dann, wenn Wind und Strömung das Schiff angreifen. Ist kein Widerstand da, hat der Anker keinen Grund gefunden. Unser Leben treibt unwillkürlich ab, wenn niemand da ist, der uns sagt, wie es um uns steht. Dann sind wir wie ein Schiff, das in sich selbst vor Anker gehen will.

Wir reiben uns an unseren unterschiedlichen Charismen und Auffassungen und spüren den Widerstand des anderen. Aber darin liegt eine große Kraft. Bonhoeffer brachte es mit dem Satz zum Ausdruck: *„Der Christus im eigenen Herzen ist schwächer als der Christus im Worte des Bruders.“* Unsere Gespräche sind keine theologischen Belehrungen, sondern Entdeckungen der Geisteskraft, die diese Texte in sich haben.

Ich bin für mein Leben gern allein. Darum verordne ich mir solche Treffen.

: VERWANDLUNG

Wahre Selbsterkenntnis kann nur aus einer Wahrheit kommen, die uns Widerstand leistet. Tut sie das nicht – was ist sie wert? Ich denke, das ist das Geheimnis der Bibel: Sie schenkt uns Selbsterkenntnis, weil sie uns Widerstand leistet. Ein Logion aus dem Thomasevangelium sagt: „Wenn ihr euch selbst erkennt, wird Gott euch erkennen."*

Wie die Geige nicht ohne Verwandlung des Holzes entstehen kann, so kann der Klang des Wortes Gottes nicht ohne die Verwandlung des Menschen entstehen. Nur im hörenden Herzen verwandelt sich die Bibel zum Wort Gottes.

Wenn wir die Worte in einem liebenden Geist lesen und die Stille genießen, die sich über das Lesen legt, entfaltet die Bibel eine reinigende Kraft. Wir merken, dass etwas in unserer Seele geschieht. Es ist, als habe die Bibel, wenn sie in uns zum Wort Gottes wird, die Kreativität und das Recht, Dinge zu klären, zu stärken, zu raten, zu inspirieren, zu trösten, zu korrigieren. Es wird etwas neu in uns erschaffen. Das ist nur möglich, wenn unsere Gedanken gelernt haben zu schweigen und unser Geist bereit ist zu hören. Es ist nur möglich, wenn unsere Seele sich aufgemacht hat, in den Worten heimisch zu werden. Dann erleben wir das Glück, eine Kraft zu erfahren, die uns wie ein Instrument spielt und verwandelt.

: BETENDES SCHREIBEN

Der größte Teil meines ersten Buches „Der Klang" ist an der Werkbank entstanden. Ich habe sieben Jahre daran geschrieben. Gegen Ende, als es nur noch ein einziges Jahr war, hörte

* Thomasevangelium 3,4

ich während des Schreibens unvermittelt eine Mahnung: „Martin, kämpfe nicht für die Wahrheit!"

Ich war erschrocken und (mehr noch) befremdet und fragte: „Herr, du sagst von dir selbst, du seist die Wahrheit*, und sagst mir nun, ich solle nicht für die Wahrheit kämpfen!?"

Er antwortete: „Wenn du für die Wahrheit kämpfst, wirst du alles zerstören, was ich dir geben will."

Ich fragte: „Aber was soll es denn dann sein?"

Da antwortete er: „Es soll aus der Weisheit geboren werden."

Und ich begriff: Wahrheit und Weisheit sind zwei mächtige Schwestern. Wehe, wenn die Wahrheit die Beziehung zur Weisheit aufkündigt und sich eigenmächtig macht. Sie wird dann eine Lüge gegen Gott selber sein. Gott ist die Wahrheit, aber die Wahrheit ist nicht Gott.

Es gibt eine Art des Denkens, das kein Nachdenken über Gott ist, sondern viel eher ein Nachdenken mit Gott. Es gibt diese Quelle des Hörens. Schreiben heißt zuhören. Die Weisheitsbücher sagen über jene Begegnung:

„Strahlend und unverwelklich ist die Weisheit, und leicht wird sie erblickt von denen, die sie lieben. Sie wird gefunden von denen, die sie suchen. Denen, die sie begehren, kommt sie zuvor, sich erkennen zu lassen. Wer früh aufgestanden ist, um sie zu suchen, wird keine Mühe haben. Er wird sie nämlich neben seiner Türe sitzend finden [...]. Sie geht selbst umher auf der Suche nach denen, die ihrer würdig sind."**

Die Texte suchen die Seele auf. Es ist, als würden wir einen Raum betreten, in dem wir uns für einige Zeit umsehen dürfen und beschreiben können, was wir sehen. Die Zeit bleibt

* Johannesevangelium 14,6
** Buch Weisheit (1. Jh v. Chr.) 6,12ff

stehen, aber du weißt bereits jetzt: Der Eindruck wird verblassen.

Diese Pausen, wenn die Gedanken ruhen, sind das Schönste beim Schreiben. Denn dann fange ich nicht an, nachzudenken und weiterzuschreiben, was mein Verstand mir sagt, sondern – manchmal sind es Minuten zwischen den Sätzen – „zu harren und zu hören". Es ist ein natürlicher Vorgang. Es dauert länger, aber es hat etwas Müheloses.

Man merkt es an der Freude, wenn Gott spricht. Das ist nur möglich, wenn das Verweilen wichtiger ist als das Schreiben. Vielleicht ist das Schreiben nur ein Vorwand, nur eine Anziehungskraft, dass es zu diesem konzentrierten Dasein kommen kann. *„Der schreibende Geist"*, sagt Seneca, *„ist ein anderer als der denkende Geist."* Was ich schreibe, habe ich gehört und gesehen. So muss ich fast täglich vor der Arbeit etwas schreiben, wie ich auch täglich esse oder mich wasche.

Du hörst nur das, was du beherzigst. Etwas zu „beherzigen", ist vielleicht das schönste Wort für „glauben". Denn es bedeutet, du gibst den Dingen, die du erkannt hast, in deinem Herzen und in deinem Handeln einen Raum. Was wir beherzigen, lässt unsere Fähigkeit wachsen, zu hören, was uns gesagt werden soll. Denn „beherzigen" heißt „innere Heimat geben". Ein Gast, den du aufgenommen hast, wird zu dir sprechen.

Hören ist nicht Nachdenken, sondern innige Begegnung. Es wird nicht von einer Straßenseite zur anderen gerufen. „Er wird nicht schreien auf den Gassen." * Sondern es wird an dem inneren Ort hervorgerufen, wo du ihm Heimat gegeben hast.

* Der Prophet Jesaja 42,2

Es sind keine Gedanken oder Ideen, sondern etwas, an dem du Anteil hast.

Während ich das fünfte Kapitel („Die Wölbung und der Faserverlauf – Glaube als Ehrfurcht und Barmherzigkeit“) meines Buches „Der Klang“[41] schrieb, konnte ich ununterbrochen in dem besagten Raum verweilen, selbst wenn ich etwas anderes tat. Heute erinnere ich mich nur noch an das, was ich dort sah, aber ich könnte den Raum nicht mehr betreten. Es würde nichts Neues entstehen, es wäre nur noch ein Standbild, das sich nicht mehr bewegt.

Beim siebten Kapitel („Der verschlossene Klang – Vom Glauben an einen liebenden und darum leidenden Gott“) geschah es auf eine ganz andere Art. Es ist durch ein schmerzlich erlebtes Gleichnis entstanden. Fünf Jahre lang habe ich immer wieder versucht aufzuschreiben, was ich in jenem einen Moment gesehen hatte, aber es ging nicht. Denn ich merkte jedes Mal, dass ich begann, es kaputtzuschreiben, weil ich keine Worte dafür hatte. Ich hatte es gesehen, aber noch nicht durchlebt, und darum war es nicht reif.

Jene fünf Jahre aber haben meinen Glauben wie wenig anderes durchgewalkt und von Grund auf verändert. Erst, als ich dann dem Buch „Der Gottesbegriff nach Auschwitz“ von Hans Jonas begegnete, war auf einmal eine innere Freisetzung da, denn er hatte etwas Ähnliches gesehen. Die fünfzig Seiten, die ich dann (über jenen Jahre zurückliegenden Moment) schreiben konnte, flossen fast von selbst heraus.

Es ist wichtig zu respektieren, dass manche Dinge noch nicht reif sind und dass wir mit ihnen zu leben haben, bevor wir sie verstehen und ausdrücken können.

: GEBET

Wie soll ich beten? Ich habe Folgendes gelernt: Beginne nicht mit Worten. Beginne nicht zu „beten", sondern lass dich zuerst in die Freude der Gottesliebe führen. Heiße dich mit deiner Seele in der Gottesgegenwart willkommen, dein Mund wird lächeln, dein Atem wird ruhig, dein Herz empfängt und empfindet eine liebende Gegenwart, bevor du den ersten Gedanken denkst oder Worte sprichst. Platze also in die Zeit des Betens nicht mit Plappern hinein. Die Freude an der Freude Gottes ist der Raum deines Gebets, komm darin zur Ruhe und finde durch die liebende Gegenwart in diese Einvernehmlichkeit mit Gott, so wirst du Gott vernehmen – in seinem Dasein, seinem Ansehen, seinem Reden und seinem Schweigen. Jesus sagte: „Wenn ihr betet, sollt ihr nicht viel plappern wie die Heiden; denn sie meinen, sie werden erhört, wenn sie viele Worte machen." *

: VERTRAUEN

Es gibt die erstaunliche Erfahrung des dialogischen Betens: Ich merke immer wieder, wie meine Meditation erst dann beginnt, konzentriert und mühelos zu werden, wenn sie zum Gebet wird. Das banale Ich ist nicht spannend und macht die Meditation so mühsam; je mehr das Ich spirituelle Erfahrung sucht, desto kümmerlicher und fruchtloser wird es. Denn Gebet ist nicht Erfahrung, sondern Begegnung. Das Eintauchen in das Du Gottes schenkt den Gebetszeiten ihre Innigkeit, Versunkenheit und Mühelosigkeit. Es ist eine liebende Zuneigung, ein müheloses Ruhen im Du Gottes. Weil es nicht um Erfahrung geht, ist es mühelos.

* Matthäusevangelium 6,7

Diese Art zu beten ist eine liebende Konzentration, die nicht durch Anstrengung, sondern durch Freude entsteht, und sie beginnt, wenn dir bewusst wird, dass du im Dasein Gottes verweilst. Da werden die Gedanken langsam und alles wird von Dankbarkeit und Ruhe erfüllt.

An einem Morgen las ich einen Abschnitt aus dem Markusevangelium, der mich, obgleich ich ihn gut kannte, nie zuvor derart verwundert hat. Es heißt dort: „Am Morgen, noch vor Tage, stand Jesus auf und ging hinaus. Und er ging an eine einsame Gegend und betete dort."* Ich fragte mich, was Jesus in all den Stunden dieser frühen Gebetszeit eigentlich genau gemacht hat. Wie hat er denn gebetet? Was ist da geschehen? Sicher hat er nicht die ganze Zeit geredet und Gott die Ohren müde gemacht. Da ist mir aus einer starken inneren Zuneigung heraus ein Gebet aus dem Herzen gerutscht: „Jesus! Ich möchte beten lernen wie du!"

In diesem Moment erlebte ich etwas Sonderbares, was mir immer wieder beim Beten geschieht: Je mehr Worte wir machen, desto schwerer wird es uns, die Antwort zu hören. Die wenigen Worte aber, die aus der Tiefe des Herzens kommen – und das ist in der Regel aus Versehen –, werden oft in einer Weise erhört, die erschütternd unmittelbar ist. Die Worte werden durch ihre Ehrlichkeit geheiligt.

Die Antwort, die ich auf jenes Gebet hin hörte, war unmittelbar und nah. Ich hörte die Stimme Jesu: „Mein Gebet ist vollkommenes Vertrauen."

Ich wusste, was mir gesagt werden sollte: „Mein Gebet ist keine Methode, keine Meditationskunst, die man je üben kann…" Was darauf folgte, hörte ich nicht als eine Stimme, sondern spürte es als eine starke Stimmigkeit:

* Markusevangelium 1,35

Wenn wir im Evangelium lesen, dass Jesus in die Stille ging, dann setzte er sich der Gegenwart Gottes aus. Er wartete, dass sein Herz durchflutet wurde von Vertrauen. Er stellte sich der Gegenwart Gottes zur Verfügung und wurde überfließend angereichert von Vertrauen.

„Wenn du durch Vertrauen in diese Ruhe kommst, dann betest du wie ich. Lass zu, dass Gott dich mit Vertrauen durchfluten kann. Wenn du dann aufstehst und an deine Arbeit gehst, wird diese nur eine andere Form des Betens sein. Und wenn du in diesem Vertrauen Menschen begegnest, werden all deine Begegnungen nur eine Form des Betens sein. Du wirst in allem mit Gott sein, wenn die Stille, die du suchst, Vertrauen ist. Das ist alles, was Beten bedeutet. Steh auf und lebe in diesem Vertrauen!"

Ich spürte, dass es nicht um etwas Anstrengendes oder um eine erzwungene Übung ging. Es ist etwas vollkommen Selbstverständliches. Es ist schlicht die Zeit, in der sich Vertrauen in uns sammeln kann. Ist dies geschehen, wird alles eine Form des Betens sein. Unser Vertrauen wird die Geschehnisse im Innern und Äußern zu Gott hin wenden. Das Gott zugewandte Leben ist Beten. Im Gebet lernen wir nicht das Besondere, sondern das Selbstverständliche, das wir verlernt haben: Muss ein Säugling lernen zu schreien? Muss ein Durstiger lernen zu trinken? Muss ein Liebender lernen zu leben?

All dies bedeutet: Lass dich nieder, werde still und begreife, dass du nichts lernen musst. Das ist Beten.

: DAS BITTENDE GEBET

Jesus lehrt seine Jünger, Gott zu bitten. Die Bitte ist eine Form des Betens. Viele Meister stellen den Sinn des bittenden Gebets infrage oder sagen, die Bitte, so verständlich sie

Lichtflut der Betenden
14,9 × 16,8 cm, 2014

sei, sei doch eine der niedrigsten Formen des Betens. Sie weisen darauf hin, dass es nicht nötig sei, Gott um irgendetwas zu bitten, er wisse schließlich, wessen wir bedürfen, noch ehe wir darum bitten. Jesus selbst scheint an anderer Stelle diese naheliegende spirituelle Sicht der unsichtbaren Dinge zu bestätigen, wenn er seine Jünger ermahnt, im Gebet nicht viele Worte zu machen. Er sagt: „Gott weiß, was ihr bedürft, noch bevor ihr bittet." * Warum also soll die Bitte eine legitime oder gar nötige Form des Betens sein? Ich sehe vor allem dies: Wer Gott um etwas bittet, der lädt ihn ein, einen Raum einzunehmen, der unserer Einwilligung bedarf.

: MUẞE

Wo mein Herz ist, da wird auch meine Zeit sein. Nur, wenn nicht allein mein Pflichtgefühl und mein Wille, sondern meine Seele vom Guten angezogen wird, wird die Zeit stärkend und erfüllend sein. Das ist die Glückserfahrung intensiv gelebter Muße. Nur, wenn eine Anziehungskraft gegenüber dem Guten entsteht, wird unser Seelenleben sich zu Hause fühlen und uns aus unguten Bindungen, Abhängigkeiten und Süchten lösen. Moralisches Pflichtgefühl reicht nicht aus. Es erzeugt eine innere Spannung, aber keine Kraft.

Ich liebe die Unterbrechungen von meiner Arbeit, die Spaziergänge, die Zeiten im Wald mit unserem Hund – ein wahrer Seelentröster! –, die Erfahrungen der Stille, das unbekümmerte Malen abstrakter Bilder mit meinem Geigenlack – Bilder, die nicht gut werden müssen und darum solch eine Freude machen! Ich liebe das hörende Gebet, das liebende Nachdenken, das betende Schreiben mit einem guten Kaffee. Es

* Matthäusevangelium 6,8

entsteht eine innere Heimat bei sich selbst, wenn inmitten der Gewohnheiten und Pflichten eine Freude des Herzens geweckt werden kann. Das ist geistliche Muße.

Nicht im Pflichtgefühl, sondern in der Freude entsteht unser Glaube. Als ich vor Jahren über Monate hinweg eine beißende Krise durchlebte und zwischen Tür und Angel versehentlich betete: „Mein Gott, warum habe ich nur solche Zweifel?“, hörte ich unmittelbar: „Weil du nicht auf deine Seele achtest.“

Die schwierigen Monate waren keine Frage des Glaubens, sondern der ausgebeuteten Seele – und wenn wir nicht achtgeben, kommt es nach der Erschöpfung der Seele zum Schiffbruch des Glaubens. Wir halten es für eine Glaubenskrise, aber es ist eine Krise der mangelnden Muße. Wir beten: „Vater, vergib mir!“ Und er sagt: „Es gab nie etwas zu vergeben, außer, dass du nicht auf dich geachtet hast. Du hast gegen dich selbst gesündigt. Bitte nicht mich, sondern deine Seele um Vergebung, und wende dich als eine gute Mutter barmherzig deiner Seele zu, und du wirst staunen, was sie dir zu sagen hat.“

Das Geheimnis hinter alldem ist, dass man Glaubenskrisen nicht durch Glauben lösen kann. Der Geist will glauben, aber die Seele streicht die Flügel. Sie hält die Ausbeutung, die wir an uns selber treiben, für ein Vorgehen Gottes und gerät zu Recht in Zweifel an solch einer Gewalt. Wir können nicht zu einem liebenden und tiefen Glauben kommen, solange wir uns – in all unserer pflichtgetriebenen Wichtigkeit – an uns selbst vergreifen. Wir dürfen Muße keinesfalls mit Müßiggang verwechseln. Müßiggang ist eine streunende Orientierungslosigkeit, Muße ein liebender Selbstschutz unserer Berufung. Ein starkes, liebendes Leben mit Gott braucht geistliche Muße.

Wenn wir den Glauben nicht an unsere Liebe, sondern an unsere Wirksamkeit und unsere Wichtigkeit binden, sind wir wie ein Schiff, das große Segel, aber kein Kielgewicht hat. Es gewinnt an Fahrt, aber droht im ersten großen Sturm zu kentern. Der Glaube ist nur geschützt, wenn die Liebe ihm Gewicht und Tiefgang gibt. Die Liebe lebt aus all dem, was nichts bringt und was doch alles hervorbringt, wovon wir leben.

: RITUALE

Es ist eine der großen Lügen unserer pflichtbewussten Getriebenheit, zu glauben, es werde – wenn erst einmal dies und jenes endlich erledigt ist – besser mit uns werden. Es ist gut, wenn die Seele weiß, dass sie dem Pflichtgefühl unseres gewissenhaften Willens nicht schutzlos ausgeliefert ist, weil wir rituelle Zeiten der Erholung haben, an die wir uns halten.

Manchmal geht es nicht anders und wir unterwerfen unsere seelischen Bedürfnisse den Notwendigkeiten, dem Zeitdruck, den Aufgaben und Zwängen. Dann aber ist es wichtig, der Seele zu versprechen, dass sie anschließend eine Erholungszeit haben wird. Dies Versprechen sollten wir nicht brechen.

Eine der Erholungszeiten, auf die meine Seele sich verlassen kann, ist unser kleiner, geheimer wöchentlicher Pilgerweg mit anschließendem wunderbarem Essen im Gasthaus der Forellenzucht. Sonntags nach dem Gottesdienst gehe ich mit meiner Frau und manchmal auch mit Freunden am steilen Hochufer des Lechs durch einen alten Buchenwald zu einer Kapelle. Es sind drei Quellen auf dem Weg, die aus dem Felsgestein des Hochufers in den Lech fließen. Eine davon hat den Nagelfluh wie zu einem Fischmaul geformt, und wenn es sehr heiß ist, kann man sich unter diesen kleinen Wasserfall stellen wie unter eine Dusche.

Ich liebe es, die gleichen Wege zu gehen. Mit ihren Grundmauern aus dem 8. Jahrhundert ist die Kapelle einer der ältesten Kraftorte der Gegend. Sie ist schlicht und wohltuend still. Der Weg dorthin ist bedürfnislos, es ist zweckfreie gemeinsame Zeit. Oft wenden sich die Gedanken der vergangenen Woche zu, und wir können über Dinge reden, die zwischen Tür und Angel zu kurz gekommen sind. Es entlastet, wenn man die Form der Erholung nicht ständig neu erfinden muss.

Auch unser Hund nötigt mir jeden Morgen unsere gemeinsamen Rituale ab. Wir gehen den steilen Weg am Osthang der Stadt hinauf zum Kalvarienberg. Auch dort ist es gut zu verweilen. Ich öffne (wenn niemand da ist) die Hände unter dem Kreuz wie zu einer Schale und atme eine große Ruhe.

Auf dem Weg dorthin kann ich über die vielen Stufen oft schon ablegen, was mich beschwert oder verfolgt. Unter dem Kreuz ist ein guter Ort, die Dinge loszulassen. Bei besonderem Wetter kann man von dort oben bis in die Alpen sehen. Dann beginnt der Tag in der Werkstatt.

Es fehlt der Seele viel, wenn sie keine Rituale hat. Es ist unerlässlich, sich Rituale in guten Zeiten zu schaffen und nicht erst dann, wenn man sie braucht. Denn sonst geraten wir in einen Zustand, in dem wir ein Verdurstender sind, dessen Arm nicht einmal mehr die Kraft hat, aus der Quelle zu schöpfen, die sich aufgetan hat. Das ist die ausgebeutete Seele. Je gewissenhafter der Mensch ist, desto nötiger ist es, dass er sich erholt, *bevor* er die Erholung nötig hat. Manchmal bedeutet Umkehr, dass wir die Dinge umgekehrt machen: dass wir Kraft schöpfen, *bevor* das Leben an uns zieht und zerrt. Dann wird die Erschöpfung, die wir durch unsere Aufgaben zu Recht erfahren, keine Ausbeutung, sondern viel häufiger eine erfüllte Erschöpfung sein.

: HEILSAMES BRACHLAND

Einer der Wege, die ich täglich aus meiner alten Werkstatt ging, führte an einem Feld vorbei. Drei Jahre lang war dort prächtige Gerste angebaut worden, dann aber ließ der Bauer das Feld brach liegen. Zwischen wilden Gerstenhalmen wuchsen unzählige Gräser, Mohn und andere Blumen. Sogar dichte Büsche, Disteln und einige schlanke Bäumchen streckten sich empor. Die Jahre zuvor war gesät und geerntet worden. Doch der Boden wäre bald ausgelaugt, hätte das Feld nicht von Zeit zu Zeit das Recht, das wachsen zu lassen, was wachsen *will.*

Auch das hat mit der Mystik unseres Lebens zu tun. Es wäre nicht recht, wenn wir ein Feld aus uns machten, auf dem nur wachsen darf, was wachsen *soll.* Das wäre eine Form der Selbstausbeutung, der Selbstauslaugung, der seelischen Monokultur. Wer nur im Sollen lebt, zerstört die Seele.

Ich habe mir neulich zwei heimliche Urlaubstage in der Werkstatt gegönnt. Anstatt an Instrumenten zu arbeiten, habe ich auf einer Holzplatte mit all den Pigmenten und Harzen meines Geigenlackes in dreißig oder vierzig Schichten ein Bild gemalt. Es ist wie ein Spiegel der Seele. Mich interessiert nicht, ob das Bild gut ist. Es soll nichts sein. Was mir Kraft gab, war die zweckfreie, urteilsfreie, erwartungsfreie Zeit mit den Pigmenten, der Krappwurzel, dem Schellack, dem Drachenblut, dem Gummi Gutti – mit all den Dingen, die sonst meinen Geigen dienen. Es war eine Freude, einmal nicht fruchtbares Land, sondern Brachland zu sein.

Der ausgelaugte Mensch hat sich das Brachliegen verboten. Es ist wichtig, dass wir nicht nur hören, was wir sollen, sondern auch spüren, was wir wollen.

: LASS ZU, DASS DEINE SEELE ZUM GLAUBEN KOMMT

Lass Gott an dich heranbranden wie das Wasser an den Felsen; atme ihn wie die salzige Luft. Lass Gott alles sein, was er dir sein kann. Erlaube es deiner Seele. Lass zu, dass deine Seele zum Glauben kommt, wenn sie in alldem Gott erkennt. Denn du bist nicht Herr deines Erkennens, sondern nimmst nur wahr, was sich dir zu erkennen gibt. Man kommt nicht durch Gedanken, sondern durch Erkenntnis zur Wahrheit. Nimm entgegen, was der Himmel dir spendet. Sieh lieber einer Windböe auf dem Wasser nach, als einen Gedanken zu denken, der nicht gebetet ist. Was du betest, wird dich finden. „Glauben" ist nichts anderes als hinschauen und empfänglich sein, es ist betendes Hinsehen.

Bete nicht, weil du glaubst, du solltest es tun. Mache in den Gewissenhaftigkeiten deines Daseins nicht auch noch aus Gott eine Pflicht. Gebet ist keine Pflicht, es ist die Erforschung Gottes durch die liebende Seele.

: DIALOGISCHES GEBET

Gebet bedeutet nicht, sich monologisch nur um das Eigene zu drehen, es bedeutet viel eher, zu fragen, was Gott bewegt. Wir eignen uns das Gebet „Dein Wille geschehe" erst dann in seiner Tiefe an, wenn wir diesen Willen, wie er in der Welt und in der Heiligen Schrift geschrieben steht, mehr und mehr als einen Akt des Wachens und Betens erforschen. („Was bewegt dich? Was willst du mir zeigen? Was soll ich hören und verstehen? Woran willst du mir Anteil geben? Mein Gott, was bewegt dein Herz?")

Von Maria heißt es: „Sie bewegte diese Worte in ihrem Herzen."* Das ist die Art, im Dialog mit dem Wort, dem Willen

* Lukasevangelium 2,19

und der Weisheit Gottes zu sein. Es ist das marianische Beten.

: EINE HEILIGE KIRCHE

Während einer Mittagspause saß ich auf dem Balkon und genoss die warme Frühlingssonne. Ich atmete tief durch, und da ich kein besonderes Anliegen hatte, fragte ich: „Jesus, was ist dir wichtig?“ Und dann war ich still.

Da sah ich eine große Kirche mit ihren mächtigen Stützpfeilern und dicken Mauern. Jesus trat an sie heran und brach die Mauern zwischen ihren Pfeilern ein. Er nahm die mächtigen Steine und legte sie auf den Marktplatz. Sie waren zu nichts mehr nütze. Die Menschen in der Kirche empörten sich: „Du kannst doch nicht die Kirche zerstören!“

Jesus antwortete: „Ich zerstöre euch nicht“, und fuhr fort, Steine aus den Mauern herauszunehmen. Allmählich konnte man vom Marktplatz aus mitten ins Kirchenschiff sehen.

Die Menschen in der Kirche waren noch immer empört. Sie verstanden es nicht. Sie fuhren Jesus an: „Aber damit verletzt du uns! Du verletzt die Kirche!“

Jesus antwortete: „Ich verletze euch nicht.“

Die Menschen riefen empört: „Warum tust du das?“

Da fiel mein Blick auf die Schwellen am Eingang der Kirche. Sie waren übermannshoch. Einige Leute versuchten, durch ihre Ritzen in die Kirche hineinzuschlüpfen, andere versuchten, sich hochzuhangeln.

Jesus blickte auf sie und sprach: „Eure Schwellen sind nicht von mir. Die Menschen sollen Zugang zu meiner Kirche haben. Sie sollen das Heilige erfahren.“

Da antworteten die Menschen in der Kirche: „Wenn du die Mauern wegnimmst, dann ist das Heilige nicht mehr geschützt!“

Jesus antwortete: „Seid unbesorgt. Das Heilige wird geschützt sein. Seht selbst!“

Da fiel mein Blick in das Innere des Kirchenschiffs, denn die Mauern waren (bis auf den Chorraum) völlig entfernt. Es standen nur die Pfeiler, die das Dach trugen. Mitten im Kirchenschiff sah ich etwas Heiliges, das nicht mit Worten zu beschreiben war. Es sah aus wie ein kleines Universum, wie eine farbige Kraft, die leuchtete und ständig ihre Größe, Form und Farbe veränderte. Sie war von einer atemberaubenden Schönheit, Lebendigkeit und Gefährlichkeit.

Die Menschen rings um die Kirche sahen dies Heilige. Es entstand eine Stille, dann ein verhaltenes Raunen und eine Ehrfurcht. Die Menschen strömten von allen Seiten zur Kirche, die nun von allen Seiten geöffnet war. Da spürte ich die Sorge: „Was wird mit dem Heiligen sein? Es ist nicht geschützt!“

Doch es war anders. Die Menschen wurden von dieser Kraft angezogen. Sie merkten, dass hier etwas Heiliges war, das sie nicht kannten. Sie näherten sich vorsichtig und wurden von dieser Anziehungskraft geführt. Da sah ich, dass es den Menschen immer schwerer wurde, sich dem Heiligen zu nahen. Manche erlebten das früher, andere später. Sie kamen unterschiedlich nah heran. Die Kraft zog sie an, doch zugleich wurden sie wie durch eine unsichtbare Macht gehindert, sich über das ihnen gemäße Maß hinaus zu nähern – als kämpften sie gegen einen Wind oder mühten sich, gegen ein starkes Kraftfeld anzugehen. Jeder blieb nach einiger Zeit des Kämpfens in dem ihm gewiesenen Abstand stehen. Da erkannte ich: Das Heilige schützt sich selbst. Das Heilige ist durch die Heiligung der Menschen geschützt. Jeder Mensch wird im Maß seiner Heiligung angezogen, doch es hindert ihn auch, über das eigene Maß hinauszugehen. Das Heilige muss nicht durch die Mauern der Kirche geschützt werden. Es hat eine anziehende Kraft und schafft zugleich einen ihm gemäßen Abstand.

Da sprach Jesus weiter: „Das Herz eines jeden Menschen wird ihn zum Heiligen ziehen. Doch es ist die eigene Unreinheit, die ihn daran hindert, sich weiter zu nahen. Ich suche Menschen im Heiligsten, deren Herz es aushält, in der Mitte des Heiligtums zu leben, Menschen, die sich läutern lassen und dem Heiligen nahe bleiben. Das ist die Kirche. Sie besteht nicht aus toten Steinen. Ihre lebendigen Steine sind geheiligte Menschen. Sie allein sind der Schutz des Heiligen. Ich selbst will die Menschen durch die Kraft meines Geistes anziehen. Hindert sie nicht und fürchtet euch nicht. Ich will sie verwandeln und an mein Innerstes ziehen. Hindert sie nicht durch die Mauern eurer begrenzten Vorstellungskraft! Hindert sie nicht durch die Schwellen eurer Urteile! Ich selbst will sie heiligen und reinigen. Sie werden meine Nähe erfahren. Nicht ihr, sondern meine Nähe wird sie verwandeln. Darum sollen sie in eure Mitte kommen. Darum sollen sie Zugang finden. Ich will, dass sie meine Nähe erfahren. Nicht durch eure Vorstellungen, sondern durch das Heilige in eurer Mitte werden sie verwandelt werden. Darum lebt im Heiligtum."

Später dachte ich: Was ich gesehen habe, ist eine offene und zugleich heilige Kirche. Was wir als Verletzungen erachten, können Durchbrüche und Zugänge des Heiligen Geistes sein.

: WUNDER

Der schmerzentwöhnte Glaube sagt: „Erwarte wenig, dann wirst du auch wenig enttäuscht! Wie viele Menschen haben in der Not auf das Wunder gehofft und wurden bitter enttäuscht!" Und doch gibt es eine Weisheit, die dem verletzten Glauben sagt: Nimm gerade diesen Schmerz als eine Form deiner Liebe an. Verbeiß dich weder in den Gedanken, dass ein Wunder geschehen muss, noch in den Gedanken, dass Wunder nicht möglich seien.

Achte auf das Vertrauen in dir, denn es ist ein Geschenk. Zwinge dich weder, irgendetwas zu glauben, noch verbiete dir, irgendetwas nicht zu glauben. Sei nur durchlässig und wachsam für das, was du empfängst. Wenn du nicht glauben kannst, ist es ebenso wenig deine Schuld, wie es dein Verdienst wäre, wenn du glauben könntest. Rechne dir nichts zu und sprich dir nichts ab. Lass dich in Ruhe, und gib acht, wie Gott dir in deiner Ruhe naht.

Der verletzten Seele wird die Weisheit sagen: Bleibe eine mutige Seele. Bleibe bereit, gerade die Enttäuschung als die schmerzhafte Form deiner Gottesliebe anzunehmen. Es ist die stärkste Liebe, derer du fähig bist. Es ist die Himmelskrone der Hoffnung und das Zepter der Treue, dass du auch in der Enttäuschung und im Schmerz bereit bist, die Wirklichkeit Gottes durch deine fragende Liebe zu erforschen.

Wenn ich im Folgenden ausführlich über die Frage der Wunder nachdenke, so möchte ich zuallererst sagen: Ich wage nur, an Wunder zu glauben, weil ich in der gleichen Intensität darunter leide, dass sie so häufig *nicht* geschehen. Ohne daran zu leiden, habe ich auch nicht das moralische Recht, an sie zu glauben. Denn ohne die Bereitschaft, am Unverständlichen zu leiden, wäre der Glaube nur ein bornierter Triumphalismus, der all das ausblendet, was ihm nicht entspricht.

Ein Glaube, der nicht fähig ist zu leiden, wäre unerträglich. Aber ein Leiden, das nicht fähig ist zu glauben, wäre es ebenso. Darum will ich das Unerträgliche nicht durch Erwartungslosigkeit erträglich machen. Die schmerzfreie Glaubenslosigkeit wäre ein Selbstverrat.

Am Südufer des Jabbok
Du kannst so vieles erst verstehen,
wenn du das Unverständliche durchlitten hast.
Lass es nicht los, denn es ist dein!
Du hast gekämpft an einem Ort,
der seinen Namen auf dich legen wird.
Das Wort, das du verstehen sollst, ergibt sich nicht.
Es ist Gott selbst, den du durchleben sollst.
Er greift dich an, da du ihn anders nicht begreifst.
Du lässt ihn nicht, auch wenn das heißt,
dass du durchleidest, was du liebst.
Wie sollte es auch anders sein?
Du singst das Lied, das Leid und Liebe dir verliehen.
Ein anderes Lied wird nie dein Segen sein.
So komm, wie sehr dein Herz auch schrie,
denn sieh: Der Dornbusch deines Glaubens brannte.
Nimm den, der kam und sich besiegen ließ,
da er in deinem Kampf sich selbst erkannte.

Wunder sind kein Gesetz. Sie sind eine Variante des Themas. Wir haben mit einer kleinen Gruppe von Freunden zusätzlich zum gemeindlichen Sonntagmorgengottesdienst regelmäßig Abendgottesdienste gefeiert. Es kamen meist nicht viele Leute. Das war nicht weiter schlimm. Wenn andere dazukamen, freuten wir uns, aber es war nicht der Grund dafür. Wir feierten diese Andacht stets so, wie sie für uns selbst stimmig und stärkend war.

Ein Ritual dieser Abendgottesdienste war das segnende Gebet. Wer auch immer eine Not oder ein Anliegen hatte, war eingeladen, sich von zwei „Gebetshelfern" darin segnen zu lassen. Es waren keine seelsorgerlichen Gespräche gefragt, sondern ein kurzer, segnender, stärkender Zuspruch. Hin und wieder waren auch meine Frau und ich an der Reihe, ebensolche

„Gebetshelfer“ zu sein. Es ist ein Liebesdienst des hörenden und segnenden Herzens.

An einem der Abende nahm jemand diesen Dienst in Anspruch, der Arzt für Allgemeinmedizin war. Er sagte, er habe seit Tagen ein fürchterliches Ohrengeräusch, das so laut sei wie der Schleudergang einer Waschmaschine; er habe seither fast nicht mehr geschlafen und ob wir bitte für ihn um Heilung beten könnten.

Als ich das hörte, sackte ich innerlich ein wenig zusammen und hätte mir um alles in der Welt ein seelsorgerliches Anliegen gewünscht, für das sich ein allgemeiner Segen hätte zusprechen lassen können. Ich dachte nur: „Das kann jetzt nicht wahr sein! Ich habe doch gar nicht die Gabe, für Kranke zu beten…“ – wurde aber sogleich unterbrochen und hörte in mir den fast schroffen Klang der Stimme Gottes: „Es ist aber kein anderer da. Also bete!“

Auch meine Frau sagte, als sie das Anliegen jenes Arztes hörte, nur ein langsames „Okay“, in dessen zweiter lang gezogener Silbe die Intonation erst in den Keller und dann stark nach oben ging – jener Klang also, der gerade nicht von Überschwang und freudiger Gebetskraft strotzte, sondern eher ein ehrlicher Ausdruck jener Ambivalenz war, die offenbar nicht recht wusste, ob sie sich in dem unwillkürlich einsetzenden inneren Dialog nun auf die Seite des Unglaubens oder des Glaubens schlagen sollte.

Wir wurden still, und nach einigen schweigenden Momenten, in denen ich innerlich seufzend zum Himmel sah und das bisschen Glauben, das ich hatte, aus allen Ecken und Winkeln zusammensammelte, legten wir diesem Arzt segnend die Hände auf und beteten für ihn um Heilung. Er wirkte gefasst und ruhig, als er am Ende nach einem kurzen „Danke“ schweigend von uns ging.

Betender Rabbi
12,8 × 19,6 cm, 2014

Seine Frau, die ebenfalls Ärztin war, kam einige Tage später auf meine Frau zu und sagte, das Ohrengeräusch ihres Mannes sei seit jenem Gebet verschwunden und nicht mehr aufgetaucht.

Solche Dinge haben wir immer wieder erlebt. Aber noch häufiger habe ich erlebt, dass mir der Mut fehlte, so zu beten. Ich weiß, dass nicht immer Heilung durch segnendes Gebet geschieht – und eben davor, dass nichts geschieht, möchte ich mich um alles in der Welt drücken. Aber manche derartigen Heilungen wären nicht geschehen, wenn wir nicht gebetet hätten. Darum staune ich über meine regelmäßige Mutlosigkeit. Was haben wir eigentlich zu verlieren?

Selbst dann, wenn wir keine Heilung erleben, wird doch der Segen, den wir geben, den anderen stärken und unsere Zuwendung ihn berühren. Vielleicht muss mir manchmal gesagt werden: „Wenn du schon keinen Glauben hast, warum betest du dann nicht wenigstens aus Liebe?“ Die Furcht, sich lächerlich zu machen oder enttäuscht zu werden, ist zu groß – aber heißt es nicht: „In der Liebe ist keine Furcht“ *?

Den fehlenden Mut der Liebe mache ich mir jedenfalls eher zum Vorwurf als das fehlende Verstehen. Denn es gibt Situationen, da ist es geboten, die Dinge, die unsere Liebe wagt, wichtiger zu nehmen als das, woran wir aus vernünftigem Grunde zweifeln. Wie jämmerlich wäre ein Glaube, der nur darauf beruht, zu tun, was er verstanden hat. Da hätte die Glaubenserfahrung ihr ganzes Recht verloren, den Dingen voranzugehen, die wir (noch) nicht verstehen.

* 1. Johannesbrief 4,17

Wunder sind nicht normal, sondern möglich. Der Glaube ist ein heilsamer Trotz angesichts all der lähmenden Offensichtlichkeiten: Ich will dem Geschehen noch eine weitere Möglichkeit zugestehen.

DEFINITIONSLÜCKEN. Ich glaube, dass der Geist Gottes von innen in die Welt eingreift; ich glaube, dass das Heilige so real und präsent ist, dass ein inneres Eingreifen möglich ist. Dazu müssen die Ordnungen der Welt nicht aus den Angeln gehoben oder Naturgesetze aufgehoben werden. Es wäre von einer beängstigenden Willkür, ein geradezu zynisches Spiel. Aber es gibt wunderhafte Phänomene, die sich nicht leugnen lassen.

Dieses innere Eingreifen, das in Wundern einen Ausdruck findet, gehört zum Klang des Glaubens. Paulus spricht von einem Dreiklang aus „Wort, Werk und Wundern", durch den Christus in unserer Welt hörbar wird.* Ich möchte das Christusgeschehen nicht durch einen feigen Glauben auf das Wort und das Werk begrenzen.

Für mich gehören Wunder zu dieser Welt. Sie sind Singularitäten. In allen Dingen und Geschehnissen sind sie stets eine reale Option. Nicht nur in der Mathematik, auch in der Existenzerfahrung von Wirklichkeit gibt es wohl das, was man Definitionslücken nennt – Gegebenheiten also, unter denen physikalische Gesetze *nicht definiert* sind. Das bedeutet nicht, dass die Gesetze der Welt hier ausgehebelt wurden, sondern, dass sie hier nicht definierbar sind. Sie sind unbestimmt. Es gibt dieses Potenzial für das Ungewöhnliche, das Einmalige, das Unerklärliche, das Wunder.

* „Ich werde nicht wagen, von etwas zu reden, das nicht Christus durch mich gewirkt hat, um die Heiden zum Gehorsam zu bringen durch Wort und Werk, in der Kraft von Zeichen und Wundern und in der Kraft des Geistes Gottes." (Römerbrief, 15,18f).

Dieser Spielraum des Wunders ist der Welt von Anbeginn auf eine natürliche Weise eingegeben. Wunder sind natürlich. Das Wesentliche des Wunders ist der Augenblick, in dem sich die Tür zu diesem Spielraum des Lebens auftut, der die Liebe ist. Die Begegnung mit Gott braucht einen Raum der Liebe, der von dem dreisten Wagnis erfüllt ist, an Wunder zu glauben. Ich bin überzeugt, es gibt geheimnisvolle Wechselwirkungen zwischen den Kräften des Glaubens und ebenjener Option des Wunders. Die von innen in die Welt eingreifende Wirkung heißt in der biblischen Sprache Gnade. Es gibt eine rettende Gnade, die ebenjenen Singularitäten Einlass gewährt. Es gibt eine den Menschengeist inspirierende Weisheit und eine das herkömmliche Geschehen zum Guten hin verstörende Kraft, die mehr ist als das, was wir uns erklären können. Der Heilige Geist spricht und er handelt. Im Vertrauen auf die darin wirksamen Kräfte der Gnade unterscheidet sich lebendiger Glaube von religiöser Philosophie.

: HEILIGE LEBENSKUNST

Jesus sagt: „Alle Dinge sind möglich dem, der vertraut." * Man könnte weiter sagen: Wie kannst du dir denn sicher sein, dass das Unmögliche nicht möglich ist? Kennst du den Grund der Wirklichkeit und weißt um die unsichtbaren Kräfte, die die Welt durchweben? Hast du etwa erkannt, dass es keinen Himmel gibt, nur weil du ihn nicht erkennst? Warum weigerst du dich, der Gnade nachzugeben, die um deinen betenden Mut wirbt und die eine Kraft Gottes in dir freisetzen will, die heilsame Dinge bewirkt? Besteht denn nicht der ganze Reiz des

* Markusevangelium 9,23

Lebens darin herauszufinden, was durch Vertrauen möglich werden kann?

Ich glaube nicht, dass die Dinge aufgrund einer bestimmten Weltanschauung, sondern viel eher aufgrund einer Weltermöglichung geschehen. Es ist die Welt, die wir durch Vertrauen möglich machen.

Es ist doch wie mit einem Instrument: Ich schaffe als Geigenbauer keinen Klang, sondern eine Klangmöglichkeit. Die Geige muss gespielt werden. Sie schaltet sich nicht ohne den Musiker an. Vielleicht muss auch Gott durch den Glauben gespielt werden, und es ist seine atemberaubende Demut, das zu erlauben – denn er fragt: Was bist du bereit zu glauben? Vielleicht schaltet sich die Herrlichkeit Gottes in unserer Welt nicht einfach an, sondern hält Ausschau nach denen, die bereit sind, Gottesermöglicher zu sein.

Glauben heißt erlauben. Ich will nicht das Wunder zum Alltag machen, sondern will wachsam genug sein, jedem Tag seine Wunder zu erlauben, sodass die alltäglichen Geschehnisse, mit denen wir uns mühen, von überraschenden Gnadenwirkungen und heiligen Kräften Berührung und Führung erfahren. Das Leben wird nicht schön, wenn wir glauben, das Außergewöhnliche sei der Normalfall, aber es verliert all seinen Glanz und sein Leuchten, wenn wir das Außergewöhnliche nicht mehr für möglich halten.

Sollten wir nicht erforschen, was durch Vertrauen möglich ist, und uns in den Dingen üben, die wir lieben? Wunder sind ein Experiment der Liebe. Dass wir das alles nicht verstehen, wäre ein kümmerlicher Grund, es nicht durch ein vertrauendes Herz zu erforschen. Wir müssen nicht in uns herumwühlen, ob wir auch ja genügend Glauben finden, denn wenn er so klein ist wie ein Senfkorn, werden wir ihn leicht übersehen. Es muss auch nicht alles in uns, manchmal aber *durch* uns geschehen.

Eines aber will ich meiner Seele versprechen: Ich werde niemals sagen, ich hätte zu wenig Glauben gehabt. Denn diese Art Selbstjustiz ist das Letzte, was eine zum Beten mutige Seele hernach hören darf. Wir sollten niemals vergessen, *„dass die Begegnung mit Gott ein Geschenk für sehnsüchtige Menschen ist und nicht der Lohn für Spitzensportler der Frömmigkeit"*.*

: IM GEBIRGE DER GOTTESBEGEGNUNG

Ich habe einen Freund kennengelernt. Ein gewaltiger Gottesermöglicher, der auch unter Tränen mit Menschen betet. Der um Heilung betet, nicht wissend, was geschieht. Der mit einem hörenden Herzen um Segnungen für andere Menschen ringt. Der für Wunder betet und sich nicht zu schade ist, von mancher Enttäuschung geschlagen zu werden. Es geschahen Wunder, Heilungen und Führungen. Er traf ins Herz dessen, was Gott tun kann. Was für gewaltige Gottesermöglicher, die sich ohne Sicherungsseil ins Hochgebirge der Gottesbegegnung wagen!

Es hilft nichts, wenn wir in theologisch klügelnder Richtigkeit einwenden, Gott müsse nicht ermöglicht werden. Er sei da und müsse nicht herbeigebetet werden; er tue, was er wolle, und müsse nicht bestürmt werden. Es ist nicht wahr. Denn das Evangelium lässt uns ahnen: Gott hat beschlossen, in unserer Welt der Geglaubte zu sein. Es ist der Glaube, der dem Himmel als eine Erlaubnis gilt. Nicht, dass das Wunder etwas Übernatürliches wäre. Es ist das Natürlichste der Welt,

* So Alois M. Haas und Thomas Binotti im Vorwort zu: „Meister Eckhart – der Gottessucher" (Kreuz-Verlag).

dass Wunder geschehen können, sie sind ein Bestandteil dessen, was Gott geschaffen hat. Doch sie bedürfen der Ermöglichung in liebenden Herzen und glaubendem Vertrauen. Das Menschenherz ist ein Empfangsorgan dessen, was der Himmel sendet, und sein Zustand bestimmt, ob es empfangen werden kann.

„Gott kann alles tun" ist ein kalt abgebrühter Satz, wenn ihm die Glut des erwartungsvollen Glaubens fehlt. Warum konnte dann der Sohn Gottes nicht alles tun? Warum heißt es von ihm über manche Orte: „Um ihres Unglaubens willen konnte er dort nicht viele Dinge tun"?* Offenbar hat Gott beschlossen, dass sein Wirken – wie es das Wesen der Liebe ist – ein wahres Gegenüber sucht, und dies Gegenüber ist der liebende Glaube, der erwartungsvolle Glaube, der vertrauende Glaube.

Was Gott redet, sucht als sein Gegenüber ein hörendes Herz; was Gott wirkt, sucht als sein Gegenüber segnende Hände; was Gott möglich macht, sucht als sein Gegenüber einen Glauben, der bereit ist, für das Unmögliche zu ringen, und der bereit ist, wie Jakob an der Furt des Jabbok hinkend aus dem Kampf hervorzugehen. Denn die Enttäuschung, dass Gott nicht sprach, dass er nicht handelte, dass er nicht das Unmögliche möglich machte, hat mir einen harten Schlag versetzt. Wer nicht hinkend aus dem Kampf hervorgeht, hat wohl auch nicht mit Gott gekämpft.

Ich werde nicht aufhören, mit Gottes Möglichkeiten zu rechnen, und ich werde ihm ins Gesicht sagen, dass auch sein unbegreiflichstes Schweigen und seine unerträglichste Verborgenheit mir den Glauben nicht zerstört haben. Ich werde nicht

* Matthäusevangelium 13,58; Markusevangelium 6,5f

aufhören, mit Gott zu rechnen, und werde meinen Glauben als Gewicht in die Waagschale eines Lebens legen, das sich gelohnt hat. Es hat sich gelohnt, mit dem Höchsten zu kämpfen und zu unterliegen; es hat sich gelohnt, den Gipfel der Gottesbegegnung zu besteigen. Die Würde werde ich mir nicht nehmen lassen, hart zu fallen, bisweilen auch bedrohlich abzurutschen und doch nicht abgestürzt zu sein.

Diese Würde soll mein Leben sein, dass ich Gott über alles zu ermöglichen suchte – und nicht bei denen im warm eingerichteten Basislager blieb, die nichts Besseres zu sagen haben als: „Gott kann tun, was er will. Wir hindern ihn nicht."

Doch, ihr hindert ihn! Euer Unglaube hindert ihn! Denn Gott hat mit Erschaffung dieser Welt beschlossen, nicht über unseren Glauben hinwegzugehen. Und wie lang musste er warten, bis das erste Geschöpf zum Glauben fähig war. Und wie lang darauf warten, dass Kraft des Glaubens ein erstes Wunder geschah.

Denn ebendies ist das Wesen der Welt, dass wir Anteil bekommen haben an der Schöpferkraft dessen, der spricht und es geschieht. Uns ist das Wort Gottes in den Mund gelegt, aber wir wissen es nicht, bevor wir wagen, es im Namen Gottes zu sagen. Darum lass dich nicht beruhigen vom Unglauben, und lass dich nicht kleinmachen vom Kleinglauben, sondern lebe deine Größe, dass die Liebe Gottes in deinem glaubenden Dasein Lebensadern des Geistes finden kann, durch die Heiliger Geist in diese so gottbedürftige Welt fließen kann. Sieh nicht jammernd auf die Bedürftigkeit, sondern glaube, dass die Geisteskraft Gottes diese Bedürftigkeit erreicht.

Dein Glaube sagt dir nicht: „Sei großartig!", sondern er sagt dir: „Richte dich auf und erhebe dein Haupt!" Bringe eine liebende und aufrichtende Kraft ins Leben. Denn nicht dein

Wille, sondern dein Vertrauen ist die wahre Kraft, die alles Berufene und Vorbereitete ins Leben bringt. Kooperiere mit den Vorbereitungen Gottes, höre hin, sieh hin und öffne dich einem prophetischen Lebenssinn. Denn nicht nur wenige, sondern ein jeder kann und soll prophetisch hören. Es ist das hörende Herz, das in der Innigkeit des Geliebten Gottes Nähe sucht, wie die Psalmen und die Propheten es von jeher sagten: „Neige dein Herz." Neige es so tief, bis du Gott auf Augenhöhe begegnen kannst, der dir die Füße wäscht und vor dir im Staub des angeklagten Lebens kniet. Öffne durch dein Vertrauen diese Tür, dass du den heiligen Möglichkeiten Gottes – diesem unfassbaren Potenzialfeld des Wirklichen – ermöglichst, Heilsames zu tun, Stärkendes zu tun. Gott wird deinen Glauben ermutigen, wenn er den Schrei und das Seufzen deines Herzens hört. Du musst nichts tun, außer sehenden Auges der Gnade nachzugeben, die im Kairos des Geschehens das Verheißene sucht. Das heißt es, dass Gott uns sucht und dass wir uns finden lassen.

: VERTIKALE LEBENSKUNST

Es ist billig, sich inbrünstig zur Allmacht Gottes zu bekennen, aber an die Kräfte, die über uns hinausreichen, alltäglich kaum zu glauben. Lieber will ich unter dogmatischen Problemen mit dem Gedanken der Allmacht Gottes leiden, als dass mir inmitten der Widrigkeiten des Alltags das Vertrauen fehlt, mit der Weisheit und den Möglichkeiten dieser Macht zu kooperieren.

Der Glaube ist ein Leben in ungeschützter Offenheit für Gott. Der Glaube ist die Kunst, das Unmögliche möglich zu machen: Er ist das Geheimnis des Vertrauens, das erstaunliche

Dinge möglich macht. Weil „glauben“ ebendiese vertikale Lebenskunst des Vertrauens ist, sagte Jesus: „Wenn du vertrauen kannst, kann dir alles geschehen.“ * Jesus behauptet nicht eine Allmacht des Glaubens, sondern er beruft zu einem Heilungsweg des Vertrauens – auch wenn das heißt: Sei bereit, einen langen Weg zu gehen. Mit anderen Worten: Nimm deine Würde ernst. Sei dabei unbesorgt: Gott kann sich klein machen. Es ist kein großer Glaube nötig, durch den du Gott Einlass in diese Welt gewährst. Aber gib alles, was du hast. Beginne, in dieser Würde ein Lebenskünstler des Unmöglichen zu sein. Erhebe dein Haupt, richte dich auf, sei ein Mensch, der den Sinn seines Daseins wirksam macht: das Wechselspiel mit Gott. Du bist an Gott beteiligt; er gibt dir Anteil an den Dingen, die durch ihn möglich sind. Es bedeutet letztlich: „Erhöre Gott!“

Bereits Augustinus (354–430) wies darauf hin, dass erst unsere Liebe und Selbstöffnung in bestimmten Bereichen uns befähigen, etwas zu verstehen. Auch der Mathematiker und Philosoph Blaise Pascal war der Auffassung, dass man in Glaubensangelegenheiten lieben muss, um zu wissen. *„Man muss die göttlichen Dinge lieben, um sie zu kennen, und man dringt nicht in die Wahrheit ein, es sei denn durch die Liebe zu Gott.“*[42] Später zeigten besonders die Vertreter des philosophischen Pragmatismus, dass es Fälle gibt, in denen der Glaube an eine Tatsache bei der Hervorbringung dieser Tatsache mitzuwirken vermag.[43] William James (1842–1910) geht dort sogar noch einen Schritt weiter, wenn er sagt: *„Ich gebe zu, dass ich nicht einsehe, warum nicht schon die Existenz einer unsichtbaren Welt zum Teil von der persönlichen Reaktion abhängen könnte, mit der ein jeder von uns auf den religiösen Appell antwortet. Kurz gesagt, Gott selbst*

* Markusevangelium 9,23

könnte aus unserer Treue vitale Stärke und Steigerung seines Seins beziehen.“[44] (Dieser Satz ist für mich wie eine Deutung des Gewebes der Segnungen, das ich in Stockholm sah.*)

Die in den Evangelien immer wieder bezeugten Jesusworte „Dir geschehe, wie du geglaubt hast“ oder „Dir geschehe nach deinem Glauben“** sprechen dafür, dass dem Glauben die Vollmacht (*exousia*) gegeben ist, auf die Wirksamkeit des Göttlichen Einfluss zu nehmen. Es ist zweierlei, ob der Glaube die Wirklichkeit Gottes erschafft – das tut er nicht – oder ob er mit der Wirksamkeit Gottes kooperiert. Das ist die Berufung. Auf diese notwendige Unterscheidung weist auch Charles Taylor hin: *„Was hervorgebracht wird, ist ja nicht Gott oder das Ewige, sondern ein bestimmtes Begreifen und ein bestimmter Beistand dieser Wesenheiten, der uns niemals zuteilwerden kann, wenn wir uns ihnen nicht im Glauben öffnen.“*[45] Das hieße, dass wir durch Glauben ein wichtiges Gut gewinnen und es durch Unglauben verlieren.

Jesu Vermächtnis ist „exousia“ – wirkmächtige Kraft: „Amen, ich sage euch: Wer an mich glaubt, der wird die Werke auch tun, die ich tue, und er wird noch größere als diese tun.“*** Unsere klugen Exkurse drehen nur ihre Runden auf den Tartanbahnen des Möglichen; der Glaube aber ist der Aufbruch in die Expedition des Unmöglichen. Er ist ein vorbehaltlos vertikal geöffnetes Leben, er ist ein Freifeldversuch des Unmöglichen. Der Glaubende ist ein Mensch, der beginnt, mit dem Unmöglichen zu experimentieren. „Wenn ihr Glauben habt wie ein Senfkorn, so könnt ihr sagen zu diesem Berge: Heb dich dorthin!, so wird er sich heben; und euch wird nichts unmöglich sein.“****

* Siehe Kapitel 6: Eros – Die Liebe zum Leben

** u. a. Matthäusevangelium 8,13 und 9,22

*** Johannesevangelium 14,12

**** Matthäusevangelium 17,20

: BASISLAGER-THEOLOGIE

Was spricht dagegen, mit den geistigen Wahrheiten unseres Daseins mutig und respektvoll zu experimentieren? Es ist die Empirie des Glaubens. Zu philosophieren reicht nicht aus.

Der Unterschied zwischen Klang und Akustik kann auch hier ein Gleichnis sein. Es besteht ein kategorialer Unterschied, den man zu achten hat: Im Gegensatz zur Akustik entsteht Klang erst durch Hören. Erst, wenn ein hörendes Ohr in ein akustisches Schallfeld eintaucht, kommt es zur Erfahrung und Empfindung von Klang. Ohne das Hören bleibt es bei akustischen Schallwellen, aber das ist kein Klang.* Schall als potenzieller Träger des Klanges existiert auch ohne jedes Leben. Klang aber verkörpert sich nur im Hörenden. Er bedarf des Lebens.

Ganz ähnlich besteht ein kategorialer Unterschied zwischen Glaube und Theologie, zwischen Lebenskunst und Psychologie, zwischen Verkörperung und Erkenntnistheorie, zwischen Poesie und Philosophie. Das Wort wird Fleisch und nicht Idee. Und eben die Tatsache, dass es um die *Verkörperung* geht, haben Klang, Glaube, Kunst und Poesie gemeinsam. Denkerische Exkurse können etwas Feiges an sich haben, wenn sie sich nicht in die Expedition der Verkörperung, nicht in die Erfahrung wagen.

Der Basislager-Philosoph hat sich daran gewöhnt, seine gedanklichen Exkurse für Aufbrüche zu halten. Sloterdijk sagt dazu (in anderem Kontext): *„Er ist der Mensch, der im Basislager*

* Man unterscheidet hier üblicherweise zwischen physikalischen Reizgrößen (Akustik) und psychoakustischen Empfindungsgrößen (Klang).

agiert, als läge dort das Ziel der Expedition. Für ihn ist die Reise nach oben beendet, bevor sie begonnen hat.“[46] Anstatt mit dem eigenen Leben das Außerhalb und Oberhalb des Lagers zu erforschen, wird das Lagerleben optimiert. Schließlich wird (aus Mangel an Erfahrung) die Expedition zum Sprachspiel erklärt. Zu böser Letzt hält der Lagermensch die Wirklichkeit für eine Konstruktion. Da es im Lager nichts Neues zu sehen gibt, interessiert sich das Auge seit geraumer Zeit für den eigenen Sehnerv: Man hat die Augäpfel nach innen gedreht und blickt nicht länger in die Welt. Die gespenstische Gleichheit und Charakterlosigkeit der weißen Augen fällt nicht auf, da man einander mit eingedrehten Augen nicht erkennen kann. Die Erinnerung verblasst, man sieht weder Berg noch Ziel und fragt sich: Wie wirklich ist die Wirklichkeit? Bilden wir uns den Berg am Ende nur ein? Wieder Sloterdijk (ebd.): *„Weil im Basislager das bisher Erreichte als solches unter Kulturschutz gestellt wird, bedeutet jedes Expeditionsprojekt in der Vertikalen einen Frevel.“*

Was einzig das abgeklärte Lagerleben noch erregen kann, ist die Abscheu gegenüber denen, die ihr inneres Brennen für die Bergbesteigung noch nicht verloren haben. Es ist der Hass der Enttäuschten, der sich gegen sie richtet. Die Enttäuschten müssen hassen, um den Schmerz ihrer Wunden zu ertragen. Ihre Opfertheologie besteht in der abgründigen Würde, sich selbst bleibend für ein Opfer zu halten. Sie glauben nicht an Wunder, sondern an Wunden.

Ihre Wunden könnten nur heilen, wenn sie aufhörten, in ihren Schmerzen ihre Identität zu finden, und davon abließen, ihre Verletzungen zu ihrem Gott zu machen. Aber anstatt Heilung zu erfahren, empören sie sich. So behindern sie ihre Heilung, denn nichts hindert den Weg und die Heilung eines Menschen mehr als seine Weigerung, lieb gewonnene Enttäuschungen loszulassen.

Den vom Leben Enttäuschten bereitet die Hoffnung derer, die aufbrechen, wenigstens noch einen Schmerz. Die Abgeklärten aber, deren Sprache der Zynismus ist, sind nicht einmal zu Enttäuschungen mehr fähig. Für sie ist jede Hoffnung kitschig. Sie durchschauen nicht, dass der schlimmste Kitsch der kritischen Vernunft der Zynismus ist. – Ich will es dabei bewenden lassen; die Tendenz ist klar. Vom Himmel hoch kommt nichts mehr her. Das Lagerleben ist die Kultur der Enttäuschung.

In einem der Briefe des Neuen Testamentes heißt es mit Blick auf Christus: „Lasst uns nun zu ihm hinausgehen aus dem Lager." * Während die Lagerautoritäten über die rechte Exegese früherer Expeditionsberichte streiten – um sich über die ausgebliebene Expedition hinwegzutrösten –, haben die Pilger einander längst erkannt. *„Für sie besteht die Rechtfertigung des Basislagers ausschließlich darin, den Ausgangspunkt für Expeditionen zu immer höheren und unbekannteren Gipfeln zu bilden."*[47]

Da das Reich Gottes in vielem eine Umkehrung der Dinge ist, finden sich die höchsten Gipfel, um die es geht, in den Niederungen des Lebens. Die Gipfelstürmer kennen die Wahrheit nicht – nicht in der Art, in der man sie im Lager diskutiert –, aber sie bewähren ** sich im Unbekannten. Ihre einzige Stärke besteht in der Bereitschaft, den möglichen Enttäuschungen nicht auszuweichen. Die einzige Lehre, die sie erkennen, ist jene, die sie anficht. Denn darin zeigt sie ihnen – bar jeder Anklage –, wo sie sich dem Leben noch immer entziehen. Wie könnten sie sich einer Wahrheit brüsten, die sie erzieht?

* Hebräerbrief 13,13

** Zu Recht steht im Wort „bewähren" das Wort „wahr".

Was der Pilger einzig weiß, ist, was ihn verändert. Darin gibt sein Weg sich ihm zu erkennen. Die Pilger sind zu etwas aufgebrochen, was sie nicht kennen. Aber sie bleiben darin unbeirrt. Sie überschreiten Abgründe und hören den Herzschlag dessen, der sie führt.

KAPITEL 8

: Agape

Der Klang des Lebens

Dieses letzte Kapitel handelt nicht von der Erfahrung der Liebe, sondern von etwas unvergleichlich Größerem: Es handelt vom Gebot der Liebe.

In vorausgegangenen Kapiteln ist manches schon angeklungen, was das Kapitel über die Liebe nun zusammenführt: die Zunahme der Gottespräsenz, die Verletzlichkeit des Heiligen, das innere Zusammenspiel mit der Weisheit Gottes, die uns umgibt. Diese Dinge sind wie die Arbeitsgänge einer Geige, die einzeln schon sichtbar wurden, aber erst im Erklingen des Instrumentes ihre Bedeutung gewinnen. So zeigen wir einzig durch die Liebe, was wir vom Leben wirklich wissen.

In der griechischen Sprache des biblischen Urtextes gibt es unterschiedliche Begriffe für das deutsche Wort „Liebe" – „phileo": die Zuneigung zu einer Sache oder einem Menschen; „eros": die strebende, begehrende, wünschende Liebe, in der auch die Freude an sinnlicher Schönheit ihren Ausdruck findet, und „agape": die dienende Liebe, deren Zuwendung dem anderen Ehre erweist und ihn zu seinem Lebensrecht kommen lässt. In dieser dritten Art der Liebe, so sagt die Bibel, begründet sich alle Existenz – sie ist das Geheimnis der Liebe Gottes.

Das Gebot der Liebe steht geistig (und tatsächlich auch formal) im innersten Zentrum der Thora*. Es heißt da: „Du sollst deinen Nächsten lieben, denn er ist wie du."**

* Das Wort Thora ist wohl am besten übersetzt mit dem Begriff „Weisung" oder „Führung zum Leben".

** 3. Buch Mose (Levitikus) 19,18

Im Hebräischen steht hier eine heilsame Mehrdeutigkeit geschrieben. Erst mit der Übersetzung ins Griechische entschied man sich für den bekannten Wortlaut: „Du sollst deinen Nächsten lieben *wie dich selbst.*“ Im Hebräischen kann nicht nur *„wie dich“*, sondern auch *„wie du“* gelesen werden.* Damit bekommt das Gebot einen wesentlich veränderten Klang. Würde das Gebot nur sagen „Du sollst ihn lieben wie dich selbst“, so würde ein Alibi in mir ausrufen: „Habe ich es doch gewusst! Der Mensch muss erst einmal sich selbst lieben. Wie könnte er sonst seinen Nächsten lieben? Oh, armer Nächster! Ich habe genug Mühe mit mir selbst. Also hab Verständnis, dass ich dich nicht lieben kann! Ich muss mich erst noch intensiver mit mir selbst beschäftigen. Wenn ich damit fertig bin, will ich gern auch dir ein Liebender sein.“

Dem möchte ich nur polemisch erwidern: Gott behüte, dass ich mich so sehr zum Zentrum meiner Selbstliebe mache. Das Leben ist zu kurz, und die Schwierigkeiten mit sich selbst sind zu groß, als dass der Mensch sich erlauben darf, so inniglich nur sich und seine mangelnde Selbstliebe im Sinn zu haben – bis er am Ende einmal reif genug ist, über sich selbst hinauszugehen und sich dem anderen zuzuwenden. Nein, ich will nicht erst mit mir selbst fertig sein, will nicht erst ein an Kraft gestähltes Schwergewicht der Liebe sein, sondern jetzt schon in aller Unvollkommenheit, Abgründigkeit, Verletztheit und Vorläufigkeit – und was sonst noch mir einreden mag, ich könne nicht lieben – ein meinem Nächsten zugewandter Mensch sein.

Dass die hebräische Mehrdeutigkeit hier nicht nur „wie dich“, sondern ebenso „wie du“ sagt – „Du sollst deinen Nächsten

* Auch Buber/Rosenzweig wahren in ihrer berühmten deutschen Thoraübersetzung diese Mehrdeutigkeit, indem sie sagen: Deinen Nächsten sollst du lieben, *„dir gleich“*. Auf die hebräischen Mehrdeutigkeiten wurde ich aufmerksam gemacht durch viele wunderbare geistliche Gespräche mit einer mütterlichen Freundin, Johanna Degkwitz.

lieben, *denn er ist wie du*" –, gibt dem Gebot einen heilsam entgegengesetzten Sinn. Was spricht dieser aus? Du kannst kaputt sein – er ist es auch. Darum weißt du, wie er ist. Denn deine eigenen schwierigen Erfahrungen lehren dich, wie es um ihn steht. Du bist hungrig und durstig nach Leben? Er ist es auch. Darum weißt du gut, worum es geht. Denn dein Hunger und Durst haben es dich gelehrt. Du wurdest beschämt, gedemütigt, verletzt? Er auch. Darum weißt du, wie er fühlt und was er braucht. Du kannst ihn darum lieben – *denn er ist wie du.*

Du weißt, was der andere nötig hat, denn du kennst deine eigene Bedürftigkeit. Dass ebendiese Bedeutung („*Er ist wie du!*") gemeint ist, zeigt sich beeindruckend dort, wo das große Gebot anschließend Schritt für Schritt ganz unsentimental entfaltet wird. Einige Sätze später: „Der Fremdling soll bei euch wohnen wie ein Einheimischer unter euch (*also genau wie du*). Du sollst den Fremdling lieben wie dich selbst, *denn auch du selbst* bist Fremdling gewesen in Ägypten." *

Nicht Sentimentalität, sondern Solidarität ist das Gebot der Thora, nicht das Pulsfühlen der eigenen Befindlichkeit, sondern die Erfüllung der gebotenen Gerechtigkeit. Letztlich sagt das Gebot: Manch eine Heilung kann entstehen, wenn du endlich aufhörst, dich um dich selbst zu drehen. Warum zielst du so vehement auf dich selbst ab – als würde eine Wunde besser heilen, wenn man ständig nachschaut, ob sie schon geheilt ist. Lass sie. Lass dich. Warum beginnst du mit dem Schwersten – dich selbst zu lieben? Sprich nicht „erst und dann", sondern „sowohl als auch", und entdecke das eine im anderen. Sei auch du mehrdeutig in deinem Klang. Wende dich deiner Seele zu, aber auch der Seele deines Nächsten. Sei, wenn es sein muss,

* 3. Buch Mose (Levitikus) 19,34

originell im Weg deiner Heilung. Denn deine Heilung – so sagen die Propheten – schreitet durch deine Gerechtigkeit voran: „Brich dem Hungrigen dein Brot, und die im Elend ohne Obdach sind, führe ins Haus! Wenn du einen nackt siehst, so kleide ihn, und entzieh dich nicht deinem Fleisch und Blut! Dann wird dein Licht hervorbrechen wie die Morgenröte, und deine Heilung wird schnell voranschreiten, und deine Gerechtigkeit wird vor dir hergehen, und die Herrlichkeit des Ewigen wird deinen Zug beschließen." *

Wie kostbar ist es, wenn gerade derjenige, der nur zu gut weiß, was es heißt, angeschlagen zu sein, sich dem zuwendet, der seiner bedarf. Diese Zuwendung ist mehr als die selbstverliebte Kultivierung derer, die in all ihrer Heiligkeit, Schönheit, Befindlichkeit und Gesundheit nur das vulgäre Mantra kannten, dass sie ihren Nächsten nur lieben können, wenn sie zuallererst sich selbst lieben.

: UNSCHÄRFE

Es mag vieles unklar sein, aber was wir begriffen haben, ist klar genug, um es getrost mit Leben zu füllen. Die hebräischen Mehrdeutigkeiten, die hier offenbar werden, wahren eine größere Achtung vor dem Leben als die überscharfen Definitionen. Manch eine Unschärfe hat etwas Heilsames, denn sie bezeugt ihren Respekt vor der Wirklichkeit. Das scharfe Bild dagegen lügt, denn es legt in seinen erbittert klaren Definitionen die Dinge auf eine Weise fest, die dem Leben nicht gerecht wird.

Eine rabbinische Redewendung besagt, man habe, indem die hebräische Thora (ab dem 3. Jh. v. Chr.) in das Griechische

* Der Prophet Jesaja 58,7–8

übersetzt wurde, *„aus dem Löwen Juda einen Zirkuslöwen gemacht"*. Anders als im Griechischen dürfen im Hebräischen Dinge in ihrer Unschärfe anklingen – und entsprechend über Jahrtausende „gefährlich bleiben" –, also gehört, durchlebt, bedacht, diskutiert und erstritten werden. Wir sollten den Dingen eine Unschärfe erlauben und sie nicht kaputtdefinieren, denn es reicht, wenn wir (nur zu gut!) ahnen, was gemeint ist. Besteht nicht das Gebot darin, die Unschärfe durch ein wahrhaftiges Leben zu ergänzen, sodass ein Bild der Wahrheit entsteht?

Der Sinn allen theologischen Denkens sollte darin bestehen, Erfahrungen der Wahrheit in ihrer Feierlichkeit, Ernsthaftigkeit, Zartheit und Wildheit zu schützen. Darum weigere ich mich, die Wahrheit, mit der ich ringe, denkerisch zu zähmen, begrifflich zu töten und hernach dogmatisch auszustopfen.

: ZUWENDUNG

Es gibt eine zweite, mindestens ebenso segensreiche Unschärfe des zentralen Gebotes. Das Wort lässt sich im hebräischen Text auch und vielleicht sogar am sinnvollsten im Dativ lesen. Dann heißt es nicht: *Deinen* Nächsten sollst du lieben, sondern: *Deinem* Nächsten sollst du lieben. Was ist der Unterschied?

Nicht Sympathie ist hier geboten, sie ist eine freie Gabe der Seele. Nicht, dass du *deinen* Nächsten liebst, etwa, weil er so liebenswert und sympathisch wäre, sondern, dass du dich *deinem* Nächsten zuwendest und *deinem* Nächsten hilfreich bist – das ist hier geboten. Keine Kraft kann je darüber hinausgehen, dass du tust, was deinem Leben zu Recht geboten ist. Es ist geboten, dass du *deinem* Nächsten gegenüber Liebe übst. So klingt es, wenn wir es im Dativ hören.

In gleicher Weise kehrt auch Jesus durch das Gleichnis vom barmherzigen Samaritaner und dem Menschen, der unter die Räuber fiel, die Frage „*Wer ist mein* Nächster?" am Ende in die Frage um: „*Wem bist du* ein Nächster geworden?"* Alles, was diese Geschichte durch Mitleid, Zuwendung, Öl, Wein, Lastentier, Herberge, Pflege, Bezahlung, Umwege und Zeitverlust erzählt, sagt: Du sollst *deinem* Nächsten lieben. Es ist nicht von überwältigender Sympathie die Rede, sondern davon, dass ein Mensch sich zuwendet. Auch wird hier nicht gefragt, ob der Samaritaner sich vor jener Zuwendung eigentlich ausreichend selbst geliebt hat. Vermutlich hat er lediglich gewusst, was es heißt, verletzt zu sein. Das Ende heißt schlicht: „Geh hin und tu desgleichen." Oder wie einer meiner jüdischen Freunde sagt: „Der Ort des Menschen ist die Tat."**

Die tägliche Arbeit kann uns zu einem Gleichnis für die inneren Wahrheiten der liebenden Seele werden. Ich wasche mit der großen Quastenbürste, die mir eigentlich zum Auftragen der Pigmente dient, die Heißleimrückstände aus dem Lackierbecken weg. Die Bürste mit ihren feinen, dichten Borsten ist ein wunderbares Werkzeug. Ihre Borsten werden durch den Gebrauch gereinigt. Das ist nicht die Absicht, sondern ein Nebeneffekt. So geschieht es buchstäblich nebenbei, dass das Gute, das wir tun, uns reinigt. Wir reinigen uns „durch den Gebrauch" und nicht durch arrogante oder fromme Selbstbeschau.

Die Thora des Lebens sagt uns: Du musst – was das Liebesgebot anbelangt – nicht viel empfinden; deine Empfindungen sind ja nur der Teil, den du selbst erlebst. Doch was du mit

* Lukasevangelium 10,25–37

** Rabbi Baruch Mordechai ben Kogan (persönliche Mitteilung). Es handelt sich um ein bekanntes Wort des Judentums.

deinen Worten und Handlungen tust, das ist der Teil der Liebe, die du deinem Nächsten zuteilwerden lässt. Es ist das, was dein Nächster durch dich erlebt. Nicht, dass du *deinen* Nächsten sympathisch findest, sondern dass du *deinem* Nächsten aus Sympathie zu ebenjener Wahrheit des Lebens Gutes, Hilfreiches, Aufbauendes tust, das ist dir geboten. So wird eine heilige Unruhe in dir entstehen, das Rechte zu tun.

: DER GEGENSATZ

Das Kapitel *Agape* steht damit in einem schroffen Kontrast zum vorausgegangenen Kapitel *Mystik*. Es ist kein Widerspruch, sondern ein Gegensatz. Das eine spricht von Vollmacht, das andere von Berufung.

Das Haupthindernis einer jeden Vollmacht ist, dass wir ohne Ruhe sind; das Haupthindernis einer jeden Berufung ist, dass wir unsere Ruhe wollen. Doch wir haben beides – die heilige Ruhe und die heilige Unruhe – zu sehen. Man hat den heilsamen Gegensätzen, um die es dabei geht, viele Begriffspaare gegeben: Mystik und Widerstand. *Contemplatio* und *actio*. Sammlung und Sendung. Identität und Relevanz. Gnade und Werke. Zuspruch und Anspruch. Verheißung und Gebot. Es meint alles das Gleiche. Wir sind zur Einheit mit uns selbst berufen.

Wir brauchen Räume der inneren Sammlung, der Stärkung, der Vergewisserung. Doch Abgeschiedenheit und Rückzug und jede beglückende Einsamkeit dürfen nur eine Phase, nicht aber ein Zustand sein. Wir frieren sonst den Himmel ein. Wir verharren im Blick nach oben und erstarren in Sehnsucht, anstatt Gott dort zu suchen, wo er sich uns offenbart: in der Zerbrechlichkeit des Lebens. Der Blick nach oben birgt die Gefahr, dass unsere Gottessehnsucht zur Weltflucht wird.

„Was steht ihr da und seht zum Himmel?“ *, werden die Jünger (ausgerechnet von den Engeln) im Augenblick der Himmelfahrt ihres Meisters gefragt. Ihr sollt Gott nicht im Himmel, sondern auf Erden suchen, dort soll eure Liebe ihn begreifen.

: DIE VERLETZBARE NATUR GOTTES

Wir können die Anwesenheit Gottes nur lieben, wenn wir sie als etwas Verletzbares begreifen. Kein Mensch kann über Gott „an sich“ reden, denn es ist nicht das Geringste, das wir (transzendent) sehen oder verstehen; aber es ist möglich, von der uns zugewandten Seite Gottes zu sprechen. Diese (immanente) Seite Gottes, die unsere Welt erleuchtet, ist die Liebe.

Jesus wurde das „Lamm Gottes“ ** genannt. Ich glaube, was das Leben und das Geschick Jesu uns lehren, ist ein Aussageanspruch, der uns nur überwältigen kann: Die Anwesenheit Gottes ist das Verletzlichste, was man je verletzen kann. Es ist die Lammesnatur Gottes in unserer Welt. Es ist die Liebe in ihrer notwendigen Verletzbarkeit. Sie ist der dieser Welt eingesenkte Sinn.

So wird eine Welt geboren, die nicht Gott ist und die darum auch nicht sein muss wie Gott. Es ist eine Welt, die lieben *kann* (da sie aus Gott geboren ist), aber nicht lieben *muss* (da sie nicht Gott ist). „Er entäußerte sich und nahm Knechtsgestalt an.“ *** Es ist das Opfer, das Gott erbracht hat, damit diese Welt entstehen kann. Ohne eine Form der Selbstpreisgabe wäre keine Welt entstanden. Es wäre nichts entstanden, was nicht Gott

* Apostelgeschichte des Lukas 1,11
** Johannesevangelium 1,29
*** So im Christushymnus des Philipperbriefes 2,6–11.

ist. Alles wäre ein Teil Gottes, denn in einem Milieu der göttlichen Allmacht könnte nichts außerhalb des göttlichen Wollens und Wirkens entstehen und geschehen. Es gäbe nichts gegenüber Gott. Solch ein Milieu, in dem eine allmächtige Gottheit alles ist und alles macht, wäre keine Welt. Sie wäre lediglich ein Aspekt Gottes.

Die uns abgewandte Seite mag Allmacht sein – darüber kann man beliebig spekulieren. Er mag allmächtig sein „in seiner heiligen Wohnung", doch auf welche Weise ist uns diese Allmacht zugewandt? Uns hat die Anwesenheit Gottes – das Innerhalb – zu interessieren. Andere Welten mögen andere Arten der Gottespräsenz kennen. In unserer Welt aber ist der Wesenszug des Immanenten die Verletzlichkeit der Liebe. Wir haben etwas zu schützen, denn wir haben etwas zu verlieren. Das ist die Aussage vieler Mystiker, die immer wieder betont haben, wie notwendig es sei „Gott zu schützen". Es ist damit nicht der Löwe, sondern das Lamm gemeint. Nicht der Transzendente, sondern der Immanente. Nicht das Wesen Gottes, sondern die Anwesenheit Gottes in unserer Welt.

: VERLETZBARKEIT UND EMPFÄNGLICHKEIT

Lass deine Hingabe geschützt sein durch deine Empfänglichkeit und lass deine Empfänglichkeit geschützt sein durch deine Hingabe. Das eine kann ohne das andere nicht sein. Denn du kannst nur leben, was du empfängst, und du kannst nur empfangen, was du gibst. Darum gib dich der Welt, und du wirst empfangen, wer du bist.

So paradox es klingen mag, aber du schützt deine Liebe einzig durch Verletzlichkeit. Lass nicht zu, dass der Schmerz der Erfahrung dir deine Verletzlichkeit und damit deine Liebe raubt. Denn wenn du beschlossen hast, nicht länger verletzbar zu sein, dann hast du beschlossen, nicht mehr zu lieben. Darum habe den Mut, deine Liebe durch deinen Glauben zu schützen; und habe die Demut, deinen Glauben durch deine Liebe zu schützen. Du schützt deinen Glauben nicht dadurch, dass du recht behältst, sondern dadurch, dass du ein Liebender bleibst.

: ERNÜCHTERUNG

Ich habe durch manche Krisen und Enttäuschungen, durch Erfahrung der gesundheitlichen Gebrechlichkeit, durch Ängste und Existenznöte (besonders in den Anfangsjahren meiner Werkstattgründung) und manches mehr die sprichwörtliche „Unschuld gegenüber dem Leben" verloren. Ein Bekannter, der eine städteübergreifende Arbeit mit Straßenkindern ins Leben gerufen hat, sagte einmal, er könne nur mit ernüchterten Mitarbeitern arbeiten, nicht mit Weltverbesserern. Seine Mitarbeiter seien Menschen, die durch manch harte Erfahrungen ihre Schwärmerei, nicht aber ihre Liebe verloren haben.

: DEMUT

Wir werden vom Leben immer wieder gedemütigt und die einzig gesunde und angemessene Antwort darauf ist Demut. Diese Demut ist die Einsicht, dass die Dinge häufig anders laufen, als wir es uns wünschen, und unser Leben nicht immer das ist, was wir gern hätten. Die Kluft zwischen unserem Wollen und unserem Werden, zwischen unserer Erwartung und der ausbleibenden Erfüllung stellt unsere Hybris infrage und zeigt uns, wie wenig wir angesichts mancher

Unfreundlichkeiten und Erschütterungen die Baumeister unseres Lebensgebäudes sind. Die einzig nicht selbstverletzende Weise, darauf zu reagieren, ist Demut.

Demut ist kein Abtöten des inneren Wollens, sondern ein Aspekt der Liebe sich selbst gegenüber, nämlich die Bereitschaft, empfänglich für ebenjene Weisheit und Führung zu sein, die sich unserem Verstehen entzieht und sich unserem verletzlichen Vertrauen schenkt. Wie wenig ich auch verstehen mag, ich werde meine Visionen und Träume nicht töten, sondern werde – um Gottes willen – fähig zur Enttäuschung bleiben. Ein Mensch, der sich nicht treu bleibt, hat seine Liebe verloren. Das ist eine Form des Selbstverrats.

Ist es nicht so, dass manche Sorgen erst aus einem Mangel an Demut so stark in uns werden? Nur die Demut lässt mich eingestehen, dass ich nicht der Gebieter meines Lebens bin. Nur der Demütige ist fähig zur Einsicht: Mein Leben darf anders verlaufen, als ich es mir wünsche. Meine Wünsche dürfen unerfüllt bleiben. So wird die Demut uns helfen, dass die Sorgen etwas von der Kraft zurückgeben, die sie uns rauben. Wir sind nicht imstande zu diktieren, was unserem Leben geschieht. Die eigene Lebensgeschichte zu schreiben, ist kein Diktat. So ernsthaft wir daran mitwirken mögen, sind wir doch bestenfalls Mitautoren unserer Geschichte. Das zu akzeptieren, erfordert Demut.

Ein jüdisches Sprichwort sagt: „Alle Dinge haben ein Maß, nur die Demut Gottes ist ohne Maß." Es gibt nichts in Zeit und Ewigkeit, was je an die Demut Gottes heranzureichen vermag. Durch sie steht diese Welt nicht unter einem göttlichen Diktat, sondern unter der Berufung der Liebe.

„Seht, das Lamm Gottes, das der Welt Sünde trägt!“ * – unter diesem Wort sieht Johannes der Täufer Jesus an den Jordan kommen, und unter diesem Wort wird Jesus getauft. Die Lammesnatur Gottes hat in Jesus, dessen Name über alle Namen ist, einen Menschen auf eine vollendete Weise durchlebt. Sie erlaubt nicht die geringste Selbstaufwertung („Gott ist groß!“), sondern mutet allem, was groß sein will, eine Kränkung zu: „Steig herab vom Kreuz, dann wollen wir glauben!“ **

Mit Gott stehe ich nicht auf der Seite des Glänzenden, sondern des Geschlagenen. Die antiken Religionen heiligten den Starken, den Erhabenen, sie glaubten an den Sieg der Vollkommenheit. Dem Christentum aber verhalf es auch zum Durchbruch, dass es dem Schwachen und Geschlagenen seinen Platz gab, die Armen schützte und die Witwen versorgte. Christus ist nicht der Erhabene, sondern der Heruntergekommene. Das ist der Initialmoment einer neuen Kultur.

: GOTTLOSIGKEIT DURCH RELIGION

Es gibt eine religiöse Geisteshaltung, die schuldig an den Möglichkeiten des Himmels wird, da sie ihren großen Gott allzu schnell ins Transzendente schiebt. Das Paradoxe dieser gläubigen Abschiebung Gottes ist, dass sie ausgerechnet durch dessen Verehrung geschieht. Die Verehrung des Übergroßen und Jenseitsfernen hält das Nahe und Verheißene auf Abstand. Das Ego weiß: Je erhabener Gott ist, desto weniger habe ich mit ihm zu tun. Je größer der Abstand zum Licht, desto unbehelligter kann ich leben. Es ist die Befreiung von Gott durch Religion.

* Johannesevangelium 1,29
** Matthäusevangelium 27,42

Schleske 2/2012

Das Ego
11,4 × 13,8 cm, 2012

Was wird Christus dazu sagen? Ich denke, es sind zwei Worte: Schönheit und Leid. Gott ist viel mehr in unserer Welt gegenwärtig, als es uns recht ist. Er ruft uns im fremden Leid in seine Nähe; es ist ein Ruf, der seine eigene Autorität in uns hervorrufen wird – die Vollmacht, „da zu sein". So werden wir mit dem Namen Gottes eins, der heißt „Ich werde da sein". *

Es würde unseren Umgang mit der uns anvertrauten Lebenswelt verändern, wenn wir Gott im Miteinander des gemeinsamen Lebens begriffen. Es wäre eine gesunde Form der Gottesfurcht, die aus dem inneren Wissen kommt, dass wir die Anwesenheit Gottes verletzen können. Diese Anwesenheit kann zunehmen, und sie kann sich entziehen, sie ist eine heilige Option. (Darüber habe ich im fünften Kapitel mit der „ Schechina" und im sechsten Kapitel mit dem „ Gewebe der Segnungen" geschrieben.)

Wenn wir in unserem Seelengrund begriffen, was es heißt, die Anwesenheit Gottes zu verletzen oder zu schützen, zu dämpfen oder zu ermöglichen, bekäme unser Glaube etwas Geistesgegenwärtiges, etwas Behutsames und Sanftes, eine Ehrfurcht gegenüber dem Heiligen, das sich uns anvertraut. Der Glaube würde sich verändern, er würde manch eine Infantilität (und die ihr geschuldeten Glaubenszweifel) verlieren, wenn er zur ersten Frage *„Worauf vertraust du?"* auch die zweite Frage stellt: *„Was ist dir anvertraut?"*

Diese beiden Fragen spannen in ihrer Gegensätzlichkeit die ganze Weite des Menschendaseins auf. Vertrauen und Verantwortung bilden die Pole. Wird unserem Dasein nur *eine* Frage gestellt, dann wird es auf eine je eigene Weise eng mit uns, und

* „Eheyeh ascher eheyeh": Ich werde sein, der ich sein werde. Sage dem Volk: Der „Ich-werde-sein" wird sie aus der Knechtschaft befreien. 2. Buch Mose (Exodus) 3,14

das Leben aus dem Glauben sackt in sich zusammen. Die beiden Fragen spannen eine Mehrdeutigkeit auf, die wohl jedem reifen Glauben innewohnt. Er weiß, dass Gott nicht nur der Transzendente ist, auf den wir vertrauen, sondern zugleich der Immanente, der sich uns anvertraut. Solch ein Glaube spricht nicht unsere Ängste, sondern unsere Liebe an. Vielleicht sind die Schutzlosigkeit (Bethlehem) und der Zerbruch (Golgatha) wesentliche Bilder ebenjener Pflicht, die darin besteht, die Inkarnation (Menschwerdung) Gottes in unserer Welt zu schützen und die Verletzlichkeit seiner Hingabe inmitten der Gemeinschaft des Lebens zu sehen. So sind Krippe und Kreuz Urwahrheiten, die auf eine je eigene Form unserer Liebe zielen.

: WECHSELWIRKUNG MIT DEM HIMMEL

Der Himmel ist nicht fern, er ist das geistige Feld, das uns umgibt. Die Gesetze des Himmels wirken auf eine jede Menschenseele, die sich ihm anvertraut.

Nichts zeigt die innere Verletzlichkeit des Daseins eindrücklicher als die Tatsache, dass der Mensch die Liebe verwerfen kann. Indem die Seele in ihrer Liebe den Gesetzen des Himmels gehorcht, wird sie augenblicklich erhoben. Wer sie verwirft, wird durch die eigene Tat erniedrigt – wie es innerhalb des Judentums heißt: „Der Lohn für die Gebote sind die Gebote selbst. Die Strafe für die Sünde ist die Sünde selbst.“ * Diebstahl macht den Dieb nicht reich, Freigiebigkeit macht den Gebenden nicht arm.

* So etwa Leibowitz, der die talmudischen Vätersprüche (etwa II,1), in denen vom Lohn der Gebote die Rede ist, folgendermaßen deutet: „Die Tatsache ihrer Erfüllung ist der eigentliche Lohn für sie, denn es gibt für den Menschen keinen höheren Lohn als die Gnade, Gott dienen zu dürfen; und umgekehrt besteht beim „Lohn der Sünde“ die Strafe für den Menschen in der Tatsache, dass er gesündigt hat und sich damit vom Dienst Gottes losgelöst hat.“ Yeschaiahu Leibowitz: „Vorträge über die Sprüche der Väter“, Obertshausen 1999, S. 114.

Am dritten Tage
12,8 × 19,6 cm, 2014

Alle Dinge gehen aus dem Geist Gottes hervor, der seinen Manifestationen entsprechend Liebe, Friede, Geduld, Freundlichkeit, Güte, Treue, Sanftmut, Keuschheit genannt wird. Im Kapitel *Eros* habe ich das „Gewebe der Segnungen" beschrieben: Um uns herum wirkt ein geistiges Universum, das in einer realen Wechselwirkung mit dem materiellen Universum steht. Zwischen beiden besteht ein liebendes und höchst verletzbares Wechselspiel. In dem Maße, in dem der Mensch sich dem geistigen Feld nähert, das die Bibel den Himmel nennt, wächst ihm eine heilige Kraft zu, und es geschehen Dinge „wie im Himmel so auf Erden". In dem Maße, in dem er sich durch seine Worte und sein Handeln davon entfernt, beraubt er sich seiner Kraft und verdirbt, wozu er berufen ist.

Der Glaube ist darum nichts anderes als die liebende Bereitschaft, mit dem Himmel zu kooperieren. Mühelos verändert sein Wirken unser Wesen und macht es mehr und mehr empfänglich für Gott. Das liebende Leben aus Gott bedeutet – wie Jesus es sagt –, Gott „im Geist und in der Wahrheit anzubeten"*. Es bedeutet: „Erhebe in der Anbetung deine Seele, höre auf den Himmel und tu, was er dir sagt!" Es ist uns erlaubt, durch Anbetung in das Triebwerk der Geschichte zu greifen und so die Welt mit Gott zu segnen.

Aus dem geistigen Universum kommt die Energie, die alles erhält und die jedem individuellen Geist Leben gibt. Durch die vertrauensvolle Geisteshaltung des Glaubens öffnen wir uns dem Einströmen dieser Energie. Unaufhörlich ändert sich die Stärke dieses Einflusses, den das Neue Testament „exousia" (Vollmacht) nennt.

* Johannesevangelium 4,24

Wenn wir unseren Geist im Glauben öffnen, ist es uns möglich, geistiges Leben aufzunehmen, doch dafür ist es ganz offensichtlich nötig, eine geistige Haltung einzunehmen, die diese Wechselwirkung erlaubt. Beten ist der allgemeine Begriff für jene Geisteshaltung.

In jeder Wertschätzung gegenüber unserem Nächsten erheben wir Gott in unserer Seele. In unserer Aufmerksamkeit manifestiert sich Gottes Gegenwart, in unseren Verhältnissen manifestiert sich seine Gerechtigkeit, in unserem Verhalten seine Wahrheit, in unserer Behutsamkeit seine Barmherzigkeit. Nur durch die liebende Seele wird Gott in dieser Welt hervorgebracht – nicht, weil die Seele Gott erschaffen würde, sondern, weil die liebende Seele inmitten der Welt des Lebens Gottes wirksame Gegenwart erlaubt. Es ist wie ein Knistern im Himmel, zu sehen, was in unserer Welt durch Glauben geschehen kann. Darum sagt Jesus, der diese Berufung des Menschendaseins bis ins Letzte vollendet hat: „Wenn der Menschensohn wiederkommen wird, meinst du, dass er Glauben finden werde auf Erden?“ *

All dies ist in dem einfachen Satz gesagt: Glauben heißt erlauben. Darum ist es gewiss ein geistlicher Irrtum, „glauben“ als ein Substantiv zu verstehen – etwa im Sinne eines dogmatischen Besitzes. Glauben ist ein Verb, ein innerer Akt, ein Handeln des Geistes. Als innerstes Verb gesprochen bedeutet „glauben“ nicht, auf der eigenen Wahrheit zu beharren, sondern, die Wahrheit zu ermöglichen, die geschehen soll. Das heißt es, ein Gottesermöglicher zu sein. Im Lateinischen heißt das Wort für glauben „credere“. (Das steckt auch im Wort

* Lukasevangelium 18,8

Resonanzanalyse einer Geige

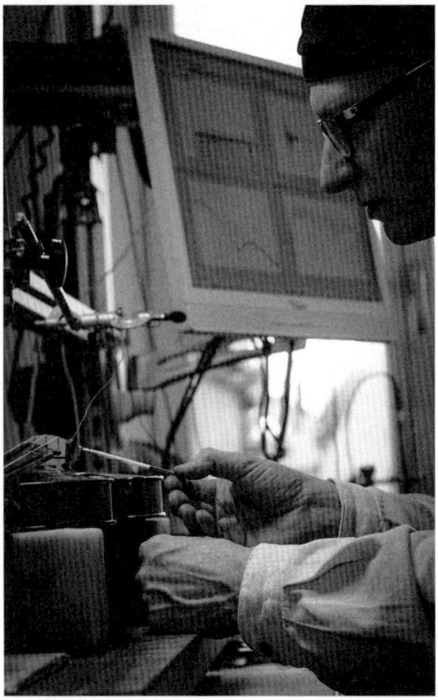

Oben: Geigen im Lackierraum; Holzlager
Unten: Modalanalyse; Werkzeuge

Rechte Seite:
Dachkapelle und Musikraum

Kredit.) Credere ist zusammengesetzt aus „cor" und „dare" und heißt: „das Herz geben". Auch das macht diesen inneren Akt des „Glaubens" deutlich. Es ist nicht nur das, was ich glauben „kann", sondern das, was ich „durch Vertrauen ermögliche". Das Gott vertrauende Herz greift in ein Potenzialfeld der Möglichkeiten – und es darf vom Himmel her geschehen, was dem Herzen entspricht. Das Weltgeschehen ist eine verletzbare Wirkungsgeschichte des Himmels.

Dieser heilige Vorgang lässt sich mit dem Klang einer guten Geige vergleichen. Im zweiten Kapitel habe ich ausführlich darüber geschrieben. Die Geige ist erst dann richtig eingestellt, wenn sie einen beim Spielen vollkommen in ihren Bann und Anspruch zieht. Das Instrument klingt dann nicht irgendwie gut oder nett, sondern es hat eine unwiderstehliche Anziehungskraft. Man taucht in die Töne ein und formt sie, man spürt unter dem Bogen den Widerstand und fühlt die Schwingungen unter den Fingern der linken Hand.

Es ist ein Glück, ein tiefes Gefühl der Genugtuung, wenn man eine Geige in der Hand hat und im Klang gespürt hat: „Da ist etwas noch nicht wirklich gut", dann aber einen Einfall zu haben, den man noch nie zuvor hatte, eine Idee, was dem Klang fehlt und was dem Instrument noch zu geben ist – eine winzige Kleinigkeit –, und dann zu spielen, einzutauchen in diesen wunderbaren, samtigen Ton, der alles so zeitlos macht, und nun zu spüren: „So ist es gut!"

Es gibt einen Klang, der einen süchtig macht, weil er so stimmig ist. Ich hatte schon oft diese kleinen, guten Ideen, und jedes Mal legte ich sie in das nächste Instrument mit hinein. So sind die Instrumente im Laufe der Jahre reifer und stärker geworden.

Wie der Klang der Geige, so ist auch der Klang des Lebens: Es ist ein tiefes Glück, das Gute hineinzuglauben in einen Menschen, das Gute hervorzulieben in einem Menschen. Auch da geht es um solch ein wunderbares Spiel. Denn in jedem Menschen steckt etwas von Gott, und wenn es sich ausdrücken kann, dann entsteht etwas Reifes und Starkes. Das Göttliche ist immer der richtige Einfall, der wunderbare Dinge möglich macht. Da bekommt das Leben sein inneres Feuer und der Mensch beginnt zu leuchten.

Eigentlich geht es in allem um dieses Feuer der Gottesgegenwart, jene feurige Flamme, die in uns brennt, ohne uns zu verzehren. Den stärksten Lobpreis zu Gott hin erlebe ich, wenn ich eine gerade erst fertiggestellte und das erste Mal gespielte Geige mit dem Polierlappen zum Leuchten bringe, der Lack sein Feuer entfaltet und ich den befriedigenden Klang des Instrumentes noch im Ohr habe. Die Freude, dass es gelungen ist, und die Schönheit des feurigen Lackes unter dem Polierlappen der rechten Hand – da entsteht in mir eine große Freude über das Leben. Kaum ein Gottesdienst kann solch eine Freude schaffen, aber das ist nicht schlimm, denn ich weiß, dass der eigentliche Gottesdienst meines Lebens an der Werkbank entsteht.

Wie der Dialog zwischen Bogen und Saite, so ist auch das Wechselspiel mit Gott. Aus der unendlichen Welt des Geistes fließt uns eine Gnade zu, die sich unmittelbar empfangen und erfahren lässt; es ist eine Erfahrung, die nichts anderes erfordert, als dass wir uns spielen lassen. Wir werden die Gegenwart dessen erfahren, der unsere Seele in die Ruhe der Gottesliebe führt. Die betende Seele wird von dem vielen in das wenige geführt, vom Unruhigen in das Ruhige, von der Zerstreuung in die Anwesenheit des Liebenden. Wir werden von Gott gespielt und dieser Welt geschenkt. Es ist wie die Musik, die sich dem Instrument schenkt, obgleich es doch das Instrument ist, das sie spielt.

Darin ist alles zusammengefasst: Gott ist die Liebe, die uns zu Personen macht. Vor allem darum ist er ein persönlicher Gott – nicht erhaben, sondern verletzlich. Nicht fern, sondern nah.

SKIZZEN DES LEBENS. Unser jüngerer Sohn Lorenz malte als Kind faszinierende Bilder. Während eines Urlaubs nahm er Kohlen aus dem Kamin, der uns wärmte. Er skizzierte mit den erkalteten Kohlestücken ausdrucksstarke Figuren in seinen Zeichenblock. Es sollte mit wenigen Strichen gelingen, darum hatte er den Linienverlauf zuvor auf einigen Blättern mit einem gewöhnlichen Stift geübt. Dann holte er die Kohlen aus dem Feuer …

Was für ein Einfall, aus erkalteten Kohlen kleine Werke zu schaffen. Auch wenn alles, was wir leben, nur Skizzen sind, ist es doch gut, sie zu wagen. Es erfordert Kreativität, sich nicht nur in der eigenen Mystik zu wärmen, sondern daraus kleine Werke zu schaffen. Es erfordert Mut, aus der Distanz des Beobachters herauszutreten und ein Teil der Gottesliebe zu werden, nach der wir uns sehnen. Es ist ein Mensch, der sein inneres Brennen gefunden hat. Für mich ist es am stärksten zusammengefasst in einem Wort Dorothee Sölles, die sagte: *„Der Beobachter sieht nichts. Ich kann die Liebe Gottes nur sehen, wenn ich ein Teil von ihr werde.“*[48]

EPILOG

Wenn das alles so ist, dass Gott tatsächlich hineinwirkt in unsere Welt, wie ich in zahlreichen Geschichten und Erfahrungen dieses Buches beschrieben habe, warum geschieht dann so vieles, was dem so wenig entspricht? Es steht mir nicht zu, die wichtigen Fragen durch Antworten aufzulösen; wir haben sie zu durchleben. Dennoch: Wie stelle ich mich der Frage, warum so vieles in unserer Welt der Gotteserfahrung zu widersprechen scheint?

Ich glaube nicht an einen Gott, der dann und wann eingreift und hineingreift in die Welt; sondern ich durchlebe einen Gott, der in allem wirkt und durch alles spricht. Dieses berufene Zusammenspiel mit dem Höchsten ist das Verletzlichste, das man in unserer Welt schänden, entstellen, verhöhnen, entweihen und preisgeben kann. Das Wechselspiel mit Gott ist alles andere als simpel oder banal.

Wir warten aus gutem Grund vergeblich auf einen Gott, der nur vom Himmel her mit allmächtigem Finger schnippen müsste, und die Dinge geschehen. Wir haben es in der Beziehung zwischen Himmel und Erde offenbar nicht mit einer ordinären Unterwerfungsgeschichte, sondern mit einer verletzlichen Berufungsgeschichte zu tun: Du bist zu einer hörenden Liebe berufen. Durch sie wirst du mit Weisheiten, Wirkungen und Kräften in Verbindung stehen, von denen du nichts wusstest. Der Himmel bricht nicht ein; er klopft an, wie es im Buch der Offenbarung heißt: „Siehe, ich stehe vor der Tür und klopfe an. Wenn jemand meine Stimme hören wird und die Tür auftun, zu dem werde ich eingehen und das Abendmahl mit ihm halten."* Die Tür, von der hier die Rede ist, hat nur innen eine Klinke. Es liegt an uns, zu öffnen oder uns zu verschließen. Niemand bricht in uns ein. Wie ein Instrument zum Klang des Musikers wird, so liegt es an uns, ein Gottesermöglicher zu sein.

Zwischen dem Instrument und dem Musiker entsteht eine heilige Gleichzeitigkeit. Die Berührung zwischen der schwingenden Saite und dem Bogen ist verletzbar. Zu viel Druck oder zu wenig Kontakt – beides lässt die Schwingung brechen. So darf auch der Glaube – jenes innige und störbare Zusammenspiel mit Gott – weder zu viel Druck noch zu wenig Kontakt haben, denn gerade hier entsteht der Klang. Alle Schönheit lebt aus einem verletzbaren Geschehen.

Der Duft der Pigmente, die Schönheit der Wölbung, die Tiefe des Lackes, die Vollkommenheit der Form, die Leuchtkraft der Holztracheiden, die Wärme des Tones, der Glanz der Obertöne – all dies, was in der Werkstatt entsteht, dient nur dazu, die Seele aufzuwecken und sie durch die Schönheit empfänglich für das Wesentliche zu machen.

Wer begreift, was sich zwischen dem Instrument und dem Musiker (das heißt: zwischen der Seele und dem Heiligen Geist) abspielt, der weiß, was wahre Einheit bedeutet: Der Musiker und sein Instrument sind nicht gleich, aber im gemeinsamen Klang werden sie eins. „Eins zu sein" bedeutet nicht, dass zwei Dinge *ein und dasselbe* sind, sondern, dass sie sich *vereinen*. Könnte das Instrument sprechen, so würde es nicht sagen: „Ich

* Die Offenbarung des Johannes 3,20

bin du“, sondern: „Ich bin dein“. Das sind die Worte der liebenden Seele, die bereit ist, Gott zu erhören. In dieser Einheit suchen die Herztöne des Ewigen unser Gehör.

Niemand käme auf die unsinnige Idee, diese Einheit zu trennen und etwa zu sagen: „Dieser Teil des Klanges gehört zum Musiker, jener Teil zum Instrument.“ So können auch wir uns von Gott nicht trennen. Es unterscheidet sich lediglich die Intensität und Schönheit, in der wir das Gottesgeschehen durchleben. Es ist ein gemeinsamer Klang. Jeder Ton ist eine heilige Gleichzeitigkeit zwischen dem Musiker und seinem Instrument, der an Schönheit zunehmen oder abnehmen kann. Nur diese Gleichzeitigkeit ist wahre Gegenwart, es ist das ewige Leben.

Wie ein Musiker Heimat im Klang des Instrumentes sucht, so sucht Gott Heimat in seiner Welt. Die Heimat, die er sucht, ist das Ohr des Menschen. Es mag Welten geben, in denen der Himmel andere Instrumente hat. Hier aber ist es der Chorraum der Herzen, die gelernt haben, Gott zu erhören.

Das muss unserer Liebe gesagt werden. Denn sie soll einmal sehen, wie sehr sie eine Geliebte des Ewigen war, ein Instrument seiner Schönheit. An Gottes Anwesenheit teilzuhaben, war der unendlich verletzbare Sinn deines Lebens.

NACHWORT

Die alles überstrahlende Hauptperson dieses Buches ist Gott. In großer Verehrung Martin Bubers möchte ich mein Buch mit einem gewaltigen Text aus seinem leider völlig in Vergessenheit geratenen Buch „Gottesfinsternis“ beenden.

Wie bringen Sie es fertig, „Gott“ zu sagen?

An einem Morgen stand ich früh auf, um Korrektur zu lesen. Am Abend vorher hatte ich Bürstenabzüge der Vorrede eines Buches von mir bekommen, und da diese Vorrede ein Bekenntnis war, wollte ich sie recht sorgfältig noch einmal lesen, ehe sie gedruckt wurde. Nun nahm ich sie in das Arbeitszimmer hinunter, das mir für den Fall, daß ich es brauchen würde, angeboten war. Hier aber saß schon der alte Mann an seinem Schreibtisch. Unmittelbar an den Gruß knüpfte er die Frage, was ich da in der Hand hätte, und als ich es ihm sagte, fragte er weiter, ob ich ihm nicht vorlesen wolle. Ich tat es gern. Er hörte freundlich, aber offenbar erstaunt, ja, mit wachsendem Befremden zu. Als ich zu Ende war, sagte er zögernd, dann, von dem gewichtigen Anliegen hingerissen, immer leidenschaftlicher: „Wie bringen Sie das fertig, so Mal um Mal ‚Gott‘ zu sagen? Wie können Sie erwarten, daß ihre Leser das Wort in der Bedeutung aufnehmen, in der Sie es aufgenommen wissen wollen? Was Sie damit meinen, ist doch über alles menschliche Greifen und Begreifen erhoben, ebendieses Erhobensein meinen Sie; aber indem Sie es aussprechen, werfen Sie es dem menschlichen Zugriff hin. Welches Wort der Menschensprache ist so mißbraucht, so befleckt, so geschändet worden wie dieses! All das schuldlose Blut, das um es vergossen wurde, hat ihm seinen Glanz geraubt. All die Ungerechtigkeit, die zu decken es herhalten mußte, hat ihm sein Gepräge verwischt. Wenn ich das Höchste ‚Gott' nennen höre, kommt mir das zuweilen wie eine Lästerung vor."

Die kindlichen, klaren Augen flammten. Die Stimme selber flammte. Dann saßen wir einander eine Weile schweigend gegenüber. Die Stube lag in der fließenden Helle des Frühmorgens. Mir war es, als zöge aus dem Licht eine Kraft in mich ein. Was ich nun entgegnete, kann ich heute nicht wiedergeben, nur noch andeuten.

„Ja", sagte ich, „es ist das beladenste aller Menschenworte. Keines ist so besudelt, so zerfetzt worden. Gerade deshalb darf ich darauf nicht verzichten. Die Geschlechter der Menschen haben die Last ihres geängstigten Lebens auf dieses Wort gewälzt und es zu Boden gedrückt; es liegt im Staub und trägt ihrer aller Last. Die Geschlechter der Menschen mit ihren Religionsparteiungen haben das Wort zerrissen; sie haben dafür getötet und sind dafür gestorben; es trägt ihrer aller Fingerspur und ihrer aller Blut. Wo fände ich ein Wort, das ihm gliche, um das Höchste zu bezeichnen! Nähme ich den reinsten, funkelndsten Begriff aus der innersten Schatzkammer der Philosophen, ich könnte darin doch nur ein unverbindliches Gedankenbild einfangen, nicht aber die Gegenwart dessen, den ich meine, dessen, den die Geschlechter der Menschen mit ihrem ungeheuren Leben und Sterben verehrt und erniedrigt haben. Ihn meine ich ja, ihn, den die höllengepeinigten, himmelstürmenden Geschlechter der Menschen meinen. Gewiß, sie zeichnen Fratzen und schreiben ‚Gott' darunter; sie morden einander und sagen ‚in Gottes Namen'. Aber wenn aller Wahn und Trug zerfällt, wenn sie ihm gegenüberstehn im einsamsten Dunkel und nicht mehr ‚Er, er' sagen, sondern ‚Du, du' seufzen, ‚Du' schreien, sie alle das Eine, und wenn sie dann hinzufügen ‚Gott', ist es nicht der wirkliche Gott, den sie alle anrufen, der eine Lebendige, der Gott der Menschenkinder?! Ist nicht

er es, der sie hört? *Der sie – erhört? Und ist nicht eben dadurch das Wort ‚Gott', das Wort des Anrufs, das zum* Namen *gewordene Wort, in allen Menschensprachen geweiht für alle Zeiten? Wir müssen die achten, die es verpönen, weil sie sich gegen das Unrecht und den Unfug auflehnen, die sich so gern auf die Ermächtigung durch ‚Gott' berufen; aber wir dürfen es nicht preisgeben. Wie gut läßt es sich verstehen, daß manche vorschlagen, eine Zeit über von den ‚letzten Dingen' zu schweigen, damit die mißbrauchten Worte erlöst werden! Aber* so *sind sie nicht zu erlösen. Wir können das Wort ‚Gott' nicht reinwaschen, und wir können es nicht ganzmachen; aber wir können es, befleckt und zerfetzt, wie es ist, vom Boden erheben und aufrichten über einer Stunde großer Sorge."*

Es war hell geworden in der Stube. Das Licht floß nicht mehr, es war da. Der alte Mann stand auf, kam auf mich zu, legte mir die Hand auf die Schulter und sprach: „Wir wollen uns Du sagen." Das Gespräch war vollendet. Denn wo zwei wahrhaft beisammen sind, sind sie es im Namen Gottes.[49]

Martin Buber, 1953

STICHWORT- UND PERSONENVERZEICHNIS

VERZEICHNIS DER BIBELSTELLEN

Die Bibelstellen dieses Buches wurden vom Autor häufig aus unterschiedlichen Übersetzungen zusammengefügt, darunter am häufigsten: Luther 1984, Septuaginta Deutsch: Das griechische Alte Testament in deutscher Übersetzung, 2009; Leopold Zunz: Die Heilige Schrift: Hebräisch-Deutsch, 2006.

ALTES TESTAMENT

NEUES TESTAMENT

BRIEFE

PROPHETISCHES BUCH

APOKRYPHEN

QUELLENHINWEISE

1 Babylon. Talmud, Fol. 34b Berachoth V,v 155.
2 Martin Buber, Der Weg des Menschen nach der chassidischen Lehre. Gütersloher Verlagshaus, Gütersloh 2003, S. 41.
3 ebd. S. 14.
4 Johannes vom Kreuz, Sämtliche Werke. Vollständige Neuübertragung/ Die Dunkle Nacht. Herder Verlag, Freiburg i. Br. 2013, S. 48, mit freundlicher Genehmigung des Verlags.
5 Siehe dazu auch: Hans-Peter Dürr, Auch die Wissenschaft spricht nur in Gleichnissen. Die neue Beziehung zwischen Religion und Naturwissenschaften. Herder Verlag, Freiburg i. Br. 2004; ders., Es gibt keine Materie! Crotona Verlag, Amerang 2012.
6 Tschuang-Tse, Reden und Gleichnisse. Deutsche Auswahl und Nachwort von Martin Buber © 1951 by Manesse Verlag, Zürich, in der Verlagsgruppe Random House GmbH, München, S. 112.
7 Roland R. Ropers, persönliche Mitteilung 2015.
8 Tschuang-Tse, Reden und Gleichnisse. Deutsche Auswahl und Nachwort von Martin Buber © 1951 by Manesse Verlag, Zürich, in der Verlagsgruppe Random House GmbH, München, S. 109.
9 Einige Ergebnisse siehe: Martin Schleske, On the Acoustical Properties of Violin Varnish. Catgut Acoustical Society Journal Vol. 3, No. 6 (Series II), November 1998.
10 Werner Heisenberg, Quantentheorie und Philosophie. Reclam, Stuttgart 1979.
11 ebd., S.106.
12 ebd., S. 110.
13 ebd., S. 112.
14 ebd.
15 Tschuang-Tse, Reden und Gleichnisse. Deutsche Auswahl und Nachwort von Martin Buber © 1951 by Manesse Verlag, Zürich, in der Verlagsgruppe Random House GmbH, München, S. 39.
16 Die Benediktsregel, Kapitel IV, 75.
17 Tschuang-Tse, Reden und Gleichnisse. Deutsche Auswahl und Nachwort von Martin Buber © 1951 by Manesse Verlag, Zürich, in der Verlagsgruppe Random House GmbH, München, S. 40.

18 Ausführlicher habe ich über die geistliche Jugendzeit in diesem Buch geschrieben: Martin Schleske, Der Klang – vom unerhörten Sinn des Lebens. Kösel Verlag, München 2010, S. 203–227.
19 Martin Buber, Die Legende des Baalschem © 1955 by Manesse Verlag, Zürich, in der Verlagsgruppe Random House GmbH, München, S. 45 – eines der wunderbarsten und zugleich verstörendsten Bücher, das ich von Buber kenne.
20 Botho Strauß, Der Aufstand gegen die sekundäre Welt. Bemerkungen zu einer Ästhetik der Anwesenheit. Carl Hanser Verlag, München 2004, S. 42.
21 Christian Feldmann in: Teresa von Ávila, Die Seelenburg. Anaconda Verlag, Köln 2012, S. 15.
22 Paul Rabbow, Seelenführung. Methodik der Exerzitien in der Antike. Kösel Verlag, München 1954, S. 109.
23 In epistulam Ioannis ad Parthos, tractatus VII, 8.
24 Martin Buber, Ich und Du. Reclam, Stuttgart 2006, S. 130.
25 The Sound of Silence, Musik & Text: Paul Simon © Paul Simon Music / Songs Of Universal, Inc. / Universal/MCA Music Publishing GmbH
26 Raniero Cantalamessa, Komm, Schöpfer Geist. Betrachtungen zum Hymnus Veni Creator Spiritus. Herder Verlag, Freiburg i. Br. 1999/2007, S. 355, mit freundlicher Genehmigung des Autors.
27 Teresa von Ávila, Die Seelenburg. Herder Verlag, Freiburg i. Br. 1999, S. 190.
28 Leo Baeck, Das Wesen des Judentums. Gütersloher Verlagshaus, Gütersloh 1998, S. 66.
29 Martin Buber, Die Legende des Baalschem © 1955 by Manesse Verlag, Zürich, in der Verlagsgruppe Random House GmbH, München, S. 15.
30 ebd., S. 46.
31 Zadoq ben Ahron, Talmud Lexikon. Melzer Verlag GmbH, Isenburg 2006, S. 833.
32 ebd., S. 834.
33 Midrasch Rabba BaMidbar 13,2. Zitiert aus: Ernst Ludwig Ehrlich, Von Hiob zu Horkheimer. Gesammelte Schriften zum Judentum und seiner Umwelt. Walter de Gruyter GmbH & Ko KG, Berlin 2009, S. 35.
34 Midrasch Rabba Schemot 1,25. Zitiert aus: ebd.
35 Babylonischer Talmud, Sanhedrin 39a. Vgl. Zadoq ben Ahron, Talmud Lexikon. Melzer Verlag GmbH, Isenburg 2006, S. 738.
36 Rabbi Baruch Mordechai ben Kogan, persönliche Mitteilung Karlsfeld 2011.
37 Aurelius Augustinus, Sermo 80,7.
38 Tschuang-Tse, Das wahre Buch vom südlichen Blütenland. China, um 300 v. Chr.

39 Tagung der christlichen Künstlergemeinschaft Das Rad, Schwäbisch Gmünd, Februar 2009.

40 Tschuang-Tse, Reden und Gleichnisse. Deutsche Auswahl und Nachwort von Martin Buber © 1951 by Manesse Verlag, Zürich, in der Verlagsgruppe Random House GmbH, München, S. 55f.

41 Martin Schleske, Der Klang – vom unerhörten Sinn des Lebens. Kösel Verlag, München 2010.

42 Blaise Pascal, Die Kunst zu überzeugen, Lambert Schneider, Heidelberg 1968, S. 86.

43 Siehe v. a. William James, „Der Wille zum Glauben", in: Philosophie des Pragmatismus. Reclam, Stuttgart 2009, S. 152.

44 William James, The Will to Believe, and other Essays in Popular Philosophy. Cambridge 1979, S. 55.

Wie Martin Bubers „Erzählungen der Chassidim" (Manesse, Zürich 1949/2014, S. 223–224) nahelegt, scheint auch die chassidische Seele des osteuropäischen Judentums diese „Stärkung Gottes" zu kennen.

So heißt es da in einer der Lehrgeschichten (über 3. Mose 19,2): „Den Zloczoweer Maggid fragten seine Schüler: „Zum Wort der Schrift ‚Werdet heilig, denn heilig bin ich' (3. Mose 19,2) bemerkt der Midrasch: ‚Meine Heiligkeit ist oberhalb von eurer Heiligkeit.' Wer wüsste dies nicht? Was wird uns damit gelehrt?" – Er erklärte: „So ist es zu verstehen: Meine Heiligkeit, die oberhalb der Welt ist, hat Bestand von eurer Heiligkeit. Wie ihr unten meinen Namen heiligt, so heiligt er sich in den Höhen des Himmels. Denn es steht geschrieben: ‚Gebt Gott die Macht!' (Psalm 68,35)".

45 Charles Taylor, Die Formen des Religiösen in der Gegenwart. Suhrkamp Verlag, Frankfurt a. M. 2002, S. 45.

46 Peter Sloterdijk, Du musst dein Leben ändern. Suhrkamp Verlag, Frankfurt a. M. 2009.

47 ebd.

48 Dorothee Sölle, „Gott neu machen, erretten und beschützen", in: Publik-Forum, Abenteuer Spiritualität. Sonderausgabe 2006, S. 26.

49 Martin Buber, Gottesfinsternis. Betrachtungen zur Beziehung zwischen Religion und Philosophie © 1953, Gütersloher Verlagshaus, Gütersloh, in der Verlagsgruppe Random House GmbH, S. 12–14.

Martin Schleske ist Geigenbaumeister und Dipl.-Physik-Ing. (FH). Seine Instrumente werden mitunter von weltweit konzertierenden Solisten gespielt. Er lebt mit seiner Familie in Landsberg am Lech.

www.schleske.de

Der Verlag weist ausdrücklich darauf hin, dass im Text enthaltene externe Links vom Verlag nur bis zum Zeitpunkt der Buchveröffentlichung eingesehen werden konnten. Auf spätere Veränderungen hat der Verlag keinerlei Einfluss. Eine Haftung des Verlags ist daher ausgeschlossen.

MIX
Papier | Fördert gute Waldnutzung
FSC® C014496
FSC www.fsc.org

© 2016 by adeo Verlag
in der SCM Verlagsgruppe GmbH
Berliner Ring 62, 35576 Wetzlar

8. Auflage 2023
Bestell-Nr. 835076
ISBN 978-3-86334-076-6

Umschlaggestaltung: Gute Botschafter GmbH, Haltern am See
Titelfoto und Bildteil I: Donata Wenders, Berlin
Autorenfoto und Bildteil II: Tobias Kreissl, München
Buchgestaltung: Stefan Wiesner
Lektorat: Karoline Kuhn, Stefan Wiesner
Satz: Uhl + Massopust, Aalen
Druck: GGP Media GmbH, Pößneck
Printed in Germany